La Gérance pour Tous

Camille Sicre   Librairie Garnier

Conserver cette couverture

La   7636

Gérance pour Tous

10 feuilles in 16 colombier

à 2.000 exempl

1913

CAMILLE SICRE

ARCHITECTE

EXPERT PRÈS LES TRIBUNAUX, — AUTEUR D'OUVRAGES SCIENTIFIQUES

LA
Gérance pour Tous

COMPTABILITÉ DES PROPRIÉTAIRES

ADMINISTRATION D'IMMEUBLES	CONGÉS
ACTES SOUS SEINGS PRIVÉS	RÉPARATIONS LOCATIVES
ENREGISTREMENT	HONORAIRES
BAUX ET LOCATIONS VERBALES	EMPRUNTS HYPOTHÉCAIRES
CONTRIBUTIONS	ATTRIBUTIONS DU CONCIERGE

A L'USAGE : Des Propriétaires, Architectes, Entrepreneurs, Gérants et Locataires

PARIS

LIBRAIRIE GARNIER FRÈRES

6, RUE DES SAINTS-PÈRES, 6

AUX LECTEURS

Administrer convenablement ses propriétés n'est pas chose facile, il faut pour cela avoir des connaissances spéciales, ou alors s'en rapporter aux administrateurs d'immeubles. Parmi ces derniers, il en existe d'habiles, d'autres peu énergiques, et selon leurs aptitudes, la propriété rapporte plus ou moins. Sont légion les personnes qui prétendent savoir gérer et qui en fin de compte éprouvent de grandes désillusions. Pourquoi? A cause du manque de documents.

Le but de cet ouvrage est précisément de fournir les notions élémentaires d'une bonne administration d'immeubles. Une lecture attentive démontrera toutes les difficultés que le gérant doit vaincre. Ce n'est pas un traité théorique, mais simplement un memento, utile à tous ceux qui s'intéressent à la gérance d'immeubles, où l'on trouvera tous les renseignements pratiques dont on a besoin.

L'instruction, de plus en plus répandue, permet à un plus grand nombre de personnes de régler elles-mêmes leurs intérêts, et en se servant d'un ouvrage bien conçu, elles n'en ont que plus de facilité.

J'ai jugé inutile de m'étendre louguement sur les choses trop techniques, compréhensibles seulement par les érudits de cette profession. Il s'agit surtout de choses courantes et qu'il est indispensable de connaître pour arriver vite et bien au résultat cherché.

Avec cet ouvrage où tout se trouve résumé par chapitres catégorisés, faciles à parcourir, on trouve immédiatement ce qu'il importe d'apprendre. Un simple coup d'œil sur la table des matières en indique l'utilité générale.

Camille SICRE.

1913.

MATIÈRES CONTENUES DANS L'OUVRAGE

GÉRANCE

ACTES SOUS SEING PRIVÉ

ENREGISTREMENT

DES BAUX ET DES LOCATIONS VERBALES

CONTRIBUTIONS

DU CONGÉ

EMPRUNTS HYPOTHÉCAIRES

Renseignements sur les prêts hypothécaires. — Prêts hypothécaires à long terme avec amortissement. — Prêts hypothécaires à court terme sans amortissement. — Estimation des immeubles. — Examen des titres de propriété. — Annuité d'un capital de 100 francs calculée à l'intérêt de 4,50 % payable par semestre. — Applications des tables d'annuités. — Comment trouver l'annuité à payer pour un prêt amortissable dans un délai de 1 à 75 ans. — Comment connaître le capital restant dû après un nombre d'années ou de semestres

DU CONCIERGE

HONORAIRES

LA GÉRANCE POUR TOUS

GÉRANCE, MANDAT OÙ PROCURATION

GÉRANCE : Choix d'un gérant. — Ce que c'est qu'un gérant. — Ce que c'est qu'un mandat ou procuration. — Charges du mandataire. — Charges du mandant. — Quand le mandat finit. — Comment rendre compte du mandat. — Délai de prescription. — Enregistrement des procurations et pouvoirs.

FORMULES : Procuration pour faire un bail. — Procuration pour passer tous baux et recevoir tous loyers et fermages. — Procuration pour acquérir. — Procuration pour vendre. — Procuration pour faire rendre compte à un mandataire. — Procuration pour gérer et administrer les biens du mandant. — Procuration pour transiger ou mettre en arbitrage. — Procuration pour assister à une expertise. — Pouvoir pour comparaître comme demandeur en conciliation devant le Juge de Paix. — Pouvoir pour défendre à une citation en conciliation devant le Juge de Paix. — Pouvoir pour transiger en conciliation devant le Juge de Paix. — Pouvoir pour comparaître comme demandeur par citation devant le Juge de Paix. — Pouvoir pour défendre à une citation devant le Juge de Paix. — Pouvoir général pour paraître devant MM. les Juges de Paix. — Procuration générale. — Dépôt de procuration chez un notaire.

COMPTE DE MANDATAIRE : Modèle d'un compte de mandataire pour la gérance d'un immeuble.

HONORAIRES DES ADMINISTRATEURS D'IMMEUBLES : Comment on doit calculer les honoraires. — Exemples servant à établir les honoraires. — Sur quelles sommes on doit prélever les honoraires. — Utilité d'avoir un bon gérant.

POURCENTAGES : Comment trouver le % d'un rapport. — Comment trouver l'intérêt. — Comment trouver le capital. — Exemples pour chaque cas. — Capitalisation d'après un revenu. — Vérification d'une

Voilà une chose bien délicate que de confier sa ou ses propriét
entre les mains d'un gérant; si ce dernier a acquis l'expérience suf
sante, tout ira pour le mieux, mais si l'on s'adresse à des personn
inexpérimentées, que de pertes on devra subir.

La personne la plus habile pour administrer un immeuble e
l'architecte qui a fait ses preuves, et ce pour la raison bien simpl
qu'un administrateur d'immeubles n'exerçant pas cette professic
a toujours besoin du concours de l'architecte.

Sont légion les propriétaires qui pensent faire une économie e
administrant eux-mêmes leurs propriétés. Si le rapport ressort
4 %, il n'est pas rare de voir un bon gérant le faire ressortir à
5,50 ou 6 %.

Qu'est-ce qu'un gérant?

Le gérant est celui qui gère, qui administre les affaires d'autru
c'est le mandataire du propriétaire.

D'après le Code civil, le mandat ou procuration est l'acte pa
lequel une personne donne à une autre le pouvoir de faire quelqu
chose pour le mandant et en son nom. Le mandat peut être donn
par acte notarié et par acte sous seing privé, même par lettr
(C. civ. 1985) adressée à celui qui doit être mandataire, et non pa
à un tiers. Peu importent les termes dans lesquels le mandat es
donné; il n'est pas nécessaire qu'on se serve de ces mots *donn*
pouvoir, il y aurait mandat si l'on avait dit *je vous prie, je vous charg*

Le mandat n'étant pas un contrat synallagmatique parfait, l'act
destiné à le prouver n'a pas besoin d'être rédigé en double.

Le mandataire est tenu d'accomplir le mandat qu'il a accept
tant qu'il en demeure chargé, et il répond des dommages-intérê
qui pourraient résulter d'une inexécution préjudiciable au manda
(C. civ. 1991), à moins que le mandataire n'ait une excuse légitim
pour ne pas avoir rempli le mandat.

Le mandataire est tenu de donner à l'affaire dont il est chargé tous les soins qu'elle exige; il répond non seulement du dol, mais des fautes qu'il commet dans sa gestion; toutefois cette responsabilité est moins rigoureusement appliquée à celui dont le mandat est gratuit qu'à celui qui reçoit un salaire (C. civ. 1992).

Le mandataire n'est pas tenu d'accomplir par lui-même le mandat, il peut, sauf défense expresse, en charger un tiers; mais il répond de celui qu'il s'est substitué quand on ne lui a pas donné pouvoir exprès de se substituer quelqu'un, ou quand ce pouvoir lui a été conféré sans la désignation d'une personne, et que celle dont il a fait choix était notoirement incapable ou insolvable (C. civ. 1994). Dans tous les cas, le mandant peut agir directement contre la personne que le mandataire s'est substituée (C. civ. 1994).

Le mandant est tenu d'exécuter les engagements contractés par le mandataire, conformément au pouvoir qui lui a été donné; il n'est tenu de ce qui a été fait au delà qu'autant qu'il l'a ratifié expressément ou tacitement (C. civ. 1998).

Le mandant doit rembourser au mandataire les avances et frais qu'il a faits pour l'exécution du mandat (C. civ. 1999). Il doit également lui payer ses salaires lorsqu'il en a été promis.

Cependant, en général, le salaire promis au mandataire, par exemple à un agent d'affaires, peut être réduit s'il est exagéré !

Le mandant ne peut se dispenser de faire ses remboursements et payements, s'il n'y a aucune faute imputable au mandataire, alors même que l'affaire n'aurait pas réussi; ni faire réduire le montant des frais et avances, sous le prétexte qu'ils auraient pu être moindres (C. civ. 1999).

Le mandataire peut retenir les choses par lui achetées jusqu'à ce qu'il soit payé de ses avances et de son salaire.

Le mandant doit aussi indemniser le mandataire des pertes que celui-ci a essuyées à l'occasion de sa gestion, sans imprudence qui lui soit imputable (C. civ. 2000).

Le mandant est lié envers les tiers par le mandataire toutes les fois que celui-ci a agi dans les limites du mandat (C. civ. 1998), alors même que le mandant aurait ignoré un fait dont son mandataire aurait eu connaissance.

• La procuration qui n'est pas limitée à un certain temps, et dont la durée n'est subordonnée à aucune condition, est toujours valable pendant la vie du mandant et tant qu'il ne la révoque pas.

Toutefois, il est un seul cas où une procuration n'est valable que pendant dix ans; c'est celle qui a été laissée par un absent dont on n'a pas de nouvelle (C. civ. 121).

Le mandat finit par la *révocation du mandataire*; le mandant peut révoquer sa procuration quand bon lui semble et contraindre, s'il y a lieu, le mandataire à lui remettre soit l'écrit sous seing privé qui la contient, soit l'original de la procuration si elle a été délivrée en brevet, soit l'expédition s'il a été gardé minute (C. civ. 2003, 2004).

La constitution d'un nouveau mandataire pour la même affaire, vaut révocation du premier à compter du jour où elle a été notifiée à celui-ci (C. civ. 2006), et cela lors même que le nouveau mandat ne serait pas valable, soit par le refus, soit par la mort du nouveau mandataire.

Le mandat finit par la *renonciation* du mandataire au mandant; il peut faire cette renonciation en la notifiant au mandant; néanmoins, si elle cause un préjudice à celui-ci, il doit être indemnisé par le mandataire, à moins que le mandataire ne se trouve dans l'impossibilité de continuer le mandat sans en éprouver lui-même un préjudice considérable (C. civ. 2003, 2007).

Le mandat finit encore par la mort naturelle ou civile, l'interdiction ou la déconfiture, soit du mandant, soit du mandataire (C. civ. 2003).

Tout mandataire doit rendre compte de sa gestion et faire raison au mandant de tout ce qu'il a reçu en vertu de sa procuration, quand même ce qu'il aurait reçu n'eût point été dû au mandant (C. civ. 1993).

Le mandant a pendant trente ans une action en reddition de compte contre son mandataire.

Les procurations et pouvoirs qui ne contiennent aucune clause donnant lieu à un droit proportionnel sont passibles d'un droit fixe de 3 francs. (L. du 22 frim. an VII, art. 68, § 1er, no 36; 28 avril 1816, art. 43, no 17; 28 févr. 1872, art. 4.)

La lettre missive qui contient une procuration doit être timbrée ou visée pour timbre, et enregistrée avant d'en faire usage.

Nous donnons ci-dessous quelques formules de procuration (C. civ. 1984) utiles à l'administrateur d'immeubles.

PROCURATION POUR FAIRE UN BAIL

Je soussigné, Edouard CRESI, propriétaire, demeurant à Paris, rue Rambuteau, 77;

Donne pouvoir à M. Camille Sicre, architecte, demeurant à Paris, rue Monsieur-le-Prince, 28;

De passer bail à loyer (ou à ferme) à M. Dechaume pour neuf années, à compter du 1er juillet mil neuf cent treize, d'une maison (*ou* d'une ferme), située à Pommeuse (S.-et-M.), qui m'appartient;

Faire ce bail moyennant la somme de cinq mille francs de loyer (*ou* de fermage annuel);

Aux charges, clauses et conditions que le mandataire jugera convenables;

Faire faire tous états de lieux (*ou* arpentages), recevoir tous loyers (*ou* fermages) payés d'avance, en donner quittance, passer et signer tous actes;

1 Et généralement faire tout ce que le mandataire jugera convenable à mes intérêts, quoique non prévu dans le présent acte; promettant d'avoir le tout pour agréable et le ratifier au besoin, m'obligeant à rembourser tous frais et avances pour l'exécution du présent mandat.

Fait à Paris le vingt-deux mai mil neuf cent treize.

A) (*La partie qui n'aura pas écrit l'acte mettra avant de signer :* Lu et approuvé l'écriture ci-dessus).

B) La date doit être mise en toutes lettres.

PROCURATION POUR PASSER TOUS BAUX ET RECEVOIR
TOUS LOYERS ET FERMAGES

Je soussigné, Edouard CRESI, propriétaire, demeurant à Paris, rue Rambuteau, 77;

Donne pouvoir à M. Camille Sicre, demeurant à Paris, rue Monsieur-
Prince, 28,

De louer et affermer verbalement, par acte sous seing privé ou nota
aux personnes, pour le temps et aux prix, charges et conditions qu'il jug
convenables, tout ou partie des biens immeubles qui m'appartiennent
pouvant m'appartenir par la suite, renouveler et même résilier tous ba
même ceux déjà existants; faire faire tous états de lieux, arpentages, me
rages et bornages; adhérer à toutes cessions de baux et sous-locations; exig
ou accorder toutes indemnités, en recevoir ou payer le montant; faire p
céder à tout récolement; faire faire toutes réparations; arrêter tout devis
marché, en payer le montant; s'opposer à toutes usurpations et envahis
ments; recevoir tous loyers et fermages échus et à échoir.

Payer toutes impositions, faire toutes réclamations en dégrèvement
réduction, présenter à cet effet tous mémoires et pétitions;

De toutes sommes reçues ou payées, donner ou retirer quittance
décharge valables;

2 { En cas de difficultés et à défaut de payement, exercer toutes pou
suites, contraintes et diligences nécessaires, faire tous comman
ments et toutes sommations, citer et comparaître devant tous jug
de paix, traiter, transiger, compromettre, se consilier, assigner
défendre, devant tous tribunaux et cours compétents, constitu
tous avoués et défenseurs, les révoquer et remplacer, obtenir to
jugements et arrêts, les faire mettre à exécution par toutes les vo
de droit, ou s'en désister, interjeter appel, poursuivre toute sai
mobilière ou immobilière, requérir toutes inscriptions, produire à to
ordres et contributions, retirer tous mandements de collocation,
toucher le montant.

Passer et signer tous actes et procès-verbaux, élire domicile, sul
tituer en tout ou en partie dans les présents pouvoirs;

Et généralement faire tout ce que le mandataire jugera convenable à m
intérêts, quoique non prévu dans le présent acte; promettant d'avoir le to
pour agréable et le ratifier au besoin, m'obligeant à rembourser tous frais
avancés pour l'exécution du présent mandat.

      Paris, le   (Voyez B.)
        (Voyez A.)

PROCURATION POUR ACQUÉRIR (C. civ. 1988.)

Je soussigné, Edouard Cresi, propriétaire, demeurant à Paris, rue Rambuteau, 77 ;

Donne pouvoir à M. Camille Sicre, architecte, demeurant à Paris, rue Monsieur-le-Prince, 28,

D'acquérir de M. Dechaume, aux prix, charges et conditions qu'il jugera convenables (*ou* moyennant la somme de ....), une maison sise à Paris, rue ...., m'obliger au payement du prix et des intérêts aux époques qui seront stipulées, ainsi qu'à l'exécution de toutes les charges de l'acquisition, exiger toute justification ; se faire remettre tous titres et pièces, en donner décharge ; signer tous contrats de vente ou procès-verbaux d'adjudication, accepter toute déclaration de command ; faire faire toutes transcriptions, dénonciations, notifications et offres de payement, provoquer tous ordres, y produire, payer le prix de l'acquisition, soit au vendeur, soit aux créanciers délégataires ou colloqués, faire toute consignation, former toute demande en mainlevée, constituer tous avoués, élire domicile.

Et généralement faire tout ce que le mandataire jugera convenable à mes intérêts, quoique non prévu dans le présent acte ; promettant d'avoir le tout pour agréable et le ratifier au besoin, m'obligeant à rembourser tous frais et avances pour l'exécution du présent mandat.

Paris le....................................... (Voyez A et B.)

PROCURATION POUR VENDRE (C. civ. 1988.)

Je soussigné, Edouard Cresi, propriétaire, demeurant à Paris, rue Rambuteau, 77 ;

Donne pouvoir à M. Camille Sicre, architecte, demeurant à Paris, rue Monsieur-le-Prince, 28,

De vendre soit à l'amiable, soit aux enchères, en tout ou en partie et par lots, aux personnes, prix, charges et conditions que le mandataire avisera (*désigner ce dont il s'agit*), dont je suis propriétaire ; m'obliger à toutes garanties, au rapport de toute justification, mainlevée et radiation, fixer l'époque de l'entrée en jouissance, convenir du mode et de l'époque des payements du prix, le recevoir en principal et intérêts, en donner quittance; consentir toutes mentions et subrogations sans garantie; remettre tous titres et pièces, donner mainlevée et consentir toute radiation d'inscription.

En cas de difficulté et à défaut (Voyez deuxième formule 2.)

Et généralement (Voyez première formule 1.)

(Voyez A et B.)

PROCURATION POUR FAIRE RENDRE COMPTE A UN MANDATAIRE

Je soussigné, Edouard CRESI, propriétaire, demeurant à Paris, rue Ram buteau, 77;

Donne pouvoir à M. Camille Sicre, architecte, demeurant à Paris, ru Monsieur-le-Prince, 28,

De faire rendre compte à M. Violette, du mandat que je lui ai donn' suivant procuration en date du .... entendre, débattre, clore et arrêter tous comptes de recette et de dépense, se faire présenter tous titres et pièces à l'appui, les admettre ou les rejeter, fixer les reliquat desdits comptes, en recevoir ou payer le montant, donner ou retirer tout quittance en décharge.

En cas de difficultés (Voyez deuxième formule 2, première 1, et A et B.)

PROCURATION POUR GÉRER ET ADMINISTRER LES BIENS DU MANDANT

Je soussigné, Edouard CRESI, propriétaire, demeurant à Paris, rue Ram buteau, 77,

Donne pouvoir à M. Camille Sicre, architecte, demeurant à Paris, ru Monsieur-le-Prince, 28,

De régir, gérer et administrer tous mes biens et affaires;

Recevoir tous loyers, fermages, intérêts, arrérages et autres revenus échus et à échoir, recevoir aussi tous capitaux et remboursements de rente qui me sont ou me seront dus par la suite à quelque titre que ce soit;

Louer et affermer par écrit ou verbalement, pour le temps, aux prix, charges et conditions que le mandataire avisera, tout ou partie des immeubles qui m'appartiennent; passer et renouveler tous baux, les résilier avec ou sans indemnité, faire tous états de baux et arpentage, donner et accepter tous congés;

Vendre toutes récoltes et produits, faire faire toutes réparations, arrêter tous devis et marchés, régler tous mémoires d'ouvriers et entrepreneurs, en solder le montant;

Acquitter les sommes que je pourrais devoir, notamment toutes impositions, faire toute réclamation en dégrèvement, par mémoire ou pétition;

Faire tous emplois de fonds soit par placement sur particuliers ou sur l'État, soit par acquisition d'actions industrielles ou d'immeubles, accepter toutes obligations, cessions et transports, m'obliger au payement des acquisitions faites;

Me représenter dans toutes affaires, sociétés ou entreprises dans lesquelles j'ai un intérêt, régler tout compte, recevoir tout dividende;

De toute somme reçue donner quittance et décharge, donner mainlevée de toute saisie et opposition, avec ou sans payement, remettre et exiger tous titres et pièces, en donner ou retirer décharge;

En cas de faillite d'un débiteur, prendre part à toutes assemblées et délibérations de créanciers, nommer tous syndics et agents, signer tout concordat et contrat d'union, s'y opposer; produire tous titres et pièces, affirmer la sincérité de mes créances, conserver celles des autres créanciers, faire toute remise, recevoir tous dividendes;

Retirer de tout bureau de poste, de tous roulages, messageries et autres entreprises, toutes lettres et paquets à mon adresse, en donner décharge.

En cas de difficulté, etc. (Reprendre 2, formule deuxième et 1, formule première.) (Voyez A et B.)

PROCURATION POUR TRANSIGER OU METTRE EN ARBITRAGE

Je soussigné, Edouard CRESI, propriétaire, demeurant à Paris, rue Rambuteau, 77;

Donne pouvoir à M. Camille Sicre, architecte, demeurant à Paris, rue Monsieur-le-Prince, 28,

De prendre connaissance de l'instance qui existe entre moi et M. Raoul d'Ellimac, relativement à (*indiquer l'objet du procès*); et, à cet effet, de s'en faire remettre les pièces par l'avoué qui en est chargé;

Transiger sur cette contestation, aux conditions qu'il jugera les plus avantageuses pour moi, tant sur l'objet principal du procès que sur tous les accessoires et les frais.

Dans le cas où toute transaction serait jugée impossible par M. d'Ellimac, je lui donne pouvoir de mettre l'instance en arbitrage, et, à cet effet, de passer tous compromis, nommer tous arbitres, leur conférer tous pouvoirs de juger sans formalités de procédure, en premier ou en dernier ressort et comme amiables compositeurs; nommer au besoin un tiers arbitre ou le faire nommer par justice; faire exécuter la sentence arbitrale par toutes les voies de droit; promettant d'approuver tout ce qui sera fait conformément au présent pouvoir.

Paris le .... (Voyez A. et B.)

PROCURATION POUR ASSISTER A UNE EXPERTISE

Je soussigné, Edouard CRESI, propriétaire, demeurant à Paris, rue Rambuteau, 77;

Donne pouvoir à M. Camille Sicre, architecte, demeurant à Paris, rue Monsieur-le-Prince, 28,

De me représenter dans l'expertise qui a été ordonnée par jugement du Tribunal de la Seine (*ou autre*) en date du.. entre moi et M. Ernest Coquard;

De consentir à ce qu'il soit procédé aux opérations ordonnées par ledit jugement, sans approuver rien qui puisse nuire ou préjudicier à mes droits; assister à ces opérations sous toutes réserves de droits; reprocher tous témoins, contester leurs dépositions; faire entendre ceux que j'ai fait citer, et tous autres dont l'audition serait jugée nécessaire;

Et généralement faire, pendant le cours de ladite expertise, tout ce que M. Sicre jugera utile à mes intérêts; promettant d'approuver tout ce qui sera fait conformément au présent pouvoir.

Paris, le .... (Voyez A et B.)

POUVOIR POUR COMPARAITRE COMME DEMANDEUR EN CONCILIATION DEVANT LE JUGE DE PAIX

Je soussigné, Edouard Cresi, propriétaire, demeurant à Paris, rue Rambuteau, 77 ;

Donne pouvoir à M. Camille Sicre, architecte, demeurant à Paris, rue Monsieur-le-Prince, 28 ;

De comparaître pour moi devant M. le Juge de paix du canton de................ .... conformément à la citation que j'ai fait donner à M. Bidaud pour se concilier, si faire se peut, sur la demande que je suis en droit de former contre lui relativement à (*énoncer l'objet de la demande*) ;

Soutenir ladite demande par tous moyens de fait et de droit et y persister ;

Requérir défaut contre M. Bidaud dans le cas où il ne comparaîtrait pas ; promettant d'approuver tout ce qui sera fait conformément au présent pouvoir.

Paris le .... (Voyez B.)

C) *Si le pouvoir a été rédigé par une tierce personne, la partie intéressée devra mettre avant de signer :* BON POUR POUVOIR.

POUVOIR POUR DÉFENDRE A UNE CITATION EN CONCILIATION DEVANT LE JUGE DE PAIX

Je soussigné, Edouard Cresi, propriétaire, demeurant à Paris, rue Rambuteau, 77 ;

Donne pouvoir à M. Camille Sicre, architecte, demeurant à Paris, rue Monsieur-le-Prince, 28 ;

De comparaître pour moi devant M. le Juge de Paix du canton de................ .... le vingt-trois du présent mois, pour défendre à la citation en conciliation qui m'a été adressée par M. Giraudon, relativement à (*indiquer l'objet de la demande*) ;

Soutenir que cette demande est injuste et mal fondée, se refuser à toute conciliation, déclarer que je ne comparais que pour *obéir* à justice, et réserver

tous mes droits; promettant d'approuver tout ce qui sera fait conformémen
au présent pouvoir.

Paris, le .... (Voyez B et C.)

POUVOIR POUR TRANSIGER EN CONCILIATION DEVANT LE JUGE DE PAIX

Je soussigné, Edouard CRESI, propriétaire, demeurant à Paris, rue Ram
buteau, 77;

Donne pouvoir à M. Camille Sicre, architecte, demeurant à Paris, rue
Monsieur-le-Prince, 28,

De comparaître pour moi devant M. le Juge de paix du canton de................
.... conformément à la citation en conciliation que j'ai
fait donner à M. Lusseau, pour se concilier, si faire se peut, sur la demande
que je suis en droit de former contre lui relativement à (*indiquer l'objet de la
demande*);

Soutenir cette demande par tous les moyens de fait et de droit et y per
sister;

Toutefois transiger aux conditions que M. Sicre jugera convenables;

Promettant d'approuver tout ce qui sera fait conformément au présent
pouvoir.

Paris, le.. .... (Voyez B et C.)

POUVOIR POUR COMPARAITRE COMME DEMANDEUR PAR CITATION DEVANT LE JUGE DE PAIX

Je soussigné, Edouard CRESI, propriétaire, demeurant à Paris, rue Ram
buteau, 77;

Donne pouvoir à M. Camille Sicre, architecte, demeurant à Paris, rue
Monsieur-le-Prince, 28,

De comparaître pour moi à l'audience de M. le Juge de paix du canton de
.... le vingt-trois, présent mois, conformé-

ment à la citation que j'ai fait donner à M. Laurent, tendant à le faire condamner à me payer la somme de (*indiquer l'objet de la demande*);

Soutenir cette demande par tous les moyens de fait et de droit;

Obtenir jugement contre M. Laurent, le faire lever, signifier et mettre à exécution par toutes les voies de droit;

Accepter les offres qui pourraient être faites par M. Laurent si elles paraissent suffisantes à mon mandataire;

Recevoir soit les sommes offertes, soit le montant des condamnations en principal, intérêts et frais et en donner quittance à la charge de m'en tenir compte;

Promettant d'approuver tout ce qui sera fait conformément au présent pouvoir.

Paris, le.. (Voyez B et C.)

POUVOIR POUR DÉFENDRE A UNE CITATION DEVANT LE JUGE DE PAIX

Je soussigné, Edouard Cresi, propriétaire, demeurant à Paris, rue Rambuteau, 77;

Donne pouvoir à M. Camille Sicre, architecte, demeurant à Paris, rue Monsieur-le-Prince, 28,

De comparaître pour moi à l'audience de M. le Juge de paix du canton de.., le vingt-trois du présent mois, pour défendre à la citation qui m'a été adressée par M. Cochin, tendant à me faire condamner à lui payer la somme de (*indiquer l'objet de la demande*) qu'il prétend que je lui dois;

Soutenir que cette demande est injuste et mal fondée, attendu que (*indiquer les moyens de défense*);

Repousser ladite demande par tous autres moyens de fait et de droit que mon mandataire jugera à propos de faire valoir dans mes intérêts;

Promettant d'approuver tout ce qui sera fait conformément au présent pouvoir.

Paris, le .... (Voyez B et C.)

Le plus souvent, il est remis un pouvoir conformément à la formule ci-dessous :

POUVOIR POUR COMPARAITRE DEVANT MM. LES JUGES
DE PAIX

Je soussigné, Edouard Cresi, propriétaire, demeurant à Paris, rue Rambuteau, 77 ;

Donne par ces présentes pouvoir à M. Camille Sicre, architecte, demeurant à Paris, rue Monsieur-le-Prince, 28,

De pour moi et en mon nom se présenter à..
.... de M. le Juge de paix de ...., arrondissement
de ...., à l'effet de sur la citation qui a été donnée
à..., requête................................., sieur...........
................, demeurant à................................., et dans toutes affaires
me concernant tant en demandant qu'en défendant, traiter, transiger, se
concilier, si faire se peut, accorder ou requérir terme et délai, toucher, recevoir, donner quittance, plaider, s'opposer, produire tous moyens, prendre
tous jugements, les lever et faire mettre à exécution par toutes voies de droit,
saisies-arrêts, mobilières et immobilières, prendre toutes inscriptions, en
consentir la résiliation, donner et signer toutes décharges et mainlevée;
constituer tous avoués, les révoquer, compromettre, substituer, élire domicile, reconnaître la compétence de M. le Juge de paix comme juge souverain,
en conséquence consentir devant lui tous jugements en dernier ressort, substituer tout ou partie des présentes et faire généralement tout ce qu'il croira
convenable à mes intérêts, promettant l'avouer et le payer de tous frais,
déboursés et honoraires.

Fait à Paris, le vingt et un mai mil neuf cent treize.

Bon pour pouvoir,

Certifié sincère et véritable,
par le mandataire soussigné,

CRESI.

Camille SICRE.

Enregistré à Paris, le... fᵒ ,

cᵉ   , reçu trois francs, décimes 75 centimes.

Vu pour certification de la
signature de M. Cresi
apposée ci-contre.

Paris, le...

Le commissaire de police,

PROCURATION GÉNÉRALE

Je soussigné, Édouard Cresi, propriétaire, demeurant à Paris, rue Rambuteau, 77 ;

Donne pouvoir à M. Camille Sicre, architecte, demeurant, à Paris, 28, rue Monsieur-le-Prince ;

De gérer et administrer, tant activement que passivement, tous mes biens et affaires quelconques, présents et à venir, recevoir tous loyers, fermages, intérêts, arrérages de rente et autres revenus échus et à échoir, recevoir tous capitaux qui pourraient m'être dus par billets, lettres de change, reconnaissances, obligations, contrats, constitutions, partages, transactions, jugements et autres titres quelconques ;

Louer ou affermer par écrit ou verbalement, pour le temps, aux prix, charges et conditions que le mandataire avisera, tout ou partie de mes biens meubles et immeubles, passer et renouveler tous baux, les résilier avec ou sans indemnité ; faire tous états de lieux ou arpentages, les approuver ; donner et accepter tout congé ; vendre toutes récoltes et produits ; faire toutes réparations et constructions ; arrêter tous devis et marchés, régler tous mémoires d'ouvriers ou entrepreneurs, en solder le montant ;

Prendre à loyer par bail ou autrement tous appartements, pour le temps, prix, bail et conditions que le mandataire jugera convenables ;

Acquitter toutes les sommes que je pourrai devoir, notamment les impositions et contributions, faire toute réclamation en dégrèvement ;

Faire tous placements de fonds sur l'État ou particuliers, ou acquisitions d'immeuble ; accepter toutes obligations, cessions et transports, toutes constitutions de rente perpétuelle et viagère ; passer et accepter tous titres nouveaux, m'obliger au payement des acquisitions faites ;

Vendre tout ou partie des biens meubles et immeubles présents et à venir, aux prix, charges et conditions que le mandataire avisera, en recevoir le prix; faire tous échanges, payer ou recevoir toute soulte; vendre et négocier toutes actions; transférer toutes inscriptions de rente sur l'État, transporter toute créance avec ou sans garantie, en toucher le prix, accepter tout transport, faire toute déclaration, consentir et accepter toute prorogation;

Recueillir toutes sucessions et legs échus et à échoir, accepter toute donation; requérir toutes appositions ou levées de scellés ou s'y opposer, faire procéder à tous inventaires et ventes de meubles par tous officiers publics, faire dans ces opérations tous dires, réquisitions, déclarations, protestations et réserves; prendre connaissance des forces et charges des successions et legs pour les accepter purement et simplement ou sous bénéfice d'inventaire, ou y renoncer; faire aux greffes toutes déclarations et affirmations nécessaires; prendre aussi connaissance de tout testament, codicile, et autres actes de libéralité, en consentir ou contester l'exécution, faire et accepter la délivrance de tout legs; faire toutes déclarations pour acquitter les droits de mutation auxquels pourront donner ouverture lesdites successions ou legs;

Procéder à l'amiable ou en justice à tous comptes, liquidations et partages de biens meubles et immeubles, nommer tous experts, composer les masses, faire ou exiger tout rapport, faire et consentir tout prélèvement, former les lots et les tirer au sort ou les distribuer à l'amiable, fixer toutes soultes, les recevoir ou payer, faire et accepter tous abandons, cessions et transports, laisser tous objets en commun, donner tout pouvoir pour les administrer ou en suivre le recouvrement, faire procéder à toute licitation d'immeubles indivis ou y défendre, enchérir ou se rendre adjudicataire de tout ou partie de ces biens, prendre part à tous engagements de famille ainsi qu'à toute transaction, entendre, débattre, clore et arrêter tous comptes avec tous créanciers, débiteurs ou dépositaires, en fixer les reliquats, les payer ou recevoir;

En cas de faillite de quelque débiteur, prendre part à toutes assemblées et délibérations des créanciers, nommer tous syndics et agents, signer tous concordats, contrats d'union et d'atermoiement, s'y opposer; produire tous titres et pièces, affirmer la sincérité de mes créances, contester ou admettre celles des autres créanciers, faire toutes remises, recevoir tous dividendes.

De toutes sommes reçues ou payées, donner et retirer quittance et décharge, consentir mention, subrogation avec ou sans garantie, et mainlevée de toutes saisies, oppositions et autres empêchements quelconques, avant ou après le payement, se faire remettre tous titres et pièces, en donner et retirer décharge;

Retirer de tous bureaux de poste, messageries, roulages et autres, tou paquets et lettres chargées ou non chargées, à mon adresse, et en donner décharge;

En cas de difficulté et à défaut de payement, exercer toutes poursuites, contraintes et diligences nécessaires, faire tous commandements et toutes sommations, citer et comparaître devant tous juges de paix, traiter, transiger, compromettre, se concilier, assigner et défendre devant tous tribunaux et cours compétentes, constituer tous avoués et défenseurs, les révoquer et remplacer, obtenir tous jugements et arrêts, les faire mettre à exécution par toutes les voies de droit, ou s'en désister, interjeter appel, poursuivre toute saisie mobilière ou immobilière, requérir toutes inscriptions, produire à tous ordres et contributions, retirer tous mandements de collocation, en toucher le montant; passer et signer tous actes et procès-verbaux, élire domicile, substituer en tout ou en partie dans les présents pouvoirs; et généralement faire tout ce que le mandataire jugera convenable à mes intérêts, quoique non prévu dans le présent acte; promettant d'avoir le tout pour agréable et le ratifier au besoin, m'obligeant à rembourser tous frais et avances pour l'exécution du présent mandat.

Paris, le premier octobre mil neuf cent..

Lu et approuvé l'écriture ci-dessus.

Camille SICRE.

DÉPOT DE PROCURATION

Pardevant

maître............................, notaire à... soussigné,

comparaît :

M............................, instituteur, demeurant à ....;

Lequel dépose au notaire soussigné, pour être mis au rang de ses minutes et en être délivré tels extraits ou expéditions qu'il appartiendra, un acte sous signatures privées, en date à ....aux termes duquel M.., propriétaire, demeurant en la ville de........................., a donné pouvoir à M. Camille Sicre, architecte expert, administrateur d'immeubles, demeurant à Paris, rue Monsieur-le-Prince, 28.

De gérer et administrer en bon père de famille, tant activement que

passivement, une maison située à Paris, rue ....
numéro............, comprenant deux corps de bâtiments, cours et jardins.

De passer et signer tous actes et procès-verbaux, élire domicile, substituer en tout ou partie et généralement faire tout ce que le mandataire jugera utile aux intérêts de M..

Cette pièce écrite sur une feuille au timbre de soixante centimes, contient .... renvois et la signature de M.............................., légalisée par Monsieur le maire de ....

Elle sera enregistrée en même temps que ces présentes après que mention d'annexe y aura été apposée.

Dont acte
Fait et passé
A...
En l'étude
L'an...

....

Le ....
Avec l'assistance de MM.

....

....

Et ....

....

Demeurant l'un et l'autre en la commune de...........................

....

Témoins instrumentaires
Lecture faite le comparant a signé avec les témoins et
le notaire

Suivent les signatures

« ....
« ....et maître..............................., ce
« dernier comme notaire.

ENREGISTREMENT

« Enregistré à.......................................le.......................
« ....
«   F° ....
«   Case ....
«   Case ....

«   Reçu :

«   trois francs, décimes soixante-quinze cen-
« times.

«   signé :

«   R. de la Forge. »

Suit la teneur de la procuration annexée.

Je soussigné..., propriétaire,
demeurant à ....

Donne pouvoir à M. Camille Sicre, architecte expert, administrateur
d'immeubles, demeurant à Paris, rue Monsieur-le-Prince, 28,

De régir, gérer et administrer en bon père de famille, tant activement que
passivement, une maison située à Paris, rue..
numéro..............., composée de deux corps de bâtiments, cours et jardins;

Recevoir tous loyers, intérêts et autres échus et à échoir;

De louer et affermer verbalement ou par écrit aux personnes pour tout
le temps, aux prix, charges et conditions que le mandataire jugera convenables, tout ou partie des immeubles qui m'appartiennent, passer et renouveler tous baux, les résilier, même ceux existants, faire faire tous états de
lieux et arpentages, adhérer à toutes cessions de baux ou locations; exiger ou
accorder toutes indemnités, en recevoir ou en payer le montant;

Faire faire toutes les réparations locatives et autres; arrêter tous devis et
marchés, régler tous mémoires d'ouvriers et entrepreneurs, en solder le
montant;

Acquitter les sommes que je pourrai devoir, notamment toutes les impositions et charges, faire toute réclamation en dégrèvement, par mémoire ou
pétition;

Me représenter dans toutes affaires dans lesquelles j'ai un intérêt pour mes
immeubles, régler tout compte, recevoir tout dividende;

De toute somme reçue donner quittance et décharge, donner mainlevée
de toute saisie et opposition, avec ou sans paiement, remettre et exiger tous
titres et pièces, en donner ou retirer décharge;

En cas de difficulté et à défaut de paiement, exercer toutes poursuites,
contraintes et diligences nécessaires, faire tous commandements et toutes
sommations, citer et comparaître devant tous juges de paix, traiter, transiger, compromettre, se concilier, assigner et défendre devant tous tribunaux
et cours compétents, constituer tous avoués et défenseurs, les révoquer et
remplacer, obtenir tous jugements et arrêts, les faire mettre à exécution par
toutes les voies de droit, ou s'en désister, interjeter appel, poursuivre toute
saisie mobilière ou immobilière, requérir toutes inscriptions, produire à tous

ordres et contributions, retirer tous mandements de collocation, en touche
le montant ;

Passer et signer tous actes et procès-verbaux, élire domicile, substituer e
tout ou partie dans les présents pouvoirs ;

Et généralement faire tout ce que le mandataire jugera convenable à me
intérêts, quoique non prévu dans le présent acte, promettant d'avoir le tou
pour agréable et le ratifier au besoin, m'obligeant à rembourser tous frais e
avances pour l'exécution du présent mandat.

Saint-Lô, le vingt-huit décembre mil huit cent quatre-vingt-seize.

Signé :

....

I

LÉGALISATION

«   Vu pour légalisation de la signature de M...........
« ....
«   Saint-Lô, le vingt-huit décembre mil neuf ce
« quatre-vingt-seize.

« Le Maire,

« Signé : A. DARY, adjoint. »

II

ANNEXE

« Annexé à la minute d'un acte reçu par Me...........
« ...., notaire à...
« le douze janvier mil huit cent quatre-vingt-di
« sept.

«   Signé :

«   C. BURES, V. MARIE, A. CAVE

« et Me .... ce dernier comm
« notaire. »

ENREGISTREMENT

«   Enregistré à... le
« treize janvier mil huit cent quatre-vingt-dix-sept.
«   Folio...
«   Case....................

«   Reçu :

« Trois francs, décimes, soixante-quinze centimes.

« Signé :

« R. DE LA FORGE. »

Pour expédition :

Vu par nous, juge de paix du canton de Isigny (Calvados) pour la légalisation de la signature de M^e ....,
notaire à...

Le mandataire est tenu de rendre compte de sa gestion et de faire raison au mandant de tout ce qu'il a reçu en vertu de sa procuration, quand même ce qu'il aurait reçu n'aurait point été dû au mandant (C. civ. 1193), puisqu'il l'a reçu pour lui et en son nom.

Le mandataire, étant responsable des fautes qu'il commet dans sa gestion (C. civ. 1992), doit porter en recettes les sommes qu'il n'a pas perçues par sa faute.

Il doit l'intérêt des sommes qu'il a employées à son usage, à compter du jour qu'il est mis en demeure. (C. civ. 1996.)

Le mandant doit rembourser les avances et frais que le mandataire a faits pour l'exécution du mandat (C. civ. 1999), et l'intérêt de ces avances à dater du jour où il est constaté qu'elles ont été faites.

L'action en reddition de compte contre un mandataire ne se prescrit que par trente ans.

Ici nous donnons le compte rendu d'un petit compte de gestion, mais il en est de même pour tous les comptes.

COMPTE DE MANDATAIRE

(C. civ. 1193, 1986, 1992, 1996, 1999. — Cass. 29 juil. 1828; 24 juil. 1832.)

Entre les soussignés, savoir :

M. Camille SICRE, architecte expert, administrateur d'immeubles, demeurant à Paris, rue Monsieur-le-Prince, 28,

d'une part;

Et M.., propriétaire, demeurant à.........................

....,

d'autre part;

Il a été dit et convenu ce qui suit;

M... ne pouvant momentanément s'occuper de sa maison, sise à Paris, rue.., a laissé un pouvoir à M. Sicre, suivant procuration sous seing privé, enregistré à Paris, le................................, f°   , c°.   , à l'effet de gérer et administrer cet immeuble en son lieu et place.

M. Sicre rend compte de cette administration par le présent acte, ainsi qu'il suit :

RECETTES

4ᵐᵉ trimestre 1901, terme octobre à janvier..........	651,35
1ᵉʳ — 1902, — janvier à avril.............	597,50
2ᵐᵉ — 1902, — avril à juillet.............	562,10
3ᵐᵉ — 1902, sur terme juillet à octobre........	57,60
Total des recettes......................	1 868,55

DÉPENSES

Envoi de fonds.

20 janvier 1902......................	350	»
29 avril 1902.......................	400	»
23 juillet 1902.....................	150	»
Total des dépenses en capitaux...	900	»

Entretien et diverses charges.

Contributions.............................. 245,70
Eau   98,25
Vidange.................................... 110,30
Assurance..................................   10,50
Travaux   87,70
Viabilité..................................   19,65
Gages du concierge......................... 104,20
Fournitures aux concierges.................   43,95
Honoraires pour gestion et études.......... 135,50
Enregistrement.............................   10,50
Timbres....................................   5,20
Frais de poursuites, huissier..............   6,45

Total des dépenses................. 877,90

RÉCAPITULATION DES DÉPENSES

Les dépenses en capitaux s'élèvent à la somme de...........   900 »
Les dépenses d'entretien et diverses s'élèvent à la somme de...   877,90

Total des dépenses........................ 1.777,90

BALANCE

Les recettes s'élèvent à la somme de....................... 1.868,55
Les dépenses s'élèvent à la somme de....................... 1.777,90

Par conséquent le comptable reste reliquataire de la somme de   90,65
M........................... ayant examiné et vérifié le compte ci-dessus
avec les pièces à l'appui qui lui ont été remises par M. Sicre, déclare le trouver
parfaitement exact, l'approuver et en fixer la recette à la somme
de... 1.868,55
La dépense à la somme de................................... 1.777,90

Et le reliquat actif à la somme de.........................   90,65
(Quatre-vingt-dix francs soixante-cinq centimes), qu'il reconnaît avoir
reçus à l'instant de M. Sicre.

En conséquence, M........................... quitte et décharge M. Sicre
de la gestion qu'il a eue en vertu de la procuration sus-énoncée, reconnais-
sant qu'il a bien et fidèlement rempli son mandat, donnant son approbation

pleine et entière à tous les actes de cette gestion, voulant qu'ils reçoivent leur plein et entier effet.

M.. reconnaît enfin que M. Sicre lui a présentement remis toutes les pièces justificatives à l'appui de son compte et tous les titres qui lui avaient été confiés, dont décharge.

Fait double à Paris, le.. (Voyez A et B.)

Le compromis doit être rédigé sur papier timbré, à peine de 20 fr. d'amende. (L. du 13 brum. an VII, art. 12; L. 16 juin 1813, art. 10.)

Il est assujetti au droit fixe d'enregistrement, lorsque les comptes ne contiennent aucune obligation de sommes et dans lesquels le reliquat est payé comptant, comme dans la formule ci-dessus. (L. 28 avril 1816, art 44, n° 2.)

Honoraires des Gérants

Quels sont les honoraires dus aux administrateurs d'immeubles?

Aucune loi ne régit cette grave question, et lorsque la rémunération n'a pas été débattue de gré à gré entre les parties, on ne peut que s'en référer à l'usage

Cette rémunération se calcule sur le revenu, à raison de 4 % pour les gérances importantes et faciles, et 5 % pour les gérances difficiles (dans les quartiers excentriques).

D'après le C. civ., art. 1986, le mandat est considéré comme gratuit, s'il n'y a convention contraire. Il est donc prudent de convenir avec le propriétaire de la rémunération des services, préalablement à toute immixtion dans ses affaires.

Sans nous étendre sur cette question, la logique s'impose, et nous pensons qu'il serait ridicule d'exiger 4 % sur un revenu d'un million par exemple, pour lequel la gestion est plus facile que pour un immeuble d'un revenu de 12 000 francs situé dans un quartier excentrique.

Le gérant, avant de se prononcer, doit étudier la question de près et c'est ainsi qu'il m'est arrivé de ne prendre que 0,75 % pour un grand nombre d'immeubles situés au même endroit. Supposons qu'un propriétaire confie en gérance ses immeubles à la suite les uns des autres d'un revenu annuel brut de 2 700 000, à 0,75 % cela fait comme honoraires 20 250 francs, tandis qu'à 4 % les émoluments s'élèveraient à 108 000 francs.

Une autre question s'impose, celle de préciser si le tant pour cent du gérant doit se prélever sur le revenu brut ou sur le revenu, déduction faite des charges ordinaires, c'est-à-dire non compris les travaux. Là nous n'hésitons pas à répondre que le % doit être réglé, une fois les charges déduites toutefois, à moins cependant que l'immeuble soit d'un rapport trop médiocre: dans ce cas, l'architecte réclame ses honoraires selon le temps passé.

Prenons comme exemple, un propriétaire ayant une seule propriété (gestion année 1895).

RECETTES

Terme janvier à avril............	3 281,05
— avril à juillet............	3 339,05
— juillet à octobre..........	3 339,05
— octobre à janvier.........	3 339,05
Loyer d'avance.................	333,75
Dégrèvement d'impôt....................	29,42
Total des recettes........	13 661,37

DÉPENSES

Foncier	657,38			
Portes et fenêtres........	219,72			
Balayage	55,06			
Droit proportionnel......	15,00			
Déclaration vacance......	2,40	949,56		
Eau		55,10		
Gaz		259,00		
Assurances		40,70		
Gage des concierges...........		155,00		
Fournitures		10,00		
Achat d'une poubelle............		15,05	1 484,41	
Entretien et réparation..........		2 525,45	2 525,45	
Frais de gestion..............		365,30	365,30	4 375,16
Remis au propriétaire...........		9 286,21		9 286,21
		13 661,37		13 661,37

Comme on le remarquera, il n'est prélevé que 3 % sur 13 661,3
— 1 484,41 charges réelles, soit sur 12 176,96. L'entretien et les répa
rations n'ont pas à entrer en ligne de compte. Il est évident que s'
plaisait au propriétaire de faire faire pour 9.651,51 de travaux c
plus, il ne resterait plus rien pour le gérant.

Nous prenons une moyenne pour les bonnes maisons, selon le rap
port de 1 à 2 % pour les grosses affaires, 3 à 4 % pour les moyenne
5 et plus % pour les difficiles.

Mais, règle générale, on doit débattre le prix après examen de l'a
faire afin que ni l'une ni l'autre des parties soient lésées.

Il est bon de faire remarquer l'utilité d'un gérant en certains ca
Cette maison était à peine louée 10 000 francs lorsqu'elle m'a é
confiée, les charges étaient de beaucoup plus élevées, le propriétai
se contentait d'un revenu net variant de 4 000 à 7 000 francs selo
les vacances et l'entretien. Donc, moyennant une faible rémunéra
tion, il a augmenté son revenu de plus de 3 000 francs, ce qui aug
mente également considérablement le capital.

Fonctions de l'Administrateur d'Immeubles

Les fonctions d'administrateur d'immeubles sont très délicate
le plus petit des comptables s'intitule gérant et il a tort. Nous cons
dérons qu'il faut avoir fait des études spéciales et avoir des aptitud
prononcées pour se permettre de gérer un immeuble. Une maiso
administrée par des personnes inexpérimentées ne rapporte pas a
propriétaire le revenu qu'il pourrait avoir en s'adressant aux ge
compétents.

Il ne s'agit pas de dire: pour augmenter mes revenus, je vais au
menter mes locataires. C'est là, au contraire, le meilleur moyen de l
diminuer en raison des vacances qui peuvent se produire. Tout do
être calculé et ramené au tant %; donc la première des choses est c
se rendre compte du pourcentage.

Nous recevons journellement des offres d'achat ou de vente c propriétés et nous nous apercevons vite de l'erreur de certains vendeurs peu scrupuleux.

Pour éviter ces sortes d'erreurs, nous allons fournir quelques exemples, selon les modèles qui précèdent, résumé des charges, et centralisation.

Il faut savoir trouver le %, l'intérêt et le capital.

Une maison rapportant 15 000 francs est vendue 500 000. Quel est le taux?

$$\frac{Intér\hat{e}t \times 100}{Capital} = \frac{15\ 000 \times 100}{500\ 000} = 3\ \%$$

Que rapporte d'intérêt une maison valant 500 000 francs, au taux de 3 %?

$$\frac{Capital \times taux}{100} = \frac{500\ 000 \times 3}{100} = 15\ 000 \text{ francs.}$$

Une maison rapporte 15.000 francs d'intérêt au taux de 3 %. Quel capital représente-t-elle?

$$\frac{Intér\hat{e}t \times 100}{Taux} = \frac{15\ 000 \times 100}{3} = 500\ 000 \text{ francs.}$$

Donc cette maison qui est estimée 500 000 francs et d'un rapport de 15 000 brut, en examinant les comptes nous voyons :

Impositions et charges essentielles........	1 650
Réparations d'entretien..................	1 050
Non-valeurs...........................	1 800
Frais de gestion.......................	462
	4 962
15 000 — 4 962 = revenu net	10 038

$$\frac{10\ 038 \times 100}{500\ 000} = 2{,}0076\ \%$$

Au lieu de 3 %, nous n'avons en réalité que du 2,0076 % ce qui fait une grande différence.

Dans l'exemple fourni précédemment pour un revenu brut de 13 661,37, il en ressort les pourcentages suivants, par rapport au revenu brut :

Pour les impositions et les charges obligatoires......	10,865 %
Pour l'entretien et réparation....................	18,486 %
Pour frais de gestion............................	2,674 %

Si nous capitalisons à 5 % sur un revenu net de 9 286,21, cet immeuble devrait valoir :

$$\frac{9\,286,21 \times 100}{5} = 185\,725,20$$

chiffre erronné, le terrain et la construction ayant coûté 225 000 francs.

Le revenu net est donc de :

$$\frac{9\,286,21 \times 100}{225\,000} = 4,127\ \%$$

et les charges par rapport au capital seront :

Pour les impositions et les charges obligatoires.......   0,659 %
Pour l'entretien et les réparations..................   1,122 %
Pour les frais de gestion...........................   0,162 %

Dans ces estimations, le chapitre entretien et réparation est trop élevé, les charges générales ne devraient pas dépasser 20 % ou 1/5 du revenu brut.

Autant de maisons prises à part, autant de rectifications il y aurait lieu de faire.

Comme dernier exemple, nous donnons le dernier rapport établi par nos soins.

On nous propose l'achat d'une maison pour 680 000, d'un rapport brut de 56 100 francs, n'ayant comme charges que 6.100 francs, soit d'un rapport net de 50 000, produisant du 7,352 %.

Or voici ce qui résulte du dépouillement des comptes :

RECETTES

Boutique d'angle.....................	8 500	»
Boutique à la suite..................	4 500	»
Boutique —	3 200	»
Appartement au rez-de-chaussée......	2 000	»
Entresol	10 000	»
1er étage *vacant, évalué*.............	12 000	»
2e —	6 400	»
3e —	9 500	»
4e — chambres de domestiques..	»	»
	56 100	»

CHARGES

Impôt foncier des portes et fenêtres, taxes diverses, etc..	5 263,	91
Concierge	1 100	»
Assurance contre l'incendie...........................	86,	70
Assurance contre les accidents........................	59,	35
Eau, éclairage, gaz, électricité.......................	850	»
Ascenseur, air comprimé, calorifère...................	1 000	»
TOTAL DES CHARGES.....................	8 359,	96
Sur lesquels les locataires remboursent...............	2 259,	96
RESTE	6 100,	00

Tout d'abord, nous ne voyons pas figurer les non-valeurs dans les charges.

Ensuite nous remarquons qu'il n'est rien consacré pour l'entretien et les réparations, et enfin que les charges ne sont en rapport ni avec le capital ni avec le revenu brut.

Nous estimons les charges, déduction faite d'une non-valeur de 12 000 francs,

$$\text{à} \quad 8\,820$$

Plus les non-valeurs énoncées........... 12 000

Montant total des charges........ 20 820

Revenu net 56 100 — 20 820 = 35 280 francs.

qui, par rapport au capital, donne du 5,188 %, taux fort respectable, atteint trop souvent en imagination et rarement en réalité.

Plus de maisons à Paris rapportent du 1,50 à 2 % que du 5 %. Je le répète, il faut savoir faire une véritable estimation. Le terrain peut augmenter ou diminuer selon la vogue du quartier. Tant qu'à la construction, elle acquiert une moins-value selon qu'elle est plus ou moins bien entretenue.

Certains acquéreurs d'immeubles déduisent le tiers du revenu brut et capitalisé à 5 %.

Ainsi pour un rapport de 27 000 francs on déduirait 9 000 francs pour charges et on capitalise à 5 % sur 18 000, ce qui produirait une valeur de 360 000 francs. Cette façon de calculer est fausse et profite presque toujours à l'acquéreur.

Celui qui désire acquérir ou vendre une propriété doit faire faire un rapport précis et de préférence par un architecte, habitué à ces sortes d'opérations. A titre de renseignement nous donnons ci-dessous la forme pour présenter la vente d'un immeuble.

NOTICE POUR SERVIR A L'ÉTUDE DE L'ACQUISITION D'UN IMMEUBLE
Sis à Paris (9ᵉ), rue Frochot.

DRESSÉE PAR CAMILLE SICRE, ARCHITECTE EXPERT
PRÈS LES TRIBUNAUX

Assuré à la Compagnie l'*Urbaine*, rue Lepelletier, cet immeuble, qui a 30 ans de date, est construit en briques, ravalé en plâtre en façade et en briques sur cour.

Il est élevé sur caves, d'un rez-de-chaussée comprenant trois boutiques, la loge du concierge, deux logements à l'annexe et six étages carrés.

Couverture en zinc refaite entièrement cette année (toiture dite en Imperial).

L'ensemble de l'immeuble est en très bon état.

Le genre de locations (patrons de grandes maisons, éditeurs, compositeurs, peintres et dessinateurs) assure l'absence de non-valeurs. A part quelques vieux locataires (18 ans) les loyers sont payables d'avance.

Le terrain mesure au total environ 300 mètres (16,80 de façade × 17,85) se décomposant comme suit pour les constructions, et comprenant une grande cour et deux courettes pour assurer l'éclairage intérieur.

1º Bâtiment sur façade..........	179 m.	00
2º — en retour..........	32	00
3º — en annexe..........	56	40
4º Cour	32	60
Ensemble	300 m.	00

La grande courette jumellée à hauteur du premier étage de l'annexe avec celles des bâtiments mitoyens et forme ainsi un grand espace clair.

La valeur au point de vue du fond est de :

Terrain : 300 mètres à 450 francs le mètre.........	135 000
Constructions : 179, 00 à 850..................	152 150
A reporter......	287 150

Report......287 150

32, 00 à 600 ....19 200
56, 40 à 300 ....16 920
32, 60 ....5 730

Valeur foncière..............329 000

A vendre.................300 000 francs
Moins hypothèque.........120 000 francs dont détail à la suite.

Reste à verser.........180 000 francs.

Le rapport brut étant de.........................19 515, 60
Les charges étant de.....................3 124,49 ⎱
L'annuité de l'hypothèque..............5 304,40 ⎰ 8 428, 89

Soit un revenu net de...................11 086, 71

Représentant 6,159 %.

ÉTAT DES LOCATIONS

ÉTAGE	DÉSIGNATION	NUMÉROS D'ORDRE	LOYER ANNUEL	TERME	NOM DES LOCATAIRES
	Loge...............	1	» »	» »	Coulon.
Rez-de-chaussée....	Boutique, droite.	2	1 038, »	259,50	M. Galerne.
	— gauche. ...	3	758,20	189,55	M. Wertmelinger.
	— —	4	2 174,40	543,60	M. Perruchi.
1er étage.........	Appartement, gauche..	5	990,20	247,55	M. Gensberger.
	— droite. .	6	1 262,40	315,60	M. S. Gauthier.
2e —	Appartement, gauche..	7	1 250,40	312,60	M. Segaut.
	— droite. .	8	1 358» »	339,50	M. Sonnette.
3e —	Appartement, gauche..	9	1 562,40	390,60	M. Schulz.
	— droite. .	10	1 369,60	342,40	M. Effa.
4e —	Appartement, gauche..	11	1 003,60	250,90	M. Dihau.
	— droite. .	12	1 398,80	349,70	M. Lemoine (Léon).
5e —	Appartement, gauche..	13	822,80	205,70	M. Lemoine (Achille).
	— droite. .	14	2 218, »	554,50	M. Lemoine (Achille).
6e —	Atelier, gauche.......	15	1 260,40	315,10	M. Bergon.
	— droite.	16	» »	» »	Compris avec la location 14.
ANNEXE					
Rez-de-chaussée....	Logement, droite......	17	412,60	103,15	M. Parrau.
	— gauche. ...	18	328,40	82,10	M. Le Roy.
	Chambre.	19	» »	» »	Compris location 12.
	Logement...........	20	» »	» »	— — 14.
	Chambre...........	21	103,60	25,90	M. Bardy.
1er étage.........	—	22	100,40	25,10	M. d'Éllimac.
	—	23	103,40	25,85	M. Atgie.
	—	24	» »	» »	Compris avec locations 14 et 16.
			19 515,60	4 878,00	

CHARGES

Contribution foncière...............	1 005,70	1 311,31	
— des portes et fenêtres...	305,61		
Taxe foncière......................	337,75		
Taxe pour l'enlèvement des ordures ménagères	126,82		
Taxe sur la valeur en capital........	225,00	689,57	
Taxe du balayage....................		53,81	
Curage d'égout......................		80,05	2 134,74
Prime d'assurance..........................			56,90
Consommation du gaz........................			187,70
Consommation de l'eau......................			303,10
Gages du concierge.........................			400,00
Enregistrement.............................			38,65
Déclarations verbales......................			2,80
Timbres des contributions..................			0,50

Total des charges..................... 3 124,39

DÉCOMPTE

Revenu brut.............. 19 515,60
Charges 3 124,49

Revenu net.............. 16 389,11

Il existe une hypothèque à déduire de la somme de 300 000 francs.
grevant en premier rang l'immeuble de............ 120 000 francs.

Il ne reste donc plus à verser que.............. 180 000 francs.

Ladite hypothèque consentie par la *Banque foncière du Jura*, à intérêts 4 %, amortissable en 60 annuités de 5 304,40.

La maison devrait rapporter 21 330,85, comme le prouvera l'estimation qui suit.

Cet immeuble a rapporté de 6,75 à 7,15 % pendant plusieurs années. On pourra également s'en rendre compte d'après l'estimation des loyers ci-après.

DÉSIGNATION · ESTIMATION RÉELLE · DES CHARGES A REMBOURSER · RAMONAGES · CHARGES ANNUELLES

Nº d'ordre	Étage	Désignation du local	Antichambre	Water-closet	Cuisine	Cabinet de débarras	Salle à manger	Salon	Chambre à coucher	Loyer annuel	Charges annuelles	Loyer annuel (compris les charges à rembourser)	Termes
1	Rez-de-ch.	Log.	»	»	»	»	»	»	»	350,00	» »	350,00	87,50
2	—	Bout.	»	»	»	»	»	»	»	1 000,00	80,75	1 080,75	270,20
3	—	—	»	»	»	»	»	»	»	900,00	83,30	983,30	245,80
4	—	—	»	»	»	»	»	»	»	1 800,00	130,55	1 930,55	482,65
5	1er gauche	App.	1	1	1	»	1	1	2	1 000,00	58,05	1 058,05	264,50
6	1er droite	—	1	1	1	2	1	1	2	1 250,00	64,20	1 314,20	328,55
7	2e gauche	—	1	1	1	»	1	1	2	1 200,00	67,40	1 267,40	316,85
8	2e droite	—	1	1	1	1	1	1	2	1 300,00	70,30	1 370,30	342,60
9	3e gauche	—	1	1	1	»	1	1	2	1 500,00	78,95	1 578,95	394,75
10	3e droite	—	1	1	1	1	1	1	2	1 300,00	75,30	1 375,30	343,80
11	4e gauche	—	1	1	1	»	1	1	2	1 000,00	73,05	1 073,05	268,25
12	4e droite	—	1	1	1	1	1	1	2	1 300,00	80,30	1 380,30	345,10
13	5e gauche	—	1	1	1	»	1	1	2	1 000,00	78,55	1 078,55	269,65
14	5e droite	—	1	1	1	1	1	1	2	1 100,00	81,45	1 181,45	295,35
15	6e gauche	Atel.	»	»	»	»	»	»	»	1 200,00	85,80	1 285,80	321,45
16	6e droite	—	»	»	»	»	»	»	»	1 300,00	88,00	1 388,00	347,00
17	Rez-de-ch.	Log.	»	»	1	1	1	»	1	380,00	17,75	397,75	99,45
18	— gauche	—	»	»	1	1	1	»	1	400,00	18,70	418,70	104,70
19	1.......	Ch.	»	»	»	»	»	»	1	100,00	2,50	102,50	25,60
20	1.......	Log.	»	»	»	»	»	»	2	300,00	5,95	305,95	76,50
21	1.......	Ch.	»	»	»	»	»	»	1	100,00	2,50	102,50	25,60
22	1.......	—	»	»	»	»	»	»	1	100,00	2,50	102,50	25,60
23	1.......	—	»	»	»	»	»	»	1	100,00	2,50	102,50	25,60
24	1.......	—	»	»	»	»	»	»	1	100,00	2,50	102,50	25,60
										20 080,00	1 250,85	21 330,85	5 332,65

TERMES (bas de colonne) : 5 332,65 — 0,06 — 5 332,71

Nº d'ordre	Portes et fenêtres — Nombre d'ouvertures	Portes et fenêtres — Droit fixe	Ordures ménagères	Enregistrement	Balayage	Tapis	Eau	Graissage des devantures des boutiques	Timbres de quittances	Ramonages — Nombre	Ramonages — Prix
1	7 / 4	»	»	»	»	»	»	»	»	1	0,75
2	5	3,50	8,00	2,50	15,10	»	20,00	20,00	0,40	»	» »
3	3	2,10	7,20	2,25	11,20	»	30,00	20,00	0,40	»	» »
4	6	4,20	14,40	4,50	16,80	»	50,00	20,00	0,40	»	» »
5	7	4,80	8,00	2,50	»	11,00	20,00	»	0,40	4	5,25
6	8	5,00	10,00	3,15	»	11,00	20,00	»	0,40	4	5,25
7	7	4,90	9,60	3,00	»	16,00	20,00	»	0,40	4	5,25
8	8	5,60	10,40	3,25	»	16,00	20,00	»	0,40	4	5,25
9	7	4,90	8,00	3,75	»	21,00	20,00	»	0,40	4	5,25
10	8	5,60	10,40	3,25	»	21,00	20,00	»	0,40	4	5,25
11	7	4,90	8,00	2,50	»	26,00	20,00	»	0,40	4	5,25
12	8	5,60	10,40	3,25	»	26,00	20,00	»	0,40	4	5,25
13	7	4,90	8,00	2,50	»	31,50	20,00	»	0,40	4	5,25
14	8	5,60	8,80	2,75	»	31,50	20,00	»	0,40	4	5,25
15	4	2,50	9,60	3,00	»	36,50	20,00	»	0,40	1	0,75
16	4	2,50	10,40	3,25	»	36,50	20,00	»	0,40	1	0,75
17	3	2,10	»	0,95	»	»	10,00	»	0,40	3	2,25
18	4	2,80	»	1,00	»	»	10,00	»	0,40	3	2,25
19	1	0,70	»	0,25	»	»	»	»	0,40	»	» »
20	2	1,40	»	0,75	»	»	»	»	0,40	2	1,50
21	1	0,70	»	0,25	»	»	»	»	0,40	»	» »
22	1	0,70	»	0,25	»	»	»	»	0,40	»	» »
23	1	0,70	»	0,25	»	»	»	»	0,40	»	» »
24	1	0,70	»	0,25	»	»	»	»	0,40	»	» »
	122	77,70	125,20	49,35	43,10	284,00	360,00	60,00	9,20		

CHARGES ANNUELLES

Foncier	1 005,70	
Portes et fenêtres	305,61	
Taxe foncière	337,75	
Ordures ménagères	126,82	} 2134,74
Valeur en capital	225,00	
Balayage	53,81	
Curage	80,05	
Assurance		56,90
Gaz		187,70
Eau		303,10
Concierge		400,00
Enregistrement		41,45
Timbres		0,50
Montant des charges		3 124,39

DÉCOMPTE

Revenu brut	21 330,85
Charges	3 124,39
Revenu net	18 206,46

Soit 6,01 %

et avec hypothèque de 120.000 à 4 %
amortissable en 60 annuités, 7,167 %

REMBOURSEMENT TAPIS PRÉSUMÉ CHANGÉ TOUS LES 6 ANS

6 étages de 19 marches à 0 m. 50.	57 mètres		
6 paliers de 3 mètres...........	18 —		
Pour marches palières et chutes.	5 —		
Longueur du tapis............	80 mètres à 10, »...		800 »
Thibaude même longueur......	80 —	0 60...	48 »
Coutures de la thibaude........	12 —	,0,10...	1,20
Coutures du tapis....................................			5 »
Pose du tapis 19 × 6 = 114 marches à 0,55............			62,70
Pose 6 paliers de 3 mètres = 18 mètres à 0,40..........			7,20
Coût du tapis............................			924,10
Intérêts composés à 5 % pendant 6 ans...............			314,30
5 déposes, battages, reposes à 92,57....................			462,85
Ensemble			1 701,25

Soit à rembourser par les locataires : 283,55 par année.

ENTRETIEN DES FERMETURES DES TROIS BOUTIQUES

Il a été fait un forfait de 60 francs par année, pour le graissage des fermetures des trois boutiques avec M. Dubois, entrepreneur de serrurerie, 40, rue Fontaine, à Paris.

L'avis de l'architecte est que cette charge peut être supprimée, d'abord parce qu'il n'y a aucun contrôle et qu'en outre le graissage de ces trois fermetures ne comporte pas une telle somme.

BALAYAGE

Le propriétaire ne devrait avoir à payer que la longueur du vestibule, le reste étant en boutique.

ÉTATS COMPARATIFS

CONCERNANT LA CONSOMMATION

EAU

MOIS	1900			1901			1902			1903			1904			1905			1906		
	DATES	AIGUILLES	CONSOMMATION	DATES	AIGUILLES	CONSOMMATION	DATES	AIGUILLES	CONSOMMATION	DATES	AIGUILLES	CONSOMMATION	DATES	AIGUILLES	CONSOMMATION	DATES	AIGUILLES	CONSOMMATION	DATES	AIGUILLES	CONSOMMATION
Février. . . .	15	5 152	»	15	5 736	128	15	6 195	113	10	6 659	111	9	7 537	271	9	8 256	180	9	716	238
Mai.	15	5 274	124	15	5 851	115	16	6 313	118	9	6 800	141	10	7 810	273	9	8 675	149			
Juin.	»	»	»	»	»	»	»	»	»	»	»	»	»	»	»	6	8 715	»			
Août.	16	5 475	201	16	5 985	134	16	6 447	134	10	7 007	207	9	8 108	298	9	215	254			
Novembre. .	16	5 608	133	16	6 082	97	17	6 548	101	10	7 266	259	10	8 346	238	10	478	263			

[illegible faint line]

MOIS	1900			1901			1902			1903			1904			1905			1906		
	DATES	AIGUILLES	CONSOMMATION	DATES	AIGUILLES	CONSOMMATION	DATES	AIGUILLES	CONSOMMATION	DATES	AIGUILLES	CONSOMMATION	DATES	AIGUILLES	CONSOMMATION	DATES	AIGUILLES	CONSOMMATION	DATES	AIGUILLES	CONSOMMATION
Janvier. . . .	»	»	»	»	»	»	2	173	128	6	134	121	30	269	108	3	198	110	23	306	94
Février. . . .	»	»	»	»	»	»	5	283	110	5	241	107	–	–	–	1	294	96	23	401	95
Mars.	»	»	»	»	»	»	6	359	176	6	335	94	1	368	99	2	380	86	23	464	63
													30	453	85						
Avril.	»	»	»	»	»	»	5	425	66	4	417	82	29	537	84	1	458	78			
																29	526	68			
Mai.	»	»	»	»	»	»	5	493	68	8	505	88	31	612	75	29	593	67			
Juin.	»	»	»	»	»	»	5	558	65	9	571	66	30	669	57	29	655	62			
Juillet.	»	»	»	2	668	43	4	604	46	8	620	49	30	723	54	29	713	58			
Août.	»	»	»	2	712	44	5	656	52	7	673	53	31	792	69	30	776	63			
Septembre..	»	»	»	2	760	48	4	713	57	8	741	68	30	879	87	30	862	86			
Octobre. . . .	»	»	»	2	840	80	4	795	82	8	826	85	–	–	–	28	948	86			
Novembre. .	»	»	»	2	935	95	6	905	110	2	922	96	2	994	115						
Décembre...	»	»	»	2	1 045	110	5	1 013	108	1	1 042	122	1	1 088	94	2	1 097	419			
										31	161	119				30	212	115			

Compteur 5 becs n° 240.597. — Conduite montante n° 16.385.

En propriété (année 1874) placé en rez-de-chaussée, dessous escalier.

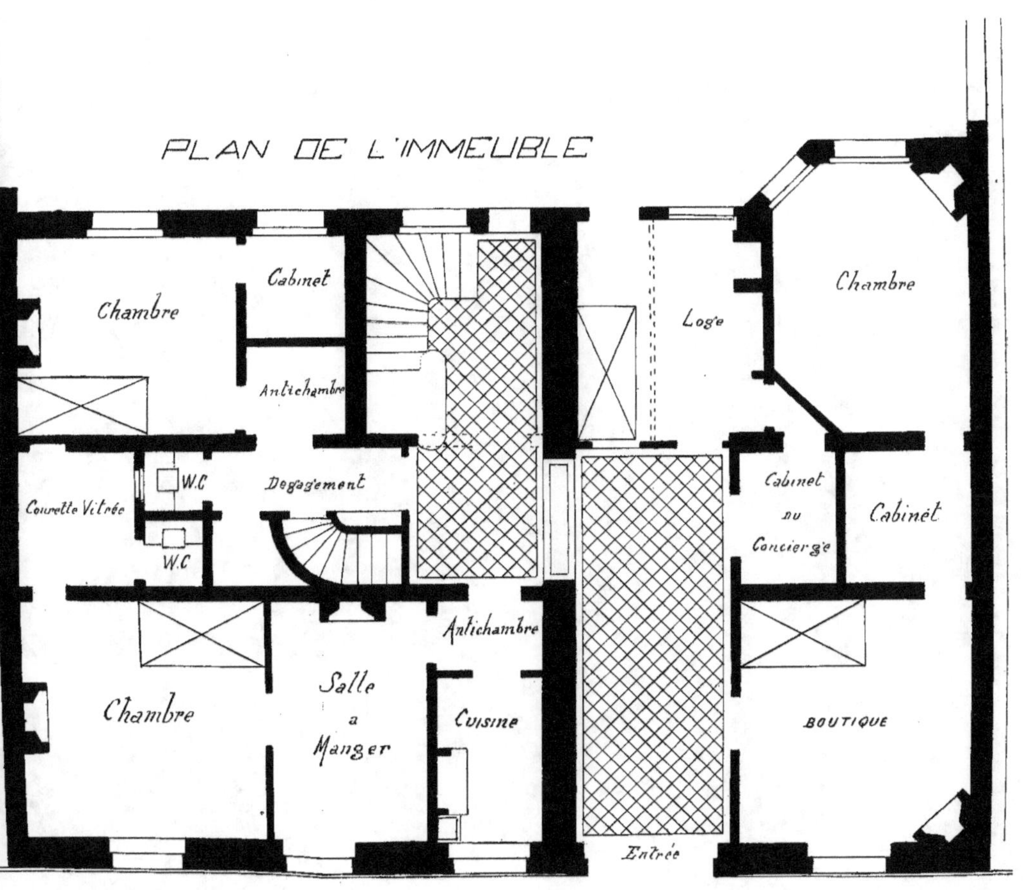

PLAN DE L'IMMEUBLE
Chambre
Cabinet
Antichambre
W.C
Dégagement
Courette Vitrée
W.C
Chambre
Salle
a
Manger
Antichambre
Cuisine
Loge
Chambre
Cabinet
du
Concierge
Cabinet
BOUTIQUE
Entrée

ACTES SOUS SEING PRIVÉ

ACTES SOUS SEING PRIVÉ : *Acte authentique comparé à l'acte sous seing privé. — Honoraires des notaires. — Décret du 25 août 1898. — Honoraires pour actes authentiques. — Comment se font les actes sous seing privé. — Économie à réaliser avec les actes sous seing privé.*

1º ENREGISTREMENT, BAUX : Principe pour l'enregistrement des baux écrits. — Délai pour l'enregistrement des baux. — Bureau où doit être enregistré le bail. — A qui incombe l'enregistrement du bail. — Tarif pour l'enregistrement — Fractionnement pour l'enregistrement des baux. — Quittance. — Pénalité pour bail écrit non enregistré. — Remise ou modération des amendes encourues. — Formule de pétition pour amendes encourues. — Restitution des droits perçus en trop sur un bail.

2º LOCATIONS VERBALES : Déclaration obligatoire des locations verbales. — Exceptions de déclaration. — Location dont la durée ne dépasse pas 3 ans et dont le prix annuel n'excède pas 100 francs. — Locations verbales résultant du renouvellement tacite d'un bail écrit. — Délai pour faire les déclarations verbales. — Bureau où sont faites les déclarations verbales. — Communes où il n'existe pas de bureau pour l'enregistrement. — Par qui doivent être faites les déclarations verbales. — Comment on fait les déclarations verbales. — Formules pour les déclarations verbales. — Liquidation des droits. — Tarif. — Fractionnement. — Locations de plus de 3 ans. — Locations faites suivant l'usage des lieux. — Quittance. — Pénalités. — Location verbale non déclarée. — Insuffisance de déclaration. — Remise ou modération des peines. — Formule pour une location verbale non déclarée dans le délai. — Restitution des droits perçus en trop. — Ce qu'en entend par charges.

3º VENTES D'IMMEUBLES : Recommandation. — Déclaration

*obligatoire de l'enregistrement. — Délai. — Bureau où doit être fait
la déclaration. — Par qui sont déclarées les ventes d'immeubles. —
Usufruit grevant l'immeuble. — Usufruit réservé par le vendeur. —
Forme des déclarations. — Liquidation des droits. — Tarif. — Quittance. — Pénalité. — Défaut d'enregistrement ou de déclaration dans
le délai. — Insuffisance de prix. — Soumissions. — Modèle de soumission. — Expertise. — Dissimulation de prix. — Remise ou modération des peines. — Formules pour remises des peines encourues. —
Restitution des droits perçus en trop.*

4º *ÉCHANGES D'IMMEUBLES : Déclaration obligatoire. — Délai.
— Lieu de l'enregistrement. — Par qui sont faites les déclarations. —
Comment on fait une déclaration d'échange d'immeuble. — Liquidation des droits. — Tarif. — Tarif réduit. — Règles d'échanges au tarif
réduit. — Soulte ou plus-value. — Quittance. — Pénalités. — Défaut
de déclaration. — Insuffisance de revenu ou de soulte. — Dissimulation de soulte. — Remises ou modération de peines. — Restitution des
droits perçus en trop.*

« L'acte authentique, dit l'article 1317 du C. civ. est celui qui a
été reçu par officiers publics (notaires) ayant le droit d'instrumen-
ter dans le lieu où l'acte a été rédigé et avec les solennités requises.»

L'article 1319 porte : « L'acte authentique fait pleine foi de la convention qu'il renferme entre les parties contractantes et leurs héritiers ou ayants cause. »

Mais l'article 1322 ajoute : « L'acte sous seing privé reconnu par
celui auquel on l'oppose, ou légalement tenu pour reconnu, a, entre
ceux qui l'ont souscrit et leurs héritiers, ou ayants cause, la même
foi que l'acte authentique. »

Ainsi l'acte sous seing privé est déclaré aussi bon, aussi valable
que l'acte authentique. Il procure la même sécurité et la même garantie; devant les tribunaux, il fait pleine foi et constitue une preuve
absolue.

Ce n'est qu'à titre exceptionnel et spécial que la loi exige l'acte
authentique dans certains cas nettement prévus, lorsque l'on ne sait
pas signer ou quand on est dans l'impossibilité d'accomplir cette
formalité.

Dès lors, pour toute une série d'actes, il n'est pas besoin de se rendre chez un notaire, pour payer des tarifs élevés, puisque l'on peut
s'en dispenser, sans courir aucun risque préjudiciable

Cependant, il ne faut pas oublier que la rédaction d'un acte demande une connaissance professionnelle et que quiconque s'adresse à des personnes peu expérimentées risque fort de posséder un acte avec lequel la partie adverse pourra entamer des discussions.

Les actes notariés donnent lieu à des honoraires très lourds; il suffit, pour s'en convaincre, de consulter la loi du 20 juin 1896 et le décret du 25 août 1898 qui ont établi le montant de ces tarifs.

L'article 21 est ainsi conçu :

« L'honoraire par rôle de minute est de 5 francs par rôle de 35 lignes à la page et de 20 syllabes à la ligne. — Toutefois, pour les cahiers des charges de ventes judiciaires, il est seulement de 3 francs par rôle. — Les honoraires par rôle de copie de 25 lignes à la page, de 15 syllabes à la ligne, sont fixés à 3 francs pour les expéditions et les grosses au chef-lieu de la cour d'appel et dans les villes dont la population excède 30.000 âmes. — A 2 francs partout ailleurs; — A 3 francs pour les extraits analytiques; — A 0 fr. 75 pour les expéditions dont le coût est à la charge de l'État, des établissements de bienfaisance et d'assistance et des bénéficiaires de la loi sur les habitations à bon marché; — Et à 0 fr. 50 pour les expéditions dont le coût est à la charge de l'administration de l'enregistrement. — Les copies collationnées donnent lieu à un droit et fixe de 5 centimes en sus des droits de rôles. — Le rôle commencé est dû en entier, s'il est seul; par fractions non inférieures à la moitié, s'il y a plusieurs rôles.

« Art. 22. — Lorsque le notaire est obligé de se transporter dans une localité éloignée de plus de 1 kilomètre de sa résidence, il perçoit pour frais de voyage par kilomètre parcouru en allant et en revenant : — 1° 0,20 centimes si le transport a été effectué en chemin de fer; 2° 0,40 centimes si le transport a eu lieu autrement; si le déplacement exige plus d'une journée, il est alloué en outre 10 francs par journée. — Tout voyage requis la nuit est payé double. — Il n'est alloué qu'un seul droit de transport pour la totalité des actes que le notaire aura fait dans un même déplacement. »

L'honoraire proportionnel est perçu sur le capital énoncé dans les actes. Lorsqu'il porte sur des sommes excédant 100 francs, le calcul se fait sans fraction et par somme ronde de 20 francs en 20 francs.

Dans les contrats ayant pour objet des prestations en nature, l'honoraire est calculé d'après l'évaluation faite pour la perception du droit d'enregistrement. — Lorsque la valeur de l'immeuble n'est pas exprimée dans l'acte, elle est obtenue en multipliant le revenu annuel par 25 pour les immeubles ruraux, et par 20 pour les immeubles urbains.

Il est alloué aux notaires, par vacation de trois heures, 8 francs, au chef-lieu de la Cour d'appel et dans les villes dont la population excède 30 000 âmes; 6 francs partout ailleurs. — La première vacation commencée est due en entier. Les autres se payent en proportion du temps écoulé.

Journal officiel, 1er septembre 1898 : Tarifs aux Cours d'Agen, d'Aix, d'Amiens, d'Angers et de Bastia.

Journal officiel, 2 septembre 1898. — Besançon, Bordeaux, Bourges, Caen, Chambéry, Lyon, Douai.

Journal officiel, 3 septembre 1898 : Grenoble, Limoges, Lyon, Montpellier, Nancy, Nîmes.

Journal officiel, 4 septembre 1898 : Orléans, Paris pour le département de la Seine, Pau, Poitiers, Rennes, Riom.

Journal officiel, 5 septembre 1898 : Rouen et Toulouse.

Ici nous donnons à titre de renseignements, un extrait du tarif légal des notaires de Paris, des actes les plus fréquents :

Bail	0,25 %	sur les loyers cumulés des neuf premières années.
Comptes de tutelle et autres	0,50 %	de 1 à 300 000 francs.
Déclaration de succession	0,125 %	s'il n'y a ni inventaire ni partage.
Délivrance de legs	0,25 %	
Partages de succession	1,00 %	de 1 à 500 000 francs.
Prêt	1,00 %	de 1 à 500 000 francs. Moitié des honoraires dans certains cas.
Prorogation de délai	0,50 %	de 1 à 500 000 francs.
Quittance	{ 0,50 % { 0,25 %	de 1 à 180 000 francs. jusqu'à 1 500 000 fr. Moitié des honoraires, si elle est donnée en conséquence d'un acte notarié.

Renouvellement d'inscription	0,10 %	
Sociétés en nom collectif	0,50 %	de 1 à 100.000 francs.
Sociétés en commandite simple....	0,25 %	jusqu'à 1 million.
Sociétés anonymes	0,50 %	de 1 à 500.000 francs.
	0,25 %	jusqu'à 1 million.
Sociétés en commandite par actions	0,125 %	jusqu'à 3 millions.
	0,0625 %	au-dessus.
Vente d'immeubles	1,00 %	de 1 à 800 000 francs.
Vente de fonds de commerce	1,00 %	de 1 à 20 000 francs.
	0,50 %	de 20 000 à 100 000 fr.
	0,25 %	au-dessus.

A ces prix, il y a lieu d'ajouter les honoraires de rôles dont il a été parlé ci-dessus et le papier timbré des actes.

L'enregistrement qui est obligatoire pour tous les actes notariés, ne l'est pas pour tous les actes sous seing privé; il ne le devient, pour ceux qui ne sont pas nécessairement enregistrables, qu'en cas de difficultés judiciaires; mais, en tout cas, l'ajournement ne fait encourir ni amende, ni double droit.

Il ne faut pas oublier que l'enregistrement n'est, en somme, qu'un impôt; et qu'en conséquence ne rendant pas un acte meilleur, chaque fois que l'on peut se dispenser de l'enregistrement, on réalise une économie fortement appréciable.

Les expéditions de l'acte notarié doivent être faites conformément à la loi spéciale édictée à cet égard.

Les actes sous signatures privées se font en autant d'originaux que de parties, ils se bornent au timbre, aussi réduit que possible, puisque l'écriture n'est pas limitée à tant de syllabes à la ligne et que l'attribution de copistes est minime.

Dans bien des cas l'acte sous seing privé, en tenant compte des économies accessoires, jointes à la réduction d'honoraires, est des trois quarts des actes notariés.

Pour conclure, nous dirons que le ministère d'un notaire pouvait être indispensable autrefois, c'est-à-dire à l'époque où la population contenait 80 % d'illettrés parce que, seul, le notaire pouvait donner force de loi aux conventions des parties ne sachant ni lire ni écrire, mais il n'en est plus de même aujourd'hui. Nous dirons même mieux, c'est que l'article 1322 du C. civ. a institué l'acte sous seing privé comme ayant même valeur que l'acte notarié, pour éviter les frais de ce dernier aux personnes instruites, c'est donc à ces personnes savoir en profiter.

Souvent même ceux qui désirent un acte notarié en rédigent eux mêmes les clauses d'avance, de manière que le notaire n'a plus qu' les transcrire et à leur donner la forme authentique.

Un contrat fait sous seing privé acquiert la valeur et la for d'un acte notarié par le simple dépôt que les parties en font, d' commun accord, chez un notaire.

Nous ne nous occupons dans cet ouvrage que de ce qui a trait à construction, et les quelques formules que nous donnons ont été p sées parmi les meilleures; quoique cela, elles peuvent être modifi selon les cas. En un mot elles doivent être rédigées par des personne très compétentes.

ENREGISTREMENT

Baux

Tous les actes passés devant des notaires sont enregistrés par le soins de ces derniers, il ne s'agit ici que de l'enregistrement des acte sous signatures privées.

Les baux écrits d'immeubles, les cessions, subrogations et rétro cessions de baux doivent être obligatoirement enregistrées, ce san distinction de prix, ne serait-ce même pour moins de 20 francs.

Si le bail fait remonter l'entrée en jouissance à une date antérieure à la signature du contrat, le preneur est censé avoir joui de la loca tion jusqu'à la rédaction de l'acte, en vertu d'une location verbale assujettie à la déclaration dans les trois mois de l'entrée en jouissance à peine d'une amende contre le bailleur.

Lorsque le bail écrit est enregistré alors que le locataire n'est pas encore depuis plus de trois mois dans l'immeuble, l'enregistrement du bail dispense de toute autre déclaration, seulement les droits sont perçus à partir de l'entrée en jouissance effective.

L'enregistrement peut se faire dans n'importe quel bureau désigné par l'administration pour percevoir les droits sur les baux.

C'est au preneur, qui est tenu de la perception des droits, à faire faire l'enregistrement du bail.

Si le bail n'est pas enregistré dans les trois mois, le preneur et le bailleur ont chacun une amende et en outre le bailleur devient responsable des droits simples. Aussitôt que le bailleur s'aperçoit que le bail n'a pas été enregistré dans les délais prescrits il doit déposer son bail à un bureau d'enregistrement dans le mois qui suivra l'expiration du délai, c'est-à-dire dans le quatrième mois; il lui est délivré gratuitement un récépissé qui lui sert à retirer plus tard l'acte déposé. En remplissant cette formalité il n'encourra pas l'amende, mais il reste responsable des droits simples en cas de non paiement de la part du preneur.

Le droit est de 0,25 par 100 francs sur le prix cumulé de toutes les années que doit durer le bail, en y ajoutant les charges: La perception est effectuée sur les sommes arrondies de 20 francs en 20 francs sans fraction.

Il ne peut être perçu moins de 0,32, à raison d'un bail, même si la valeur ne produit pas 0,32 de droit proportionnel.

Pour les baux d'une durée au-dessus de trois ans, le montant du droit est fractionné en autant de payements égaux qu'il y a de périodes triennales dans la durée du bail.

Ce fractionnement n'est opéré que sur la réquisition des parties, s'il s'agit d'un bail à durée fixe. Cette réquisition doit être faite sur une formule spéciale, mise gratuitement à la disposition des contribuables, et signée du requérant. Si le bail, au lieu d'avoir une durée fixe, n'est fait que pour 3, 6 ou 9 ans, aux choix des contractants, le fractionnement a lieu de plein droit.

Lorsque le fractionnement a lieu, le droit afférent à la première période est seul acquitté. Celui des périodes suivantes doit être payé au bureau de la situation des immeubles loués, sans attendre un avertissement préalable, dans le premier mois qui commence chaque période nouvelle.

La quittance des droits acquittés, lors de l'enregistrement, est portée en marge du bail.

Le défaut d'enregistrement dans les délais, d'un bail écrit, est puni d'un double droit qui ne peut être inférieur à 62 fr. 50, l'un pour le bailleur, l'autre pour le preneur, sauf la faculté réservée au bailleur dont il a été parlé ci-dessus. Cette pénalité est encourue en même temps par le locataire et par le bailleur personnellement, et sans recours l'un contre l'autre, nonobstant toute stipulation contraire.

L'Administration a trente ans pour réclamer les droits simples et en sus sur un bail non enregistré.

Lorsqu'on devra ou qu'on aura payé une amende, on pourra déposer au bureau qui a fait la déclaration une pétition sur papier timbré selon la formule de la remise d'amende ci-dessous.

A Monsieur le Ministre des Finances,

Monsieur le Ministre,

Le sieur Bidaud, demeurant à Paris, rue d'Argout, 7,
A l'honneur de vous exposer
Qu'il est propriétaire d'une maison sise à Paris, rue des Fêtes, nº 35.

Qu'un appartement, sis au troisième étage de cette maison, a été par lui loué verbalement à M. Tabard à partir du premier avil 1912, moyennant un loyer annuel de six cent cinquante francs;

Que par suite de circonstances indépendantes de sa volonté, en raison d'un voyage obligatoire pour recueillir la succession de son père, il lui a été impossible de faire la déclaration au bureau de l'enregistrement, exigée par les lois du 23 août 1871 et du 28 février 1872, par suite de quoi il s'est trouvé soumis à l'amende édictée par ces lois.

En conséquence, le soussigné vous prie, Monsieur le Ministre, de bien vouloir prendre en considération sa bonne foi et de bien vouloir lui faire la remise de l'amende par lui encourue.

Et il a l'honneur d'être,

Monsieur le Ministre,
     votre très humble serviteur.

       (*Signature*).

Si le contribuable pensait avoir acquitté des droits en trop, il en demanderait la restitution dans un délai qui ne peut excéder deux ans à partir du paiement, au moyen d'une pétition sur papier timbré à transmettre comme une demande en remise de pénalité. Si le délai de deux ans était près d'expirer, on interromprait la prescription au moyen d'une assignation par huissier.

Ci-dessous formule d'une demande en restitution.

Monsieur le Ministre,

Je soussigné, Édouard Cresi, propriétaire, demeurant à Paris, rue Rambuteau, 77, ai l'honneur de vous exposer que :

Un bail a été déclaré au bureau de.., le..............
.... Le receveur m'a réclamé une somme de........................,
qui ne me paraît pas être due, et dont je viens vous demander la restitution.

En effet : j'ai remis à enregistrer un bail pour deux années seulement. Le loyer annuel s'élevait à 8.000 francs et les charges à 750 francs; j'avais donc à payer sur 8.750 francs (8.760) 0 fr. 25 % soit pour les deux années 43 fr. 80, or j'ai versé 64 fr. 70 comme pour trois années, c'est donc une somme de 21 fr. 90 que j'ai donnée en trop.

Agréez, Monsieur le Ministre, l'assurance de mon respect.

Paris, 26 mai 1913.

Edouard Cresi.

En ce qui concerne les locations verbales des immeubles, elles doivent être déclarées à l'administration de l'enregistrement, même quand elles sont gratuites.

La dispense de la déclaration a lieu : 1º pour les locations gratuites lorsque le bailleur et le preneur font ménage commun, c'est-à-dire qu'ils vivent sous le même toit, au même feu et à la même table. — 2º La loge du concierge et les locaux des domestiques, donnant les soins à l'immeuble ou aux personnes qui y demeurent. — 3º les locations d'appartements meublés, si le locataire n'est pas assujetti à la contribution mobilière et n'ait pas de domicile légal dans la localité. — 4º les locations d'immeubles à demi fruit ou baux à colonage. — 5º Pour les locations dont la durée ne dépasse pas 3 ans et dont le prix annuel n'excède pas 100 francs. Dans ce dernier cas, il ne faut pas que le bailleur consente plusieurs locations inférieures à 100 francs, dont le prix cumulé excède 100 francs par année, même dans des localités différentes, autrement il doit en faire la déclaration.

Si le même propriétaire a consenti plusieurs locations verbales, en même temps que des baux écrits, il n'est tenu de déclarer les locations verbales que si le prix cumulé, abstraction faite de celui des baux écrits, excède 100 francs. S'il a consenti plusieurs locations dont le prix cumulé n'excède pas 100 francs, et une autre location d'un prix supérieur à 100 francs, il n'est tenu de déclarer que cette dernière.

Quand à la suite d'un bail, le locataire reste sans le renouveler, il est censé avoir contracté une location verbale. Cette location résultant du renouvellement tacite d'un bail écrit, doit faire l'objet d'une déclaration obligatoire, comme toute autre location verbale.

Les déclarations verbales doivent être faites dans un délai de trois mois de l'entrée en jouissance du locataire, ou à l'expiration du bail pour le cas ci-dessus.

Les déclarations verbales peuvent être faites dans n'importe quel bureau d'enregistrement, même si l'immeuble n'est pas situé dans le ressort de ce bureau.

Dans certaines villes où il y a un bureau spécialement affecté pour la perception des locations verbales, on doit s'y adresser.

Dans les communes où il n'y a pas de bureau d'enregistrement, les déclarations verbales sont faites aux percepteurs.

A moins de convention contraire avec le preneur, le bailleur doit faire les déclarations verbales et le preneur doit lui rembourser les avances qu'il a faites, à moins que sa location n'excède pas 100 francs.

En cas d'empêchement du bailleur, il doit remettre un pouvoir sur papier timbré non enregistré, qui restera en dépôt au bureau, à la personne qu'il désignera en son lieu et place.

Déclaration de Locations verbales

Les déclarations verbales se font au moyen de la formule ci-après remise gratuitement sur demande au bureau de l'enregistrement.

La date d'entrée en jouissance, colonne 4, est celle où le locataire est entré dans la maison pour la première fois, ou celle, où sa première location ayant cessé a été renouvelée. Une location déclarée pour une durée fixe doit être de nouveau déclarée quand le locataire reste dans l'immeuble. Si une location a été consentie pour trois nnées et qu'à l'expiration le locataire reste, on doit déclarer dans les rois mois qui suivent le commencement de la quatrième année.

Dans la colonne 6, on met U. D. L. (1) pour locaux loués selon 'usage du pays où se trouve situé l'immeuble.

Dans la colonne 7 on fait ressortir le prix des locaux loués selon 'usage des lieux et dans la colonne 8 ceux des locaux dont la loca-ion a été fixée.

On entend par charges comprises, tout ce qui vient s'ajouter au rix principal. Les charges les plus usuelles imposées au preneur ont : le paiement des impôts fonciers, les grosses réparations, les rimes d'assurances, la vidange des fosses d'aisances, les gages du oncierge, différents travaux pour le compte du bailleur, etc. Les-ites charges sont évaluées en argent dans la note. On justifie des mpôts fonciers par un extrait du rôle délivré par le percepteur et éposé au bureau, faute de quoi ces impôts seront évalués d'office au uart du prix principal.

Les déclarations verbales sont en usage pour les immeubles situés ans les villes recensées par le service des contributions directes pour établissement annuel de la contribution mobilière.

D'autres formules servent pour les immeubles des villes non recen-ées et en campagnes.

Pour l'insuffisance du loyer porté dans une déclaration de location erbale, un droit en sus peut être réclamé. L'administration peut aire constater les insuffisances par voie d'expertise, pourvu qu'elle n fasse la demande dans le délai de deux ans à partir de la déclara-ion.

Au vu de la feuille remise par le bailleur ou autre, le receveur iquide les droits. On doit payer immédiatement sauf à se pourvoir ans retard en restitution, si la liquidation paraît exagérée.

Les droits sont les mêmes que pour les baux, il en est de même our le fractionnement des locations d'une durée au-dessus de rois ans.

La quittance est remise à part et coûte 0,25 lorsque les droits à ayer dépasse 10 francs. Elle doit indiquer l'époque jusqu'à laquelle e droit de location est payé.

(1) Usage des lieux.

Lorsqu'on déclare que la location est faite suivant l'usage des lieux, la taxe est liquidée seulement sur le premier terme de la location. Les droits afférents aux termes suivants deviendront exigibles dans les vingt premiers jours qui commenceront chacun d'eux et la perception en sera continuée jusqu'à ce qu'il ait été déclaré que la location a cessé ou qu'elle a été réalisée. Les paiements successifs devront être effectués spontanément, sans aucun avis.

La cessation ou résiliation d'une location doit être annoncée par écrit au bureau chargé de la perception. On peut adresser une simple lettre, pourvu qu'elle soit signée du bailleur.

Les pénalités encourues pour les locations verbales non déclarées sont du double droit qui ne peut être inférieur à 62 fr. 50 par locataire. Cette amende est personnelle au bailleur qui ne peut avoir recours contre le preneur, à moins de stipulation contraire.

La prescription pour la réclamation des droits simples en sus des locations verbales est de trente ans.

La remise ou modération des peines est la même que pour celles des baux.

NOTE POUR UN SEUL LOCATAIRE
(Communes non recensées ou campagnes)

DÉPARTEMENT
de............................

BUREAU
de............................

COMMUNE
de............................

LOCATIONS VERBALES

DÉCLARATION

A REMPLIR
par le Propriétaire ou le bailleur

Cadre réservé aux annotations du receveur.

Nom, prénoms et domicile du bailleur. ....

Nom, prénoms et domicile du locataire ou fermier. ....

Désignation détaillée des immeubles loués. ....

Date de l'entrée en jouissance. ....

Durée de la location ou indication qu'elle est faite selon l'usage des lieux. ....

Prix annuel de la location. ....

Montant des charges accessoires, contribution foncière, etc. Le Locataire paie la contribution foncière en sus. *(Extrait du rôle ci-joint).*

Certifié sincère et véritable par le bailleur soussigné.

A..................., le................... 19.....

(Signature).

VILLE DE PARIS

e ARRONDISSEMENT

M.

RECEVEUR DE L'ENREGISTREMENT

Rue

No

ENREGISTREMENT

LOCATIONS VERBALES

DÉCLARATION COLLECTIVE
A REMPLIR PAR LE PROPRIÉTAIRE OU BAILLEUR

AVIS ESSENTIEL

Faire une déclaration distincte pour chaque immeuble.

Désignation et situation de l'immeuble. (Indiquer la rue et le numéro). . . . .

Noms, prénoms, profession et domicile du propriétaire ou bailleur. . . . .

Une Maison sise à Paris Rue Frochot, n°
Edouard Cresi, sculpteur à Paris, rue Rambuteau, 77.

CADRE RÉSERVÉ AUX ANNOTATIONS DU RECEVEUR		
LIQUIDATION DU DROIT	fr.	c.
Pour un trimestre.		
Pour un semestre.		
Pour un an		
Pour trois ans . .		

Nombre des locaux (s'il s'agit d'une maison) :

Occupé par le propriétaire. 1

Loué { par baux écrits 3

verbalement. 20

NUMÉRO D'ORDRE	Numéros d'inscription des locaux loués, sur la feuille n° 10 (Colonne à remplir par le receveur.)	DÉSIGNATION DÉTAILLÉE DES LOCAUX (Indiquer l'étage.)	NOMS ET PROFESSIONS DES LOCATAIRES	DATE DE L'ENTRÉE en jouissance.	DURÉE DE LA LOCATION ou indication qu'elle est faite suivant l'usage des lieux.	PRIX ANNUEL DE LA LOCATION charges comprises. Locations faites suivant l'usage des lieux.	Locations d'une durée déterminée.	LOCAUX NON LOUÉS Estimation de la valeur locative	OBSERVATIONS
1	2	3	4	5	6	7	8	9	10
1		R.-d.-c., loge.	COULON, concierge.	janv. 1906	»	»	»	350	
2		— boutique (dr.).	M ᵐᵉ GALERNE, teinturière.	avril 1899	Bail 3, 6, 9	»	1 038	»	
3		— — (g.).	M ᵐᵉ WERTMELINGER, blanchis.	juil. 1905	Bail 3, 6, 9	»	758	»	
4		— — (g.).	PERRUCHI, marchand de vins. .	avril 1903	Bail 3, 6, 9	»	2 174	»	
5		1ᵉʳ, appart., 4 pièces (g.). .	GENSBERGER, fourreur.	oct. 1901	U. d. l.	990	»	»	
6		— — (dr.). .	GAUTHIER, sans profession. . . .	avril 1907	U. d. l.	1 262	»	»	
7		2ᵉ, appart., 4 pièces (g.). .	SEGAUT, dessinateur.	avril 1903	U. d. l.	1 250	»	»	
8		— — (dr.). .	SONNETTE, sans profession. . . .	oct. 1890	U. d. l.	1 858	»	»	
9		3ᵉ, appart., 4 pièces (g.). .	SCHULZ, peintre.	oct. 1901	U. d. l.	1 562	»	»	
10		— — (dr.). .	EFFA, sans profession.	oct. 1906	U. d. l.	1 369	»	»	
11		4ᵉ, appart., 4 pièces (g.). .	DIHAU, compositeur.	oct. 1888	U. d. l.	1 303	»	»	
12		— — (dr.). .	LEMOINE (Léon), éditeur.	janv. 1900	U. d. l.	1 398	»	»	
13		5ᵉ, appart., 4 pièces (g.). .	LEMOINE (Achille), photographe	avril 1906	U. d. l.	822	»	»	
					A reporter.	11 314	3 970	350	

NUMÉRO D'ORDRE	Numéros d'inscription des locaux loués, sur la feuille n° 10 (Colonne à remplir par le receveur.)	DÉSIGNATION DÉTAILLÉE DES LOCAUX (Indiquer l'étage.)	LOCAUX OCCUPÉS EN VERTU DE CONVENTIONS VERBALES			PRIX ANNUEL DE LA LOCATION charges comprises.		LOCAUX NON LOUÉS Estimation de la valeur locative	OBSERVATIONS
			NOMS ET PROFESSIONS DES LOCATAIRES	DATE DE L'ENTRÉE en jouissance.	DURÉE DE LA LOCATION ou indication qu'elle est faite suivant l'usage des lieux.	Locations faites suivant l'usage des lieux.	Locations d'une durée déterminée.		
1	2	3	4	5	6	7	8	9	10
				Reports..........		11 314	3 970	350	
14		5ᵉ, appart., 4 pièces (dr.)..	Lemoine (Achille), photogr....	janv. 1900	U. d. l.	2 218	»	»	
15		6ᵉ, atelier ....(g.).	Bergon, peintre............	janv. 1903	U. d. l.	1 260	»	»	
16		— — (dr.)..	Compris avec location 14.....	janv. 1900	U. d. l.	»	»	»	
17		R.-d.-c., log. d. 2 pièces (d.).	Parreau, employé..........	avril 1906	U. d. l.	412	»	»	
18		— — (dr.)..	Le Roy, teinturier..........	oct. 1906	U. d. l.	328	»	»	
19		1ᵉʳ, chambre............	Compris avec location 12.....	janv. 1900	U. d. l.	»	»	»	
20		Logement, 2 pièces.......	— — 14.....	janv. 1900	U. d. l.	»	»	»	
21		Chambre...............	Dardy, employé...........	avril 1906	U. d. l.	103	»	»	
22		—	D'Ellimac, comptable.......	nov. 1906	U. d. l.	100	»	»	
23		—	Atgie, employé............	oct. 1906	U. d. l.	103	»	»	
24		—	Compris location 14 et 16.....	janv. 1900	U. d. l.	»	»	»	
				Totaux.		15 838	3 970	350	

Cadre à remplir par le Receveur, en ce qui concerne les locations faites suivant l'usage des lieux.

PÉRIODES	MONTANT EN PRINCIPAL des droits exigibles.	NUMÉRO DU SOMMIER des droits de bail.	RECETTE		OBSERVATIONS
			DATE	FOLIO et case du registre de recette.	
	fr.	c.				

Ventes d'Immeubles

Il est de beaucoup préférable de faire une vente d'immeubles par acte notarié, mais dans le cas où l'on tiendrait essentiellement de la faire sous signatures privées, ou même simplement verbalement, on devra se conformer à ce que ci-dessous pour l'enregistrement.

Toutes les ventes d'immeubles sans exception doivent être enregistrées si elles sont écrites, et déclarées à l'enregistrement si elles sont verbales.

Lorsque la vente est consentie verbalement le délai de la déclaration est de trois mois à partir de la prise de possession par l'acquéreur. Lorsque la vente est faite sous signatures privées le délai est de trois mois à dater de la rédaction de l'acte. Lorsque la prise de possession est antérieure à la date de l'acte, l'enregistrement devra être fait dans les trois mois qui suivent la date de prise de possession.

Pour toutes les ventes écrites passées devant notaire, lesdites sont enregistrées par les soins de ces officiers publics.

Toutes les ventes écrites peuvent être enregistrées dans n'importe quel bureau, quand même l'immeuble ne serait pas situé dans son ressort. Il n'en est pas de même pour les ventes verbales, la déclaration ne peut avoir lieu qu'au bureau de la situation de l'immeuble vendu.

Dans les villes où des bureaux sont spécialement désignés pour ces opérations, on ne peut s'adresser qu'à ces derniers.

Les ventes qui doivent être enregistrées ou déclarées sont laissées aux soins de l'acquéreur qui est responsable du paiement des droits. Le vendeur doit veiller à ce que l'acquéreur fasse le nécessaire dans les délais prescrits, car non seulement l'acquéreur encourrait un droit un sus, mais il en ferait encourir un autre au vendeur qui serait en outre rendu responsable des droits exigibles de l'acquéreur.

Si le vendeur s'aperçoit que l'acquéreur de son immeuble n'a pas fait sa déclaration et payé les droits dans les trois mois de la rédaction de l'acte, il devra déposer son acte à l'enregistrement dans le quatrième mois; malgré cette précaution, le vendeur reste toujours responsable des droits simples non acquittés par l'acquéreur, mais il n'encourt aucune pénalité.

Pour la vente d'un immeuble grevé d'usufruit, le droit d'enregistrement n'est perçu que sur la moitié du prix si, lors de la constitution de l'usufruit, les droits proportionnels ont été acquittés sur la valeur intégrale de l'immeuble. Si, au contraire, l'usufruit est réservé par le vendeur, il sera évalué à la moitié de tout ce qui forme le prix du contrat, et le droit sera perçu sur le total.

On n'applique ces règles que s'il n'y a dans le contrat aucune stipulation montrant que pour la fixation du prix on a tenu compte de la charge ou de la réserve d'usufruit. Pour le cas où il existerait une stipulation de ce genre, il n'y aurait lieu à aucune diminution du prix pour le calcul du droit de mutation.

Pour déclarer une vente, on présente le contrat au bureau de l'enregistrement. Si la vente est verbale, on remet au receveur une note sur papier libre, indiquant les noms, la situation, qualités, domiciles des vendeur et acquéreur; la nature, la situation, la description et origine de propriété de l'immeuble, les prix et charges imposées à l'acquéreur; la date de l'entrée en jouissance. Ces sortes de déclarations ne peuvent être faites, même par lettre chargée.

Au vu de l'acte, les droits sont payés immédiatement, sauf à se pourvoir en restitution si la liquidation paraît exagérée.

Le droit est de 6,88 par 100 francs. Il est perçu sur le prix de la vente, augmenté des charges imposées par le vendeur à l'acquéreur. La perception est effectuée sur les sommes arrondies de 20 francs en 20 francs sans fraction.

La mention du paiement de l'enregistrement est faite sur l'acte, si la vente est verbale; on délivre une quittance et si la somme à payer dépasse 10 francs, il y a 0,25 de timbre en sus à payer.

Les pénalités pour défaut d'enregistrement sont les mêmes que pour les baux non enregistrés.

Lorsqu'il est reconnu insuffisance du prix de vente, l'acquéreur doit toujours payer le droit simple, mais il ne supporte le droit en sus que si l'insuffisance est de plus d'un huitième du prix exprimé. L'insuffisance ne peut être établie qu'au moyen d'une expertise.

Quand on reçoit un avertissement réclamant des droits supplémentaires pour insuffisance, on se rendra au bureau d'où l'avis a été adressé, et si l'on reconnaît le bien fondé de la réclamation, pour éviter l'expertise on fera une soumission sur papier timbré ainsi conçue:

Je soussigné, Joseph Imberton, rentier, demeurant à Paris, rue de Provence, 46, agissant en mon nom et pour mes cohéritiers, reconnais que le prix attribué à l'immeuble compris dans la vente (ou dans la déclaration) enregistrée le... au bureau de ....,
doit être porté au chiffre de.......................................

Je m'engage, en conséquence, à payer les droits simples et en sus, exigibles à raison de cette insuffisance.

Bon pour soumission,

Paris, le...

IMBERTON.

L'administration n'est pas tenue d'accepter cet engagement.

Si le contribuable juge à propos de contester la réclamation et si l'administration maintient ses prétentions, on fait évaluer la valeur vénale par un seul expert si le prix n'excède pas 2 000 francs et par deux si ce chiffre est dépassé. En cas de désaccord des deux experts, il en est désigné un troisième.

Les frais de l'expertise ne sont à la charge de l'acquéreur que si l'insuffisance est de plus d'un huitième du prix exprimé.

L'enregistrement a une année à partir de la déclaration pour faire constater l'insuffisance par voie d'expertise.

Lorsque l'on s'aperçoit d'une dissimulation de prix, on encourt, en outre du droit supplémentaire, un droit en sus, égal à ce droit simple, et de plus une amende équivalente aux 5/16 de la somme dissimulée.

L'administration a trente ans pour réclamer en matière de dissimulation, à partir de la déclaration de l'acte de vente à l'enregistrement.

Les personnes qui auraient encouru involontairement une amende pour défaut d'enregistrement ou de déclaration dans les délais prescrits pourront adresser la pétition ci-dessous sur une feuille de papier timbré :

Monsieur le Ministre,

Je soussigné Édouard CRESI, propriétaire, demeurant à Paris, rue Rambuteau, 77, ai l'honneur de solliciter de votre bienveillance la remise d'un droit en sus encouru pour n'avoir pas déclaré la vente d'un immeuble sis à Paris, rue Frochot, nº

(Ici on fera connaître le motif, cause du droit à payer en sus, maladie, absence, ordre non exécuté par son représentant, ignorance de la loi, etc., etc.)

N'ayant pas eu l'intention de me soustraire au paiement de l'impôt, j'espère que vous voudrez bien prendre ma demande en considération, en raison des motifs énumérés ci-dessus.

Je suis, Monsieur le Ministre, votre très dévoué serviteur.

(Date et signature.)

Pétition pour insuffisance du prix porté dans un acte de vente ou dans une déclaration de vente verbale d'un immeuble :

Monsieur le Ministre,

Je soussigné Léon CORET, rentier, demeurant à Paris, boulevard Montparnasse, 57, ai l'honneur de vous exposer que le prix porté dans l'acte (ou dans la déclaration) de la vente d'un immeuble, situé à Paris, rue de l'Université, 83, que M. Crési m'a consentie le... a paru insuffisant à l'administration de l'enregistrement.

Il a été encouru, pour ce fait, un droit en sus s'élevant à la somme de............ .... *(On indique ce qu'il a été payé et à quelle date).*

J'ai l'honneur, Monsieur le Ministre, de vous en demander la remise pour les raisons ci-dessous *(Indiquer les faits pouvant attirer l'indulgence du Ministre).*

Veuillez croire, Monsieur le Ministre, à l'assurance de mon plus profond respect.

(Date et signature.)

Pétition pour une dissimulation de prix dans un acte de vente d'immeuble ou dans une déclaration de vente verbale :

Monsieur le Ministre,

Je soussigné Léon GEORGET, épicier, demeurant à Bezon (S.-et-O.), villa «Gauthier», ai l'honneur de vous exposer que le prix porté en l'acte de vente *(ou dans la déclaration de vente verbale de l'immeuble)*, que m'a cédé M. Caboche, le 30 mai 1913, situé à Colombes (Seine), rue de Paris, nº   , n'était pas conforme à la réalité. Ce prix s'élevait réellement à ....,

L'administration de l'Enregistrement a réclamé une somme de................................
à titre de pénalité (*Si la somme a été payée, indiquer la date*).

Je viens vous prier de vouloir bien m'en faire la remise pour les motifs ci-après. (*Indiquer les faits pouvant attirer l'indulgence du Ministre.*)

Je suis, avec mon plus profond respect, Monsieur le Ministre, votre très humble et dévoué serviteur.

Échange d'Immeubles

Les échanges d'immeubles, tous sans exception, doivent être enregistrés s'ils sont écrits, et déclarés à l'enregistrement s'ils sont verbaux.

Les délais sont les mêmes que pour les ventes d'immeubles.

L'enregistrement pour les échanges sous signatures privées peut avoir lieu dans n'importe quel bureau. Si l'échange est verbal, la déclaration doit avoir lieu au bureau de la situation d'un des immeubles échangés.

Comme nous l'avons déjà dit, il ne s'agit que des actes non notariés ; les échanges passés devant notaires sont enregistrés par les soins de ces officiers publics. Dans beaucoup de cas, nous conseillons l'intervention du notaire.

La déclaration est faite par les soins du plus diligent des échangistes.

En cas d'empêchement, on charge un représentant muni d'un pouvoir spécial sous signature privée sur papier timbré, mais non soumis au droit d'enregistrement.

Pour les échanges par écrit, l'acte est présenté au bureau de l'enregistrement. Pour les échanges verbaux, on devra remettre une note au receveur, sur papier libre, indiquant :

Noms, prénoms, qualités, domiciles des échangistes.

Nature, situation et origine de propriété des immeubles échangés.

Le revenu de chacun des immeubles échangés.

Lorsque l'un des échangistes doit payer à l'autre une soulte ou retour en argent, on devra en indiquer le montant.

Ces mêmes renseignements figurent dans les échanges par écrit.

Pour la liquidation des droits, ils sont les mêmes que pour les ventes d'immeubles.

Les droits à payer pour l'enregistrement sont de 4,38 %. On multiplie le revenu de l'une des parts échangées par 20, s'il s'agit d'immeubles principalement affectés à l'habitation, industrie ou commerce, et par 25 si les immeubles sont principalement affectés à l'agriculture.

Les sommes obtenues sont arrondies de 20 francs en 20 francs sans fraction.

Pour l'échange des immeubles ruraux, c'est-à-dire ceux qui sont principalement affectés à l'agriculture, bâtis ou non bâtis, on applique un tarif réduit de 0,25 % :

1º Quand les immeubles échangés sont situés dans la même commune ou dans des communes limitrophes ;

2º Lorsque l'un des immeubles échangés, quelle que soit leur situation, est contigu aux propriétés de l'un des échangistes.

Pour assurer le bénéfice du tarif réduit, il faut que la parcelle présentant la condition de contiguïté appartienne à l'échangiste en vertu d'un titre enregistré depuis plus de deux ans, ou bien en vertu d'une succession.

Pour bénéficier du tarif réduit, le contrat d'échange doit, dans tous les cas, renfermer l'indication de la contenance, du numéro, de la section, du lieudit, de la classe, de la nature et du revenu du cadastre de chacun des immeubles échangés. En outre, il sera déposé au bureau de l'enregistrement, en même temps que la déclaration d'échange, un extrait de la matrice cadastrale des biens échangés qui sera délivré gratuitement, soit par le maire, soit par le directeur des contributions directes.

Lorsqu'il est indiqué qu'un retour ou soulte sera payé à l'un des échangistes, il est payé 6,88 % sur le montant de ladite soulte. Il en est de même sur la différence que pourraient faire ressortir les capitalisations du revenu afférent à chacune des parcelles à échanger.

Pour les quittances, les formalités sont les mêmes que pour les ventes d'immeubles.

Pour défaut d'enregistrement ou de déclaration dans le délai, les échangistes sont tenus chacun personnellement et sans recours, d'un droit en sus calculé à raison de 2,50 % pour les échanges sujets à 4,38 % et à raison de 0,25 % pour les échanges bénéficiant du tarif réduit.

Ce droit ne peut être inférieur à 62,50.

Quand le revenu ou la soulte portés dans un échange écrit ou dans la déclaration d'échange verbal sont reconnus insuffisants, les échangistes ont à payer le droit simple supplémentaire, ainsi que le droit en sus. Le droit en sus est encore encouru solidairement par les deux échangistes.

L'administration a deux ans à partir de la déclaration ou de l'enregistrement pour faire constater l'insuffisance du revenu par voie d'expertise. Le délai n'est que d'un an s'il s'agit d'établir l'insuffisance de la soulte stipulée ou l'inégalité des revenus exprimés.

Pour dissimulation de tout ou partie de la soulte, on encourt, en outre du droit simple supplémentaire, un droit en sus égal à ce droit simple, et de plus une amende équivalente aux 5/16 de la somme dissimulée.

En matière de dissimulation l'administration a trente ans à partir de la déclaration ou de l'enregistrement de l'échange.

Pour les remises ou modérations des peines, se reporter aux formules indiquées aux ventes d'immeubles :

1o Pour défaut d'enregistrement ou de déclaration dans le délai;

2o Pétition pour insuffisance du revenu ou de la soulte portés dans un acte d'échange ou d'une déclaration d'échange verbale;

3o Pétition pour une dissimulation de soulte dans un acte d'échange ou dans une déclaration d'échange verbale.

Les modifications à apporter à ces modèles sont trop insignifiantes pour les reporter ici.

Pour la restitution des droits perçus en trop la marche à suivre est la même que celle que nous avons déjà indiquée au présent chapitre.

DES BAUX ET DES LOCATIONS VERBALES

Nous venons de voir au précédent chapitre les formalités à remplir vis-à-vis de l'enregistrement pour les baux et les déclarations verbales, plus loin au chapitre contributions, nous examinerons les déclarations de vacances et de déménagements servant au dégrèvement.

Le plus souvent le bail est fait par écrit et l'engagement de location qui n'a pas de durée déterminée, est une location verbale qui est déclarée à la colonne 5 de la formule des locations verbales.

On peut faire ces déclarations pour une année, mais si on ne verse pas les droits sur les vacances, il faudra faire la déclaration du local loué pendant l'année dans les délais prescrits.

Pour l'enregistrement des baux, il est dit que le droit se calcule sur le montant du prix cumulé de toutes les années du bail ainsi que sur le montant des charges annuelles de la location. Ces charges doivent être évaluées dans les baux, pour la perception du droit seulement, sans autrement engager les parties.

Si nous évaluons les charges pour une somme fixe et à forfait, par exemple de 130 fr. 55, ce pour éviter des réclamations par la suite (1), que le prix principal soit de 1 800 francs et que le bail soit d'une durée de 3, 6, 9, nous aurons à payer

$$\frac{(1\ 800 + 130,55) \times 0,25 \times 3}{100} = 14,50 \text{ (en arrondissant}$$

de 20 francs en 20 francs sans fraction nous avons 1 930,55 × 3 = 5 791,65 soit 5 800).

La formule d'engagement de location ordinaire, doit être recopiée sur une feuille de papier timbré. Avant de signer on doit écrire « Lu et approuvé l'écriture ci-dessus ». Au dos de la page, il est réservé la place pour dresser un état succinct des lieux.

La formule donnant le modèle d'un bail ordinaire pour un appartement doit également être recopiée sur papier timbré.

Nous avons jugé à propos de joindre une formule pour vente et échange d'immeubles.

Nous allons passer très succinctement en revue les différents baux.

En général, le bail est un contrat par lequel une personne s'oblige à faire jouir une autre d'une chose pendant un temps déterminé, et

---

(1) En 1895, il s'est formé une ligue contre les propriétaires et ces derniers ont été condamnés à rembourser des sommes perçues en trop comme charges par les locataires. Il était d'usage de se baser sur 1 fr. 50 pour le droit proportionnel des portes et fenêtres, mais des agents d'affaires se sont emparés de l'incident et cela a entraîné à des procès. Des propriétaires confiants qui portaient les charges en bloc, ont dû rembourser de fortes sommes à des locataires déménagés depuis longtemps.

moyennant un certain prix. La personne qui donne à bail s'appelle *bailleur ou locateur*, et celle qui prend à bail s'appelle *preneur* ou *locataire*.

Dans un bail il entre le concours de trois conditions : une chose qui fasse l'objet du louage, un prix convenu, et le consentement des parties sur la chose louée et sur le prix.

Le bail administratif est le bail des biens qui appartiennent à l'Etat, à des communes ou à des établissements publics, et qui est passé par un administrateur.

Nous passons sous silence :

Bail d'animaux ;

Bail de bac ou de passage de rivière ;

Bail de bancs et chaises dans une église ;

Bail d'un bâtiment pour une caserne de gendarmerie ;

Bail de bâtiments pour une autorité civile ou militaire ;

Bail de biens situés en pays étrangers ou dans les colonies ;

Bail de biens d'un établissement public ;

Bail de biens de l'État ;

Bail de biens de commune ;

Bail de biens des cures, archevêchés, évêchés, chapitres cathédraux ou collégiaux, séminaires et écoles ecclésiastiques ;

Bail de bois ;

Bail de carrières, mines ou tourbières ;

Bail de chasse ;

Le bail à cheptel est un contrat par lequel l'une des parties donne à l'autre un fonds de bétail pour le garder, le nourrir et le soigner, sous les conditions convenues entre elles.

Le bail à colonage, nom donné dans quelques localités, au bail partiaire.

Le bail à complant est un contrat par lequel un propriétaire remet à un cultivateur, soit des champs déjà plantés de vignes, soit des champs vides, pour être complantés, sous la condition de la redevance annuelle d'une quotité des produits.

Bail par convention verbale.

Bail à domaine congéable.

Le bail emphytéotique consiste en la concession d'un immeuble quelconque faite pour un long espace de temps, moyennant une redevance perpétuelle, et à charge par le preneur, appelé emphytéote, d'y faire des augmentations et améliorations indiquées en constructions, plantations ou autres, lesquelles restent au bailleur à la fin du bail.

Le bail à ferme et à loyer est celui des biens ruraux, c'est-à-dire des terres labourables, prés, vignes, etc.; le bail à loyer est le louage des maisons et des meubles. (C. civ. 1711.)

D'après l'art. 1714 du C. civ., on peut louer par écrit ou verbalement.

Tout bail par écrit peut être fait sous seing privé, excepté pour les biens des hospices, les biens des communes, les caves, celliers, magasins, et autres lieux donnés à bail à des cabaretiers ou débitants de boissons, et pour les caves et celliers donnés à bail par des cabaretiers ou débitants de boissons à des particuliers non débitants; pour ces divers objets, le bail doit être fait par acte authentique.

Le bail verbal n'est pour ainsi dire plus employé. Il a ce grand inconvénient que si le bail est nié et qu'il n'ait reçu aucun commencement d'exécution, on ne peut pas le prouver par témoins, quel que modique qu'en soit le prix, et quoi qu'on allègue qu'il y a eu des arrhes données. (C. civ. 1715.)

Le preneur a le droit de sous-louer, et même de céder son bail à un autre, si cette faculté ne lui a pas été interdite.

La cession du bail ou la sous-location ne dégage pas le preneur de ses engagements envers le bailleur, qui a toujours son recours contre lui.

Le propriétaire peut louer sa propriété pour tout le temps que bon lui semble, mais en simple administrateur, comme le mari, administrateur des biens de sa femme, ne peut pas louer pour plus de neuf années.

Le mari et la femme peuvent conjointement louer l'immeuble dotal par un bail à longues années, c'est-à-dire pour plus de neuf ans.

Le bailleur doit délivrer la chose louée en bon état de réparation de toute espèce (C. civ. 1719, 1720), alors que le preneur aurait déclaré dans le bail avoir vu et visité la chose louée et s'en contenter; cette déclaration ne dispenserait pas le bailleur des obligations qui lui sont imposées par la loi.

Le bailleur ne pouvant mettre le preneur en possession de la chose louée à l'époque convenue, le preneur peut demander la résiliation du bail.

Le bailleur doit entretenir la chose en état de servir à l'usage pour lequel elle a été louée (C. civ. 1719), et principalement tenir les lieux clos et couverts ; si non le preneur peut se faire autoriser par les tribunaux à faire les réparations nécessaires, aux frais du bailleur.

Le bailleur doit garantir le preneur pour tous les vices ou défauts de la chose louée qui en empêchent l'usage, quand même il ne les aurait pas connus lors du bail, et il doit indemniser le preneur des pertes que ces vices ou défauts lui auraient occasionnées.

Si, pendant la durée du bail, la chose louée est détruite en totalité par cas fortuit, le bail est résilié de plein droit ; si elle n'est détruite qu'en partie, le preneur peut, suivant les circonstances, demander, ou une diminution du prix, ou la résiliation même du bail. Dans l'un et l'autre cas, il n'y a lieu à aucun dédommagement.

Le bailleur ne peut, pendant la durée du bail, changer la forme de la chose louée.

Il ne peut troubler la jouissance du locataire par des réparations, qu'autant que les réparations sont urgentes et ne peuvent être différées jusqu'à la fin du bail ; et si elles durent plus de quarante jours, il doit diminuer le prix du bail, à proportion du temps et de la partie de la chose louée dont a été privé le locataire. Celui-ci peut demander la résiliation du bail, si les réparations rendent inhabitable ce qui est nécessaire à son logement et à celui de sa famille.

Le bailleur n'est pas tenu de garantir le preneur du trouble que des tiers apportent. Le preneur doit poursuivre en son nom personnel.

Le preneur doit user de la chose louée en bon père de famille, et suivant la destination qui lui a été donnée par le bail, ou, à défaut de convention, suivant celle présumée d'après les circonstances.

S'il emploie la chose louée à un autre usage que celui auquel elle a été destinée, ou dont il puisse résulter un dommage pour le bailleur, celui-ci peut, suivant les circonstances, faire résilier le bail.

Le preneur doit conserver et rendre la chose louée dans l'état où il l'a reçue, d'après l'état des lieux, s'il en a été fait ; s'il n'en a pas été fait, il est présumé avoir reçu la chose louée en bon état de réparations locatives.

Il répond des dégradations ou des pertes qui arrivent pendant sa jouissance, même par le fait des gens de sa maison ou de ses sous-locataires, à moins qu'il ne prouve qu'elles ont eu lieu par vétusté ou par force majeure.

Il répond de l'incendie, à moins qu'il ne prouve qu'il est arrivé par cas fortuit ou force majeure, ou par vice de construction, ou que le feu a été communiqué par une maison voisine.

Le preneur doit souffrir toutes les réparations urgentes et qui ne peuvent être différées jusqu'à la fin du bail, quelque incommodité qu'elles lui causent, et quoiqu'il soit privé, pendant qu'elles se font, de la chose louée. Toutefois les réparations ne doivent pas durer plus de quarante jours.

Le preneur doit payer le prix du bail aux termes convenus, ou, à défaut de convention, à ceux déterminés par l'usage, sous peine de résiliation.

A défaut de convention spéciale le payement se fait au domicile du preneur.

Le bail cesse de plein droit à l'expiration du terme fixé lorsqu'il a été fait par écrit, sans qu'il soit nécessaire de donner congé.

Si à l'expiration du terme convenu, le preneur reste et est laissé en possession, il s'opère un nouveau bail qu'on appelle *tacite reconduction* (1), et dont l'effet est réglé comme celui des baux sans écrit.

Le bail se résout encore par la perte de la chose louée, et par le défaut respectif du bailleur et du preneur de remplir leurs engagements, par exemple, à défaut de payement des loyers; mais la résiliation doit être demandée en justice.

Le bail n'est pas résolu par la mort du bailleur ni celle du preneur.

Si le locataire ne garnit pas la maison de meubles suffisants pour répondre du loyer, ou s'il ne donne pas d'autres sûretés, le bail peut être résilié sur la demande du propriétaire.

Les meubles sont censés suffisants, si, en les vendant par autorité de justice, ils peuvent payer le prix d'une année de loyer, non compris les frais de vente.

L'enlèvement d'une partie des meubles n'autorise pas la résilia-

____

(1) C'est le nouveau bail qu'on présume être tacitement consenti entre le bailleur et le preneur, lorsque celui-ci continue de jouir de la chose louée, après l'expiration du premier bail.

tion du bail, si les meubles qui restent sont suffisants pour répondre de tous les loyers dus et de ceux à échoir.

Pour les réparations locatives, se reporter à ce chapitre.

On ajoute au prix du bail annuel, pour la perception du droit, les charges imposées au preneur, telles que la contribution foncière, les grosses réparations, les réparations usufruitières ou d'entretien, etc.

FORMULE D'UN SOUS-BAIL

Entre les soussignés, savoir :

M. Louis Kufner, principal locataire, demeurant à Paris, rue des Martyrs, 56, d'une part ;

Et M. Ernest Bateau, demeurant à Paris, boulevard Montparnasse, 56, d'autre part ;

Il a été dit et convenu ce qui suit :

M. Kufner, principal locataire d'une maison sise à Paris, rue des Martyrs, 56, pour neuf années consécutives qui ont commencé à courir le premier janvier mil neuf cent treize, suivant le bail sous seing privé en date du vingt-sept novembre mil neuf cent douze, qui lui a été fait par M. Cresi, propriétaire de ladite maison ;

Sous-loue à M. Bateau, ce acceptant, pour six années consécutives, qui commenceront à courir le premier juillet mil neuf cent treize.

Les lieux ci-après désignés dépendant de ladite maison.

(*Insérer les clauses du bail.*)

———

FORMULE D'UN TRANSPORT OU CESSION DE BAIL

Entre les soussignés, savoir :

M.., demeurant à.................... d'une part ;

Et M.., demeurant à.................... d'autre part ;

Il a été dit et convenu ce qui suit :

M.. cède et transporte sous la simple garantie de ses faits et promesses (*ou sans garantie, ou avec toute garantie*),

A M.., ce acceptant ;

Tous ses droits, pour le temps qui en reste à courir, à compter du................
.... au bail sous seing privé, en date du........................
que lui a fait M........................, propriétaire des lieux ci-après
désignés et consistant,

(*Désigner les lieux comme au bail*).

Ledit bail a été fait pour .... années *consécutives*, qui ont commencé à
courir le.................... et moyennant ....
de loyer annuel, stipulés payables en quatre termes égaux, de trois mois en
trois mois, aux époques ordinaires de l'année;

Et, en outre, aux charges et conditions suivantes, savoir :

(*Rapporter les clauses du bail.*)

Le présent transport de bail est fait à la charge par M....................
cessionnaire, qui s'y oblige :

1° De payer exactement, aux lieu et place de M....................,
et à compter du.................... le loyer annuel de........
...................., aux époques et de la manière stipulée dans le bail
sus-énoncé, dont il reconnaît avoir pris lecture et communication;

2° D'exécuter toutes les charges et conditions de ce bail, de manière qu'aucun recours ne soit exercé contre M....................à cet égard.

Le présent transport est fait, en outre, moyennant la somme de....................
.... à titre de pot de vin, que M....................a
présentement payée à M...................., qui le reconnaît, dont
quittance.

M.................... reconnaît encore que M...................., lui
a présentement remboursé la somme de.................... qu'il
avait payée à M...................., pour six mois d'avance des
loyers du bail sus-énoncé, imputable sur les six derniers mois de jouissance.

De son côté M...................., propriétaire des lieux loués,
ayant pris connaissance du présent transport de bail, déclare l'approuver,
consentir à son exécution, et accepter M.................... pour locataire, à compte du .... aux lieu et place de M............
...................., et à la charge par M.................... d'acquitter
exactement les loyers dudit bail et d'en exécuter toutes les charges et conditions.

Ce consentement est ainsi donné par M.................... sous la
réserve expresse de tous ses droits et actions contre M....................
pour le payement des loyers et pour l'entière exécution des clauses et conditions du bail, sans dérogation, encore bien que, par la suite, les payements

des loyers soient faits par M..............................., cessionnaire, et les quittances données en son nom.

(*Si le propriétaire ne conserve aucun recours contre le premier locataire, on dit* :

En conséquence, M..............................., décharge M..............................., de l'effet dudit bail, à compter du............................... se réservant seulement ses droits et actions çontre lui pour le payement des loyers courus, jusqu'à cette époque.

Fait triple à..............................., etc. (Voyez A et B.)

FORMULE D'UNE RÉSILIATION DE BAIL

Entre les soussignés ;

M..............................., propriétaire, demeurant à..............................., rue..............................., n°............... .

D'une part.

Et M..............................., horticulteur, demeurant à............................... .

D'autre part.

Il a été convenu et arrêté ce qui suit ;

Le bail consenti par M............................... à M...............................
suivant acte sous seing privé fait double à..............................., le...............
..............................., enregistré............................... (*Copier la mention de l'enregistrement*) pour .... années consécutives, qui ont commencé à courir le............................... et moyennant............................... francs de loyer annuel, d'un local au premier étage d'une maison sise à...............................
désigné audit acte, est et demeure résilié définitivement à compter du...............
.... mil neuf cent............................... .

En conséquence, M............................... s'engage à rendre à cette époque les lieux dont il s'agit, en bon état de toutes réparations locatives, conformément à l'état des lieux qui en a été dressé ; de rendre les clefs, à payer tous les termes échus jusqu'à cette date, et à justifier de l'acquit de toutes les contributions à sa charge ;

Cette résiliation est ainsi convenue, sans indemnité de part ni d'autre (*ou moyennant la somme de............................... à titre d'indemnité*, que M...............................
a présentement payée à M..............................., qui le reconnaît, dont quittance.

Il sera tenu compte à M..............................., lors de sa sortie, et en déduction des loyers qu'il pourra devoir, de la somme de............... francs qu'il a payée, aux termes du bail sus-énoncé, pour six mois d'avance de ses loyers, imputables sur les six derniers mois de jouissance.

Fait double à.., le........................... mil neuf cent...................

Lu et approuvé l'écriture ci-dessus.   Lu et approuvé l'écriture ci-dessus.

(Signature du propriétaire.)   *(Signature du preneur.)*

Pour compléter la série des baux il ne nous reste plus que le bail maritime (charte partie), acte contenant le louage d'un navire : on le nomme *affrètement* sur l'Océan et *nolissement* sur la Méditerranée. Le bailleur s'appelle *fréteur*, et le preneur *affréteur*; le prix de la location se nomme sur l'Océan *fret* et sur la Méditerranée *nolis*.

Le bail partiaire est un bail par lequel le propriétaire d'une métairie la donne à cultiver à un métayer ou colon partiaire, sous la condition du partage des fruits qui s'y récolteront, partage qui a lieu ordinairement par moitié. Ce bail, fréquent dans le midi de la France, s'appelle aussi *bail à colonage, bail à grangeage, bail à métairie, bail à moitié fruits*.

Le bail de pêche est soumis aux règles générales du louage. La pêche des rivières ou ruisseaux non flottables, ou flottables seulement à bûches perdues, appartient aux propriétaires riverains, chacun de son côté, jusqu'au milieu du cours d'eau.

Le bail d'une usine est également soumis aux règles générales des baux.

Pour l'enregistrement des baux nous avons déjà fourni un exemple. Droit 0,25 % déclaration dans les trois mois.

Les cautionnements de baux sont soumis au droit proportionnel de 0,125 par 100 francs.

Les amendes encourues sont au minimum de 62 fr. 50 en cas de défaut de déclaration de location verbale dans les délais impartis. (La déclaration doit être faite au bureau de l'enregistrement dans les trois mois de l'entrée en jouissance.)

En cas de dissimulation de loyer réel dans un bail, l'amende consiste dans la perception du double droit.

Tout bail d'immeubles d'une durée de plus de dix-huit ans doit être transcrit au bureau des hypothèques de la situation. (Loi du

23 mars 1855 sur la transcription en matière hypothécaire, articles 2 et 3.)

FORMULE A

ENGAGEMENT DE LOCATION

Entre les soussignés :...
M. Camille SICRE, architecte, gérant de propriétés, demeurant à Paris,
....
Agissant en qualité de mandataire de M.., et comme spécialement autorisé à l'effet des présentes, aux termes d'une procuration notariée en date du.., dont une copie a été déposée pour minute à maître..., notaire à.. le ....
.... d'une part;
Et M...
.... d'autre part;
Il a été dit et convenu ce qui suit :
M. Camille Sicre ès nom, loue à M...................................... qui l'accepte, tel qu'il se poursuit et comporte..
....
....
....
Desquels lieux il n'est pas fait une plus ample désignation, le preneur déclarant bien les connaître, pour les avoir vus, visités et s'en contenter
....
La présente location est faite et acceptée pour une durée de trois mois en trois mois aux termes ordinaires de l'année à partir du................................
....
aux prix, charges, clauses et conditions ci-après stipulées, sous peine de résiliation, si bon semble au bailleur;...
De garnir les lieux loués de meubles et effets mobiliers en suffisante quantité et de suffisante valeur pendant toute la durée de la location pour répondre des loyers, d'entretenir et de rendre en bon état lesdits lieux loués et y faire toutes les réparations locatives..
De n'habiter les lieux que bourgeoisement et sans bruit;...........................
De ne pouvoir céder ou sous-louer tout ou partie des lieux loués;
De ne jamais rien réclamer sur l'état des lieux quel qu'il soit;....................
De ne pouvoir exercer ni laisser exercer aucun état qui puisse nuire à la tranquillité des autres locataires;...
De ne mettre aux croisées, ni cordes, ni linges, ni cages, ni pots de fleurs, ni autres objets;...
De ne jeter de l'eau ni par les fenêtres, ni par les portes, ni dans les lieux d'aisance, sous peine de dommages-intérêts envers qui de droit;
De ne déposer aucun objet, même momentanément, ordures, panier,

baquet, etc., sur les paliers, cours, passages, ainsi que dans les caves;

De n'avoir d'une façon continue ni chien, ni chat, ni autres animaux domestiques dans les lieux loués;..

De ne prendre de l'eau au robinet de la ville que pour son usage personnel et de n'exiger d'autres droits que ceux du bailleur vis-à-vis de la Compagnie générale des Eaux et en outre de ne pouvoir laver du linge à la fontaine;...

Le preneur sera tenu de faire ramoner chaque fois que besoin sera et à ses frais toutes les cheminées;...

Après l'extinction du gaz fixé à 10 heures du soir, s'annoncer en passant devant la loge du concierge;..

De justifier, lors de la sortie des lieux loués, de la quittance du paiement des impôts mis à sa charge, de rembourser au bailleur ceux des portes et fenêtres et de satisfaire à toutes les charges de ville et de police dont les locataires sont ordinairement tenus;...

Ne rien exiger du concierge en dehors de son service ordinaire;............

De permettre à toute réquisition du propriétaire la visite des lieux loués;..

De souffrir les grosses réparations, changements ou embellissements qui seraient ou paraîtraient utiles au bailleur à toutes les époques de la durée de la location et ce sans aucune indemnité ni diminution de loyer;

De payer, par quart, de trois mois en trois mois, au domicile du propriétaire, le prix de la présente location fixée entre les parties à la somme de .... francs par année.

M.. a présentement versé à M. Camille Sicre qui le reconnaît et lui en donne quittance par la signature des présentes, la somme de ....

loyer d'avance imputable sur le dernier terme de jouissance sans que l'ordre des paiements ci-dessus fixés soit jamais interverti.............................

Les frais de timbre, enregistrement, amendes et double droits, ainsi que les frais de l'état des lieux et d'acte devant notaire seront à la charge du preneur..

Fait double, entre les parties, à Paris, le..

Au verso de l'engagement, on fera un état de lieux succinct.

ÉTAT DES LIEUX

FORMULE ‖

Entre les soussignés.

M..

....

....

....

....

....

....

....

....

....D'une part;

Et M..

....

....D'autre part;

Il a été fait et convenu ce qui suit :

DURÉE DU BAIL

M...ès noms a par ces
présentes fait bail et donné à loyer...
A M.. ce acceptant................................
Pour une durée de...
...............................années entières et consécutives, qui commenceront à courir le...
...........................pour finir à pareille époque de.............................

....

....

et ce à la volonté..
qui devr........ prévenir six mois à l'avance et par écrit de...............
intention de faire cesser le présent bail à l'expiration de
la ....
Les lieux ci-après désignés dépendant d'une Maison sise
à Paris ....

DÉSIGNATION

....

....

....

....

....

....

Tel au surplus que le tout se poursuit et comporte, sans
aucune exception, ni réserve et sans plus ample description,
1.... preneu.... déclarant parfaitement connaître lesdits lieux,
pour les avoir vus et visités.

CHARGES ET CONDITIONS

Le présent bail est fait sous toutes les conditions ordinaires
et de droit et spécialement sous les conditions suivantes,
que l........ preneu........ s'oblige........ *solidairement* à exécuter et
accomplir, savoir :

1º De prendre les lieux loués dans l'état où ils se trouveront
lors de l'entrée en jouissance, sans pouvoir exercer aucune
réclamation envers le propriétaire;

2º De garnir et tenir les lieux loués constamment garnis
de meubles, objets mobiliers et marchandises en quantité
et valeur suffisantes, pour répondre du paiement des loyers
et de l'exécution des conditions du bail;

3º De ne pouvoir exercer dans les lieux loués aucun commerce, profession ou industrie, de les habiter en conséquence
toujours bourgeoisement...

....

....

4º D'entretenir les lieux loués en bon état de réparations
locatives et de les rendre tels à l'expiration du bail;

5º De ne pouvoir sous-louer partie ou totalité des lieux à
.... loués, meublés ou non meublés, ni en
changer la destination convenue, ni céder ....
droit au présent bail, sans le consentement exprès et par écrit
du bailleur;

6º De faire assurer... mobilier contre
l'incendie à une Compagnie Française légalement reconnue
et notoirement solvable et de justifier au bailleur du paiement des primes, à première réquisition. En cas d'incendie,
le bailleur aura le droit de toucher, sans le concours du
preneur, de toute compagnie, le montant des indemnités
allouées, et ce à concurrence de ce qui pourrait lui être dû
alors;

7º D'acquitter exactement les contributions mobilières et
de patente, ainsi que les charges de ville et de police, dont
les locataires sont ordinairement tenus et de justifier de leur
acquit à première réquisition du propriétaire et de rembourser
à ce dernier l'impôt des portes et fenêtres, le droit proportionnel y afférent, les ordures ménagères et la taxe de
balayage, le tout de manière que le bailleur ne soit jamais
inquiété, ni recherché à ce sujet;

8º De payer en sus du loyer ci-après fixé et par quart une
somme annuelle fixée à forfait entre les parties à la somme
de...................... pour diverses charges concernant cette location;

9º De laisser ramoner à.. frais toutes les
cheminées, dépendant des lieux loués, autant de fois que
besoin sera, par le fumiste du propriétaire;

10º De souffrir faire, sans pouvoir exiger aucune indemnité,
les grosses et menues réparations, qui seraient nécessaires

à la dite maison, pendant le cours du bail, leur durée excédât-elle quarante jours ;

11° De ne pouvoir réclamer aucune indemnité pour cause d'interruption ou de suppression des eaux du fait de la compagnie ou pour travaux à faire aux tuyaux et réservoirs ou pour toute autre cause ;

12° De ne pas étendre, ni mettre aux croisées de linge, de fleurs, ni d'autres objets quels qu'ils soient et sous aucun prétexte. De ne rien déposer, ni accrocher au dehors des lieux loués, ni faire dans les escaliers, sur les paliers ou dans la cour aucun travail de ménage, tels que le nettoyage des habits et des chaussures, etc. De ne faire aucun service domestique, tel que monter de l'eau, du charbon, du bois, ni rien secouer par les croisées donnant sur la cour, passé dix heures du matin. De ne pas jeter les eaux ménagères dans les lieux d'aisances ;

13° De ne faire aucun changement de distribution, construction, démolition, ni percement quelconque, sans le consentement exprès et par écrit du propriétaire, comme aussi de laisser, à l'expiration du bail, les papiers et tentures de toutes sortes collées sur toiles ou sur mur, les alcôves, armoires, tablettes et autres choses qu'............ aurai.................. pu faire tenant à fer et à clou, sans pouvoir réclamer au propriétaire aucune indemnité à ce sujet, à moins que ce dernier ne préfère le rétablissement des lieux loués dans leur état primitif ;

14° De laisser le propriétaire ou son représentant visiter les lieux loués, chaque fois qu'il sera nécessaire et lorsque l'une des parties aura reçu ou donné congé, dans les délais prescrits, le bailleur aura le droit de mettre un écriteau à l'une des fenêtres à son choix et M.................................... devr.............. souffrir que l'on visite les lieux loués tous les jours sans exception y compris dimanches et fêtes, de dix heures du matin à cinq heures du soir, sous peine de payer à titre d'indemnité un terme de location, en cas de refus constaté de.................. part ;

15° De ne pas avoir de chien, de perroquet, ni d'autre animal quelconque, malpropre, nuisible ou bruyant à moins d'y être autorisé par le propriétaire ;

16° Et de payer les frais, droits et honoraires des présentes ;

De son côté.................................... devra tenir les lieux loués clos et couverts, selon l'usage ;

LOYER

En outre le présent bail est consenti et accepté moyennant un loyer annuel de.. que l............ preneu............ s'oblige.............. solidairement ensemble à payer au bailleur ou à son représentant aux quatre termes ordinaires de l'année et par quarts les premier janvier, avril, juillet et octobre, pour faire le paiement du premier terme

le...
....

Il est expressément convenu :

1º Que le paiement des loyers ne pourra être effectué qu'en bonnes espèces de monnaie et non autrement.

2º Qu'à défaut de paiement d'un seul terme de loyer à son échéance comme aussi d'inexécution de tout ou partie des conditions qui précèdent et quinze jours après un simple commandement demeuré infructueux, le présent bail sera résilié de plein droit, si bon semble au bailleur, après quoi l'expulsion du preneur pourra être prononcée par une simple ordonnance de référé rendue sur requête par M. le Président du Tribunal civil de la Seine et, dans ce cas, les loyers payés d'avance seront acquis au bailleur à titre d'indemnité, sans préjudice de tous dépens, dommages et intérêts et sans que l'effet de la présente clause puisse être neutralisé par des offres réelles passé ce délai.

LOYERS D'AVANCE

M... reconnaît que M... lui........................... remis présentement la somme de..
.... dont il............................... consent quittance pour.. mois de loyer d'avance du présent bail, laquelle somme sera imputable sur les...
derniers mois de jouissance.

RÉQUISITION POUR L'ENREGISTREMENT

Les parties requièrent l'enregistrement des présentes pour
....

CONDITIONS PARTICULIÈRES

Le bailleur se réserve le droit, dans le cas de vente de la maison louée, de résilier le présent bail, sans indemnité, mais en avertissant le preneur trois mois d'avance.

....
....
....
....
....

DOMICILE

Pour l'exécution des présentes, les parties élisent domicile, savoir :

M...
....

Et M..
....

Mots comme nuls

Fait double à Paris, le...

FORMULES D'ACTES D'ÉCHANGE

ÉCHANGE DE BIENS RURAUX SANS SOULTE

Entre les soussignés, savoir :

M.., propriétaire, demeurant à.....................................
                                         d'une part;

Et M.., propriétaire, demeurant à...................................
                                         d'autre part;

Il a été dit, fait et convenu ce qui suit :

M.. cède et délaisse à titre d'échange, avec toutes garanties, à M. Leroux qui l'accepte :

Désignation.

Une pièce de terre labourable, sise commune de.. arrondissement de.., département de........................... de la contenance de.., tenant à.......................................

En contre-échange, M.. cède et délaisse, avec toutes garanties, à M.., qui l'accepte,

Une pièce de terre, sise commune de.., contenant.., estimée la même valeur que la pièce de terre labourable énoncée ci-dessus.

Ainsi que ces deux pièces de terre échangées de part et d'autre se poursuivent et comportent, sans aucune exception ni réserve, mais aussi sans aucune garantie de la mesure ci-dessus exprimée en plus ou moins, quelque grande soit la différence.

Origine de la propriété.

1º Terre cédée par M.. La pièce de terre donnée en échange par M.., lui appartient comme faisant partie du domaine de.., par lui acquis, suivant acte, etc...

2º Terre cédée par M.. La pièce de terre donnée en échange par M.., lui appartient au moyen de l'acquisition qu'il en a faite avec une propriété plus étendue, suivant acte, etc...

Jouissance.

Les échangistes jouiront et disposeront respectivement des biens reçus en échange, comme bon leur semblera et comme de choses leur appartenant en toute propriété, à compter de ce jour.

Charges et Conditions.

Le présent échange est fait en outre aux charges et conditions suivantes :

1º De prendre lesdites pièces de terre dans l'état où elles se trouvent actuellement, avec les servitudes passives dont elles peuvent être grevées, sauf à s'en défendre s'il y a lieu, et à profiter de celles actives s'il en existe, le tout à leurs risques et périls;

2º De payer toutes les contributions établies sur lesdites pièces de terre à compter du..

3º D'entretenir et exécuter, pour toute leur durée, les baux et locations qui existent en ce moment des biens échangés;

4º Il est expressément convenu qu'en cas d'éviction ou de troubles, l'échangiste évincé ou troublé rentrera de plein droit dans la propriété de la chose par lui donnée en contre-échange, lors même qu'elle serait passée à des tiers détenteurs, s'interdisant toute transmission autrement que sous cette condition;

5º Le présent retour est fait sans soulte ni retour;

6º Les droits d'enregistrement du présent acte seront supportés par moitié entre les parties, et pour baser la perception du droit elles évaluent le revenu net de chaque pièce de terre échangée à la somme de..

Transcription et purge légale.

Il sera libre à chacune des parties de faire transcrire le présent acte au bureau des hypothèques de.. et de faire remplir les formalités prescrites par la loi pour purger les hypothèques légales, le tout dans le délai de quatre mois à compter de ce jour. Chaque échangiste sera tenu de faire rayer à ses frais, les inscriptions provenant de son chef ou de celui de ses auteurs, qui se trouveraient grever la terre par lui donnée en échange, et d'en fournir le certificat à l'autre échangiste dans les cinquante jours de la dénonnciation qui lui en sera faite à son domicile.

Tous frais de transcription et de purge seront supportés par la partie qui y aura donné lieu par l'existence d'inscription de son chef ou de celui de ses auteurs.

État civil.

MM.., déclarant qu'ils ne sont et n'ont jamais été mariés, tuteurs, curateurs, receveurs de deniers publics, ni pourvus de fonctions donnant lieu à hypothèque au profit de l'État.

Remise des titres.

Les échangistes se sont présentement remis l'un à l'autre des extraits des premiers titres d'acquisition des biens échangés, et ils s'obligent à s'aider de tous autres titres au besoin.

Élection de domicile.

Pour l'exécution du présent acte, les parties font élection de domicile en leurs demeures respectives indiquées ci-dessus.

Fait double à.. le (date en toutes lettres).
(Signatures.)

La partie qui n'aura pas écrit l'acte mettra avant de signer : « Vu et approuvé l'écriture ci-dessus ».

ÉCHANGE DE MAISONS AVEC SOULTE

Entre les soussignés, savoir :

M.., propriétaire, demeurant à..............................,
d'une part;

Et M.. propriétaire, demeurant à..............................,
d'autre part;

Il a été dit, fait et convenu ce qui suit :

M.. cède et délaisse à titre d'échange, avec toutes garanties, à M.. qui l'accepte.

Désignation.

Une maison située à.., consistant en..............................,
tenant à.. :

Et en contre-échange, M.. cède et délaisse, au même titre et sous la même garantie, à M.. qui l'accepte.

Une maison située à.., consistant en..............................,
tenant à..

Ainsi que ces deux maisons et leurs dépendances se poursuivent et comportent, sans aucune exception ni réserve, les parties déclarant en avoir une parfaite connaissance.

Origine de propriété.

Maison sise à.., cette maison appartient à M.., suivant acte d'acquisition..............................
....

Maison sise à.., M.. est propriétaire de cette maison..
....

Jouissance.

Les parties disposeront de chacune des maisons reçues en échange, ainsi qu'elles aviseront et comme de choses leur appartenant en toute propriété à compter de ce jour; elles en auront la jouissance par la perception des loyers à leur profit, à compter du.. dernier.

Charges et Conditions.

Le présent échange est fait à la charge par les échangistes, qui s'y obligent :

1º De prendre les maisons échangées dans l'état où elles se trouvent actuellement, sans pouvoir prétendre aucune indemnité pour grosses ou menues réparations qui seraient à faire;

2º De souffrir les servitudes passives qui pourraient grever lesdites maisons, sauf à s'en défendre; de profiter de celles actives s'il y en a, à leurs risques et périls; et de supporter les charges de ville et de police;

3º D'exécuter et entretenir pour toute leur durée, les baux ou locations qui peuvent exister de tout ou partie de ces maisons;

4º D'exécuter les polices d'assurances pendant tout le temps pour lequel chacune de ces maisons se trouve assurée contre l'incendie;

5º Il est expressément convenu qu'en cas d'éviction ou de troubles, l'échangiste évincé ou troublé rentrera de plein droit dans la propriété de la chose par lui donnée en contre-échange, lors même qu'elle serait passée à des tiers détenteurs, s'interdisant toute transmission autrement que sous cette condition;

6º De payer et acquitter les impôts quelconques, du jour de l'entrée en jouissance;

7º L'enregistrement du présent acte sera supporté par moitié.

Soulte.

Cet échange est fait moyennant une soulte de.. francs que M.. s'oblige à payer à M.., en deux payements égaux d'année en année à partir de ce jour; laquelle somme, jusqu'au payement intégral, produira intérêt à cinq pour cent à compter du.. dernier, payable en même temps que le principal.

Transcription et purge.

Il sera libre à chacune des parties de faire transcrire le présent acte au bureau des hypothèques de.. et de faire remplir les formalités prescrites par la loi pour purger les hypothèques légales, le tout dans le délai de quatre mois à compter de ce jour. Chaque échangiste sera tenu de faire rayer à ses frais, les inscriptions provenant de son chef ou de celui de ses auteurs, qui se trouveraient grever l'immeuble par lui donné en échange, et d'en fournir le certificat à l'autre échangiste dans les cinquante jours de la dénonciation qui lui en sera faite à son domicile.

Tous frais de transcription et de purge seront supportés par la partie qui y aura donné lieu par l'existence d'inscription de son chef ou de celui de ses auteurs.

État civil.

MM.. et .... déclarent qu'ils ne sont et n'ont jamais été mariés, tuteurs, curateurs, receveurs de deniers publics, ni pourvus de fonctions donnant lieu à hypothèque au profit de l'État.

Remise des titres.

Les échangistes se sont présentement remis l'un à l'autre des extraits des premiers titres d'acquisition des biens échangés, et ils s'obligent à s'aider de tous autres titres au besoin.

Élection de domicile.

Pour l'exécution du présent acte, les parties font élection de domicile en leurs demeures respectives indiquées ci-dessus.

Fait double à Paris, le vingt-sept juin mil neuf cent treize.

Vu et approuvé l'écriture ci-dessus,
      X...

                        Vu et approuvé l'écriture ci-dessus,
                                     X...

FORMULES D'ACTES DE VENTE

VENTE D'UNE MAISON

Entre les soussignés, savoir :

M.., propriétaire, demeurant à................................ (quand le vendeur est marié, on ajoute les prénoms et nom de sa femme, avec ces mots : qui l'autorise à l'effet du présent acte, demeurant ensemble à..),

                                     d'une part;

Et M.., propriétaire, demeurant à................................ ....

                                     d'autre part;

Il a été dit et convenu ce qui suit :

M.. vend par ces présentes (si le vendeur est marié, on met : M. et Mme.. vendent solidairement, etc.) et s'oblige à garantir de tout trouble, privilège, hypothèque, donation, éviction et autres empêchements quelconques;

A M.., ce acceptant, acquéreur pour lui et ses ayants cause.

Désignation.

Une maison, située à Paris, rue.., n°................,
ayant son entrée par une porte cochère, et consistant en une cour, puis
deux corps de logis, le premier sur la rue, composé de caves, rez-de-
chaussée, et cinq étages avec combles au-dessus; le second, au fond de la
cour, composé d'un rez-de-chaussée et d'un étage;

Ainsi qu'elle se poursuit et comporte, sans exception ni réserve, et dont
il n'est fait plus ample désignation à la demande de l'acquéreur qui a
déclaré la connaître parfaitement pour l'avoir vue et visitée.

Établissement de propriété.

M.. est propriétaire de ladite maison comme l'ayant recueillie dans la succession de
M..............................., son oncle, dont il était seul héritier, ainsi que
le constate un acte de notoriété fait, à défaut d'inventaire, devant M^e..........
..........................., notaire à..................................., le..........................
M............................... était propriétaire de ladite maison au
moyen de l'acquisition qu'il en avait faite de M...........................,
par acte passé devant notaire, à..........................., le...........................,
moyennant la somme de..........................., que M...........................
a payée à son vendeur, suivant quittance en date du...........................,
lequel contrat d'acquisition a été transcrit au bureau des hypothèques
de..........................., sans qu'aucune inscription ait apparu, ainsi
que le constate un certificat du conservateur des hypothèques, en date
du..........................

(On doit relater les diverses transmissions de l'immeuble, en remontant
à trente années au moins, de manière que la prescription vienne garantir
la propriété dans les mains du dernier vendeur.)

Entrée en jouissance.

L'acquéreur sera propriétaire et pourra disposer de la maison présentement vendue, comme chose lui appartenant en toute propriété, à compter
de ce jour; mais il n'aura la jouissance des loyers et revenus qu'à partir
du premier........................... prochain, tous les loyers courus antérieu-
rement étant réservés au vendeur.

Charges et conditions.

La présente vente est faite aux charges et conditions suivantes, que
M........................... s'oblige d'exécuter, savoir :

1° De prendre la maison présentement vendue dans l'état où elle se
trouve, sans pouvoir prétendre aucune indemnité ni diminution du prix
pour raison des grosses et menues réparations qui pourraient être à faire;

2° D'acquitter, à compter du........................... prochain, les
contributions de toute nature auxquelles cette maison est et pourra être
imposée;

3º De supporter toutes les servitudes apparentes ou occultes dont la maison peut être grevée, en profitant de celles actives, le tout à ses risques et périls, sans aucune garantie à cet égard;

4º D'exécuter, pour tout le temps qui en reste à courir, les baux et locations verbales qui peuvent avoir été faits de cette maison, sauf le droit qu'il a de renvoyer les locataires en les indemnisant, de manière que le vendeur ne soit aucunement recherché à ce sujet;

5º De payer les frais et droits auxquels cette vente pourra donner lieu.

Prix.

Cette vente est faite, en outre, moyennant la somme de .... francs de prix principal, que M............................... s'oblige de payer à M..............................., en sa demeure, à........................ .... aussitôt après l'accomplissement des formalités de la purge des hypothèques, et dans quatre mois au plus tard, à compter de ce jour, avec intérêts à cinq pour cent par an, à partir du .... prochain.

Réserve de privilège.

Pour garantie du payement du prix en principal et intérêts, M........... .... déclare se réserver expressément le pri- vilège de vendeur.

Clause résolutoire.

A défaut de payement, le présent acte de vente sera résolu de plein droit, si bon semble au vendeur, après une simple sommation faite à l'acquéreur et restée sans effet, sans que la résolution ait besoin d'être ordonnée en justice.

Transcription et purge légale.

M... fera trans- crire immédiatement le présent contrat au bureau des hypothèques de Paris, et remplira les formalités nécessaires pour purger les hypothèques. S'il survient des inscriptions du chef du vendeur ou de ses auteurs, le vendeur s'oblige d'en rapporter le certificat de radiation dans le mois de la dénonciation qui lui en sera faite et de garantir l'acquéreur de tous frais extraordinaires de transcription et de purge.

Remise des titres.

M... s'oblige à remettre à M..............................., lors du payement du prix :

1º L'expédition de l'acte notarié, après le décès de M........................... ...., etc. (énoncer tous les titres de propriété et autres à remettre).

État civil du vendeur.

M.. déclare qu'il n'est pas marié, qu'il n'a jamais été tuteur de mineur ni d'interdit, ni comptable de deniers publics; qu'en conséquence il n'est soumis à aucune hypothèque légale.

M.. s'oblige à se présenter, le jour qu'il conviendra à M.., devant un notaire, pour effectuer le dépôt du présent acte de vente, et de reconnaître sa signature pour donner à cet acte le caractère d'acte authentique.

Fait double à.. le (date en toutes lettres).

Lu et approuvé l'écriture ci-dessus,

    (Signature de l'acquéreur.)

                  Lu et approuvé l'écriture ci-dessus,

                  (Signature du vendeur.)

FORMULE D'UNE VENTE DE FERME

Entre les soussignés, savoir :

M.., propriétaire, demeurant à..

                  d'une part;

Et M.., propriétaire, demeurant à..

                  d'autre part;

Il a été dit et convenu ce qui suit :

M.. vend par ces présentes, avec garantie de tout trouble, privilège, hypothèque, et autres empêchements quelconques.

A M.., ce acceptant, acquéreur pour lui et ses ayants cause.

Désignation.

Une ferme située à.., commune de.., arrondissement de.., département de.., consistant :

1º En bâtiments d'habitation et d'exploitation (Détailler tout ce qui concerne ladite vente);

2º ....hectares ....ares ....centiares de terres labourables.

............hectares ....ares ....centiares de prés.

............hectares ....ares ....centiares de bois; le tout en plusieurs pièces dont la désignation suit :

(Faire la description des pièces énoncées ci-dessus.)

Ainsi que ces divers biens se poursuivent et comportent sans aucune exception ni réserve, et tels qu'ils sont détaillés en un procès-verbal d'arpentage et bornage dressé par M. Vigual, ingénieur-géomètre, expert près les tribunaux, en date du.., et que M.................... déclare bien connaître.

Établissement de propriété.

M.. est propriétaire de ladite ferme, comme l'ayant recueillie dans la succession de M...................................., son oncle, dont il était seul héritier, ainsi que le constate un acte de notoriété fait, à défaut d'inventaire, devant Me...................., notaire à.., le................

M...................................., était propriétaire de ladite ferme au moyen de l'acquisition qu'il en avait faite de M.................................... par acte passé devant notaire, à...................................., le...................., moyennant la somme de...................................., que M.................... a payée à son vendeur, suivant quittance en date du.................... lequel contrat d'acquisition a été transcrit au bureau des hypothèques de...................................., sans qu'aucune inscription ait apparu, ainsi que le constate un certificat du conservateur des hypothèques, en date du....................

(On indiquera les diverses transmissions de l'immeuble, en remontant à trente années au moins, de manière que la prescription vienne garantir la propriété dans les mains du dernier vendeur.)

Entrée en jouissance.

L'acquéreur sera propriétaire et pourra disposer de la ferme présentement vendue, comme de chose lui appartenant en toute propriété, à compter de ce jour.

Réserve de privilège.

Pour garantie du payement du prix en principal et intérêts, M.. déclare se réserver expressément le privilège du vendeur.

Clause résolutoire.

A défaut de payement, le présent acte de vente sera résolu de plein droit, si bon semble au vendeur, après une simple sommation faite à l'acquéreur et restée sans effet, sans que la résolution ait besoin d'être ordonnée en justice.

Transcription et purge légale.

M.. fera transcrire immédiatement le présent contrat au bureau des hypothèques de...................................., et remplira les formalités nécessaires pour purger les hypothèques. S'il survient des inscriptions du chef du vendeur ou de ses auteurs, le vendeur s'oblige d'en rapporter le certificat de radiation dans le mois de la dénonciation qui lui en sera faite et de garantir l'acquéreur de tous frais extraordinaires de transcription et de purge.

Remise des titres.

M.. s'oblige à remettre à M..., lors du payement du prix :

1º L'expédition de l'acte de notoriété, après le décès de M..................................
......................., etc. (Énoncer tous les titres de propriété et autres à remettre.)

État civil du vendeur.

M..., déclare qu'il n'est pas marié, qu'il n'a jamais été tuteur de mineur ni d'interdit, ni comptable de deniers publics; qu'en conséquence il n'est soumis à aucune hypothèque légale.

M.................................. s'oblige à se présenter, le jour qu'il conviendra à M..................................., devant un notaire, pour effectuer le dépôt du présent acte de vente, et de reconnaître sa signature pour donner à cet acte le caractère d'acte authentique.

Fait double à..................................., le (date en toutes lettres).

Lu et approuvé l'écriture ci-dessus,
    (Signature de l'acquéreur.)

                Lu et approuvé l'écriture ci-dessus,
                  (Signature du vendeur.)

FORMULE D'UNE VENTE DE NUE PROPRIÉTÉ

Entre les soussignés, savoir :

M..................................., propriétaire, demeurant à...................................,
                                      d'une part;

Et M..................................., propriétaire, demeurant à...................................,
                                      d'autre part;

Il a été dit et convenu ce qui suit :

M.................................. vend, par le présent, à M...................................,
avec garantie de tous troubles et empêchements quelconques.

La nue propriété de la maison qu'il possède à...................................,
rue..................................., nº..................................
(Désigner en détail la propriété.)

Établissement de propriété.

M.. est propriétaire de ladite maison comme l'ayant recueillie dans la succession de
M.., son père, dont il était seul héritier, ainsi que
le constate un acte de notoriété fait, à défaut d'inventaire, devant Me..............
...., notaire à.., le.........................

M... était propriétaire de ladite maison au
moyen de l'acquisition qu'il en avait faite de M...,
par acte passé devant notaire, à.., le.........................,
moyennant la somme de.., que M.........................
a payée à son vendeur, suivant quittance en date du...,
lequel contrat d'acquisition a été transcrit au bureau des hypothèques
de...................................., sans qu'aucune inscription ait apparu, ainsi
que le constate un certificat du conservateur des hypothèques, en date
du ....

(Indiquer les diverses transmissions de l'immeuble, en remontant à
trente années au moins, de manière que la prescription vienne garantir
la propriété dans les mains du dernier vendeur.)

Entrée en jouissance.

L'acquéreur disposera de ladite maison comme de chose lui appartenant,
savoir : pour la nue propriété, à compter de ce jour, et pour l'usufruit, à
compter du jour du décès du survivant des vendeurs qui s'en réservent
la jouissance jusqu'à cette époque.

Charges et conditions.

La présente vente est faite aux charges et conditions suivantes, que
M..:...................................... s'oblige d'exécuter, savoir :

1º De prendre la maison présentement vendue dans l'état où elle se
trouve, sans pouvoir prétendre aucune indemnité ni diminution de prix
pour raison des grosses et menues réparations qui pourraient être à faire;

2º D'acquitter, à compter du.................................... prochain, les
contributions de toute nature auxquelles cette maison est et pourra être
imposée;

3º De supporter toutes les servitudes apparentes ou occultes dont la
maison peut être grevée, en profitant de celles actives, le tout à ses
risques et périls, sans aucune garantie à cet égard;

4º D'exécuter, pour tout le temps qui en reste à courir, les baux et les
locations verbales qui peuvent avoir été faits de cette maison, sauf le
droit qu'il a de renvoyer les locataires en les indemnisant, de manière
que le vendeur ne soit aucunement recherché à ce sujet;

5º De payer les frais et droits auxquels cette vente pourra donner lieu.

Prix.

Cette vente est faite en outre moyennant la somme de ....
.... francs de prix principal, que M..
s'oblige de payer à M...................................., en sa demeure, à....................
........................aussitôt après l'accomplissement des formalités de la
purge des hypothèques, et dans quatre mois au plus tard, à compter de ce
jour, avec intérêt à cinq pour cent par an, à partir du 1er janvier prochain.

Réserve de privilège.

Pour garantie du payement du prix en principal et intérêts,
M.. déclare se réserver expressément
le privilège de vendeur.

Clause résolutoire.

A défaut de payement, le présent acte de vente sera résolu de plein
droit, si bon semble au vendeur, après une simple sommation faite à
l'acquéreur et restée sans effet, sans que la résolution ait besoin d'être
ordonnée en justice.

Transcription et purge légale.

M.. fera transcrire immédiatement le présent contrat au bureau des hypothèques
de.., et remplira les formalités nécessaires pour
purger les hypothèques. S'il survient des inscriptions du chef du vendeur
ou de ses auteurs, le vendeur s'oblige d'en rapporter le certificat de radiation dans le mois de la dénonciation qui lui en sera faite et de garantir
l'acquéreur de tous frais extraordinaires de transcription et de purge.

Remise des titres.

M.. s'oblige à remettre à
M..............................., lors du paiement du prix :
1° L'expédition de l'acte de notoriété, après le décès de M........................
........................, etc. (Énoncer tous les titres de propriété et autres à remettre.)

État civil du vendeur.

M.. déclare qu'il n'est
pas marié, qu'il n'a jamais été tuteur de mineur ni d'interdit, ni comptable
de deniers publics ; qu'en conséquence il n'est soumis à aucune hypothèque
légale.
M.. s'oblige à se présenter, le jour qu'il convien-

dra à M.., devant un notaire, pour effectuer le dépôt du présent acte de vente, et de reconnaître sa signature pour donner à cet acte le caractère d'acte authentique.

Fait double à.., le (date en toutes lettres).

Lu et approuvé l'écriture ci-dessus,
   (Signature de l'acquéreur.)

                Lu et approuvé l'écriture ci-dessus,
                  (Signature du vendeur.)

FORMULE D'UNE VENTE D'USUFRUIT

Entre les soussignés, savoir :

M.., propriétaire, demeurant à..
                                  d'une part;

Et M.., propriétaire, demeurant à..
                                  d'autre part;

Il a été dit et convenu ce qui suit :

M.. vend, par le présent acte, à M.. avec garantie de tous troubles et empêchements quelconques;

L'usufruit, pendant la vie de M.., d'une maison sise à.., rue.., n°..........

Désignation.

Une maison, située à.., rue.. ...., n°.........................., ayant son entrée par une porte cochère, et consistant en une cour, puis deux corps de logis, le premier sur la rue, composé de caves, rez-de-chaussée, et six étages, le dernier en combles; le second, au fond de la cour, composé d'un rez-de-chaussée et d'un étage.

Ainsi qu'elle se poursuit et comporte, sans exception ni réserve, et dont il n'est fait plus ample désignation à la demande de l'acquéreur qui a déclaré la connaître parfaitement pour l'avoir vu et visitée.

Établissement de propriété.

M.. est propriétaire de ladite maison comme l'ayant recueillie dans la succession de M.., son père, dont il était seul héritier, ainsi que le constate un acte de notoriété fait, à défaut d'inventaire, devant Me.......... ...., notaire à.., le.......................... M.. était propriétaire de ladite maison au moyen de l'acquisition qu'il en avait faite de M.. par acte passé devant notaire à.., le.......................... ...., moyennant la somme de.., que

M......................... a payée à son vendeur, suivant quittance en date du......................... lequel contrat d'acquisition a été transcrit au bureau des hypothèques de......................... sans qu'aucune inscription ait apparu, ainsi que le constate un certificat du conservateur des hypothèques, en date du.........................

(Énoncer les diverses transmissions de l'immeuble, en remontant à trente années au moins, de manière que la prescription vienne garantir la propriété dans les mains du dernier vendeur.)

Entrée en jouissance.

M........................., jouira en usufruit seulement, pendant sa vie, de ladite maison et dépendances, et en touchera les loyers à partir du 15......................... prochain.

Charges et conditions.

La présente vente est faite aux charges et conditions suivantes, que M......................... s'oblige d'exécuter, savoir :

1º De prendre la maison présentement vendue dans l'état où elle se trouve, sans pouvoir prétendre aucune indemnité ni diminution de prix pour raison des grosses et menues réparations qui pourraient être à faire;

2º D'acquitter, à compter du premier......................... prochain, les contributions de toute nature auxquelles cette maison est et pourra être imposée;

3º De supporter toutes les servitudes apparentes ou occultes dont la maison peut être grevée, en profitant de celles actives, le tout à ses risques et périls, sans aucune garantie à cet égard;

4º D'exécuter, pour tout le temps qui reste à courir, les baux et locations verbales qui peuvent avoir été faits de cette maison, sauf le droit qu'il a de renvoyer les locataires en les indemnisant, de manière que le vendeur ne soit aucunement recherché à ce sujet;

5º De payer les frais et droits auxquels cette vente pourra donner lieu.

Prix.

Cette vente est faite, en outre, moyennant la somme de......................... .... francs de prix principal, que M......................... s'oblige de payer à M........................., en sa demeure, à......................... ...., aussitôt après l'accomplissement des formalités de la purge des hypothèques, et dans quatre mois au plus tard, à compter de ce jour, avec intérêt à cinq pour cent par an, à partir du......................... prochain.

Réserve de privilège.

Pour garantie du paiement du prix en principal et intérêts, M......................... déclare se réserver expressément le privilège de vendeur.

Clause résolutoire.

A défaut de paiement, le présent acte de vente sera résolu de plein droit, si bon semble au vendeur, après une simple sommation faite à l'acquéreur et restée sans effet, sans que la résolution ait besoin d'être ordonnée en justice.

Transcription et purge légale.

M..., fera transcrire immédiatement le présent contrat au bureau des hypothèques de......................................, et remplira les formalités nécessaires pour purger les hypothèques. S'il survient des inscriptions du chef du vendeur ou de ses auteurs, le vendeur s'oblige d'en rapporter le certificat de radiation dans le mois de la dénonciation qui lui en sera faite et de garantir l'acquéreur de tous frais extraordinaires de transcription et de purge.

Remise des titres.

M.. s'oblige à remettre à M......................................, lors du payement du prix :

1º L'expédition de l'acte de notoriété, après le décès de M.......................... ...., etc. (Énoncer tous les titres de propriétés et autres à remettre.)

État civil du vendeur.

M.. déclare qu'il n'est pas marié, qu'il n'a jamais été tuteur de mineur ni d'interdit, ni comptable de deniers publics; qu'en conséquence il n'est soumis à aucune hypothèque légale.

M.............................. s'oblige à se présenter, le jour qu'il conviendra à M.............................., devant un notaire, pour effectuer le dépôt du présent acte de vente, et de reconnaître sa signature pour donner à cet acte le caractère d'acte authentique.

Fait double à ...., le (date en toutes lettres).

Lu et approuvé l'écriture ci-dessus,
    (Signature de l'acquéreur.)

          Lu et approuvé l'écriture ci-dessus,
          (Signature du vendeur.)

CONTRIBUTIONS

Déclaration de déménagements et de vacances.

Comme il est dit dans le courant du présent ouvrage, pour éviter les amendes de doubles droits, on paye le droit des colonnes 7 U. d. L. et 9 vacances, la colonne 8 a été réglée par l'enregistrement des baux écrits.

Il est remis au receveur percepteur la feuille G et H (pages 110-112), au commencement de chaque trimestre.

La feuille G, *déclaration de déménagements*, met à l'abri le propriétaire, en informant le receveur percepteur que tel locataire déménage à la fin du trimestre. Le receveur percepteur adresse un avis de paiement de la totalité de ses contributions au locataire qui ne peut déménager sans montrer le reçu pour solde de ses contributions personnelle et mobilière, et des patentes s'il est patentable.

En cas de déménagement furtif, le propriétaire, ou à défaut son préposé, doit, dans les trois jours, en informer le juge de paix, le maire ou le commissaire de police, faute de quoi il est responsable des impositions de son locataire.

Il est sage, lorsqu'un locataire a donné congé, de s'informer à l'avance, près du receveur percepteur si ledit locataire a soldé ses impositions.

La feuille H, *déclaration de vacances*, sert principalement pour le département de la Seine. Les déclarations de vacances sont trimestrielles, elles suivent l'époque des termes de loyers qui sont janvier, avril, juillet et octobre; elles ne sont recevables que dans le premier mois du trimestre. A Paris, les contribuables doivent, dans ce délai, faire leur déclaration chez le percepteur, et dans la banlieue, à la mairie. La déclaration est inscrite sur un registre à ce destiné et il est donné au contribuable un récépissé de sa déclaration. (On prépare ces déclarations en double, une reste entre les mains du percepteur et l'autre, signée du percepteur, est remise au propriétaire.)

Les demandes pour vacances de maison ou chômage d'usine rentrent dans la catégorie des demandes en décharges ou réduction et sont, lorsque la cote dépasse 30 francs, soumises au droit de 0 fr. 60, et le reçu délivré par le percepteur est assujetti au droit de timbre de 0 fr. 10.

Lorsque les vacances des trimestres suivants sont identiques à celles déclarées pour le premier trimestre, le contribuable, en représentant au percepteur le ou les reçus par lui délivrés, est exempté du nouveau paiement de droit de timbre de 0 fr. 60 et de quittance de 0 fr. 10.

Impôt.

L'impôt est un prélèvement opéré sur la fortune ou le travail des individus pour subvenir aux dépenses de l'État.

L'impôt doit être général et proportionnel, c'est-à-dire qu'il doit frapper tous les individus en proportion de leurs ressources ; il ne peut être établi que par une loi.

On entend par *assiette* de l'impôt, les bases d'après lesquelles il est établi sur les choses ou sur les personnes qu'il atteint.

Les impôts se classent en contributions directes et en contributions indirectes. Les contributions directes sont prélevées sur les propriétés et sur les personnes ; les contributions indirectes sont perçues en vertu de tarifs impersonnels, elles peuvent être votées pour plusieurs années, tandis que les contributions directes sont soumises à un vote annuel des chambres.

Il existe quatre contributions directes : 1º la contribution foncière ; 2º la contribution personnelle mobilière ; 3º la contribution des portes et fenêtres ; 4º la contribution des patentes.

Les contributions directes se divisent : *A*) en impôts de répartition ; *B*) en impôts de quotité.

A) L'impôt de répartition est celui dont la somme totale, fixée d'avance par la loi des finances est répartie, de degré en degré, entre les départements, les arrondissements, les communes et les contribuables.

B) L'impôt de quotité est celui dont la loi détermine non le montant total et certain à réclamer à la masse des contribuables, mais le tarif et la proportion d'après lesquels la taxe sera prélevée sur les matières imposées.

Les impôts de répartition sont : la contribution foncière sur les propriétés non bâties et les contributions personnelles mobilières et des portes et fenêtres. Les impôts de quotité sont : la contribution foncière sur les propriétés bâties et celle des patentes.

Chaque contribution directe comprend deux éléments : le principal de l'impôt et les centimes additionnels.

Le principal est la somme calculée en francs, pour les impôts de répartition, fixée annuellement par une loi des finances, on évalue, pour les impôts de quotité, le produit de chacune des contributions.

Les centimes sont des suppléments ajoutés aux contributions, proportionnellement à chaque franc du principal. Prenons une surtaxe de 15 centimes additionnels ; si le principal est de 100 francs, il faudra payer 100 fois, 0,15 ou 15 francs, soit 115 francs.

La contribution foncière sur les propriétés bâties étant devenue un impôt de quotité, tandis que la contribution foncière sur les propriétés non bâties est restée impôt de répartition, il existe des règles différentes pour ces deux contributions.

La répartition est faite par égalité proportionnelle sur toutes les propriétés non bâties à raison de leur revenu net imposable.

Le revenu net imposable est celui qui reste au propriétaire, déduction faite sur le produit brut, des frais de culture et d'entretien.

Le cadastre est l'état descriptif des parcelles de propriété d'une même commune, avec l'estimation des revenus que produit chacune d'elles.

La confection du cadastre a été ordonnée par une loi du 15 septembre 1807, elle comprend : la levée du plan et l'évaluation du revenu.

La répartition de la contribution se fait dès que le contingent de la commune est connu en principal et centimes additionnels généraux, départementaux ou communaux. On constate la proportion exacte par franc avec le revenu imposable total des propriétés indiqué par la matrice cadastrale.

Pour cela on divise le contingent par le revenu total, et le quotient donne le centime le franc. En supposant le revenu imposable total d'une commune à 200.000 francs et son contingent 20.000, chaque franc du revenu foncier doit représenter 10 centimes, et, en appliquant ce rapport au revenu particulier de chaque propriétaire, on détermine la cotisation qu'il aura à payer.

Donc, si un propriétaire a un revenu imposable de 600 francs, le contribuable aura à payer 0,10 centimes par franc, soit 60 francs de contribution foncière.

La contribution foncière est due par celui qui a la propriété utile (propriétaire ou usufruitier).

Est considéré propriétaire, d'après la loi, celui qui est inscrit au rôle nominatif. Il ne peut se soustraire à l'impôt que par l'abandon de l'immeuble au profit de la commune.

Il est important que celui qui cesse d'être propriétaire, fasse substituer à son nom, par une mutation de cote, celui du nouveau propriétaire.

Les fermiers et locataires sont tenus de payer l'impôt foncier à l'acquit des propriétaires ou usufruitiers et peuvent être poursuivis comme ceux-ci.

Sont exempts de l'impôt : les semis et plantations de bois sur le sommet et le penchant des montagnes, sur les dunes et dans les landes, ce pendant trente ans. Pour les marais desséchés la cotisation ne peut être augmentée que vingt-cinq ans après le dessèchement. Des exemptions temporaires sont accordées aux terrains en friche mis en diverses cultures et à ceux déjà en valeur mis en bois ou en vignes. Sont également exemptés pendant quatre années, les terrains nouvellement plantés en vigne.

On adresse les demandes en exemption au préfet dans l'arrondissement chef-lieu, ou au sous-préfet dans les autres arrondissements, sur des formules mises dans les mairies, à la disposition des intéressés.

On entend par dégrèvement des petites cotes, la remise soit totale, soit partielle de la part de l'État dans la contribution foncière des propriétés non bâties dont le total des cotes est inférieur à 25 francs et pour lesquels la part de l'État dans leur contribution personnelle-mobilière ne dépasse pas 20 francs. La demande de remise doit être déposée au maire ou au percepteur, qui délivrent des formules explicatives.

La contribution foncière sur les propriétés bâties est devenue impôt de quotité. Cet impôt est établi à un taux fixé par la loi sur la valeur locative nette des propriétés bâties.

La valeur locative est calculée sur la moyenne de dix années, soit d'après les baux, soit d'après des expertises ou la comparaison des immeubles de même nature et importance situés dans la commune.

On obtient le revenu net imposable en déduisant de la valeur locative brute 25 pour 100 pour les maisons et 40 pour 100 pour les usines ou chantiers, ce pour indemniser le propriétaire du dépérissement et des frais de réparation et d'entretien.

Ne sont pas soumis à la contribution foncière, sur les propriétés bâties, mais seulement à celle sur les propriétés non bâties, à raison du terrain qu'ils enlèvent à la culture, évalué sur le pied des meilleures terres labourables : les bâtiments qui servent aux exploitations rurales, tels que granges, écuries, greniers, caves, celliers, pressoirs et autres, destinés à loger les bestiaux et les gardiens de ces bestiaux, ou à serrer les récoltes, ainsi que les cours des fermes ou métairies.

Sont considérés comme imposables à la propriété foncière sur les propriétés bâties : les bains et moulins sur bateaux, les bacs, bateaux de blanchisserie et autres de même nature, même simplement retenus par des amarres, les house-boats, les terrains non cultivés employés à un usage industriel ou commercial, tels que chantiers, lieux de dépôts de marchandises et autres emplacements de même nature.

On révise tous les dix ans les évaluations servant de base à la contribution foncière des propriétés bâties, la dernière révision a eu lieu en 1910, la prochaine aura lieu en 1920.

Les réclamations sont admises pendant 6 mois, à partir de la publication des rôles de la première année et pendant trois mois, à partir de la publication des rôles des deux années suivantes. Ce délai écoulé, les réclamations ne peuvent plus être recevables qu'à la prochaine révision décennale, à moins de cas spéciaux.

Le propriétaire qui fait une déclaration à la mairie de la commune, dans les quatre mois à partir de l'ouverture des travaux, indiquant la nature du bâtiment, sa destination et la désignation du terrain sur lequel doit être édifié la nouvelle construction, ne sera imposé que la troisième année après son achèvement.

La contribution personnelle mobilière comprend une taxe personnelle et une taxe sur le revenu mobilier évalué d'après le loyer d'habitation.

La taxe personnelle est fixée à la valeur de trois journées de travail, elle est déterminée dans chaque département et pour chaque commune par le Conseil général ; elle ne peut être inférieure à 0 fr. 50 ni supérieure à 1 fr. 50 par journée.

La taxe mobilière est basée sur la valeur des locaux servant à l'habitation personnelle ; elle ne doit pas comprendre les locaux servant à l'exercice d'une profession patentée. Son évaluation se fait à l'aide de tous les éléments susceptibles d'indiquer la valeur réelle de chaque loyer et sa proportionnalité avec les autres loyers de la commune, soit à l'aide de baux, soit par comparaison avec des loyers d'un prix déterminé.

En cas de décès, cette contribution doit être payée par les héritiers. En cas de déménagement hors du ressort de la perception, en cas de vente volontaire ou forcée, la contribution devient immédiatement exigible pour la totalité de l'année courante.

Les propriétaires et principaux locataires étant responsables doivent se faire présenter les quittances de cet impôt un mois avant le déménagement de leurs locataires, et si ces impôts ne sont pas acquittés, ils doivent en aviser immédiatement le percepteur, faute de quoi ils devront rembourser à leur place le montant total de cette contribution.

En cas de déménagement furtif, on doit faire constater dans les trois jours par le maire, le juge de paix ou le commissaire de police et en donner avis au percepteur, faute de quoi on sera responsable de cette contribution.

Sont exempts de cette contribution : les indigents, certains membres de l'armée active, les père et mère de sept enfants.

La Ville de Paris est autorisée à considérer comme non imposables les habitants dont le loyer réel d'habitation est inférieur à cinq cents francs, à l'exception toutefois de ceux : 1º qui ont un pied-à-terre à Paris; — 2º qui sont imposés au rôle foncier de cette ville, qu'ils soient logés ou non dans leur propre maison; — 3º qui sont assujettis à un droit fixe de patente égal ou supérieur à celui de la 6e classe du tableau A.

La contribution des portes et fenêtres a été établie comme supplément à la contribution mobilière. Elle est exigible contre les propriétaires, mais ces derniers, à moins de conventions contraires, ont un recours contre les locataires pour le remboursement de la part d'impôt incombant aux ouvertures des locaux qu'ils occupent.

L'impôt des ouvertures d'un usage commun à tous les locataires est supporté par le propriétaire.

Les ouvertures imposables sont les portes et fenêtres sur rues, cours et jardins, donnant accès aux bâtiments et usines ou servant à les éclairer ou aérer, au moyen desquelles on peut se clôturer; les ouvertures fermées à verres, ou battants dormants, mais non les ouvertures dégarnies destinées à rester constamment sans clôtures. Les fenêtres de mansardes et même les ouvertures pratiquées dans la toiture des maisons, quand elles éclairent des escaliers ou des pièces habitables, sont soumises à l'impôt. De même les devantures vitrées de magasins sont comptées pour autant de fenêtres qu'il y a de séparations solides.

Les portes cochères ou charretières des maisons de quatre ouvertures et au-dessous, non compris lesdites portes, ne sont comptées et taxées que comme portes ordinaires. S'il y a cinq ouvertures ordinaires ou plus en dehors desdites portes, celles-ci supportent une taxe spéciale.

Les portes de magasins, dans les maisons à six ouvertures et au-dessus, sont taxées comme portes cochères.

Les ouvertures d'une maison ne sont imposables que lorsqu'elle est achevée et habitable.

Ne sont pas soumises à l'impôt, les portes et fenêtres éclairant les granges, bergeries, étables, greniers, caves et autres locaux non destinés à l'habitation de l'homme.

Il n'est compté qu'une porte charretière pour chaque exploitation rurale.

Les ouvertures des manufactures sont exemptées, sauf celles appartenant aux parties des manufactures qui sont habitées.

Les usines où les moteurs sont la principale force employée et où il y a peu d'ouvriers ne sont pas exemptées de cette contribution.

Ne sont également pas soumises à l'impôt, les ouvertures des bâtiments affectés à un service public, sauf celles des logements qui sont occupés par les employés de ces établissements.

L'impôt de répartition des portes et fenêtres est combiné d'après le nombre, la nature et l'étage des ouvertures et d'après la population divisée en six classes.

Dans certaines grandes villes, il est établi un tarif spécial qui combine un droit fixe, égal pour toutes les ouvertures (A Paris, il est de 0,70 par portes et fenêtres ordinaires de tous étages) avec un droit proportionnel (qui comprend les centimes) à la valeur locative des locaux affectés à l'habitation.

Les grandes villes sont autorisées par des lois à établir des taxes, c'est ainsi qu'à Paris, une loi du 21 mars 1901, autorise cette ville à établir une taxe directe sur la valeur locative des locaux commerciaux et industriels de 1 pour cent. Cette taxe est calculée sur la valeur locative qui sert de base au droit proportionnel, telle qu'elle est définie par l'article 12 de la loi du 15 juillet 1880.

Une autre loi du 31 décembre 1900, autorise la ville de Paris à

PRINCIPAL DE L'IMPOT

POPULATION des VILLES et COMMUNES	POUR LES MAISONS A					POUR LES MAISONS A 6 OUVERTURES ET AU-DESSUS		
	1 ouverture	2 ouvertures	3 ouvertures	4 ouvertures	5 ouvertures	PORTES COCHÈRES CHARRETIÈRES et de MAGASINS	PORTES ORDINAIRES FENÊTRES DE REZ-DE-CHAUSSÉE DE L'ENTRESOL DES 1er ET 2e ÉTAGES	FENÊTRES DU 3e ÉTAGE ET DES ÉTAGES SUPÉRIEURS
	fr.	fr.	fr.	fr.	fr.	fr.	fr.	fr.
Au-dessous de 5.000 hab...	0,30	0,45	0,90	1,60	2,50	1,60	0,60	0,60
De 5.000 à 10.000 hab.....	0,40	0,60	1,30	2,20	3,25	3,50	0,75	0,75
De 10.000 à 25.000 hab....	0,50	0,80	1,80	2,80	4,00	7,40	0,90	0,75
De 25.000 à 50.000 hab....	0,60	1,00	2,70	4,00	5,50	11,20	1,20	0,75
De 50.000 à 100.000 hab...	0,80	1,20	3,60	5,20	7,00	15,00	1,50	0,75
Au-dessus de 100.000 hab..	1,00	1,50	4,50	6,40	8,60	18,80	1,80	0,75

établir des taxes directes et indirectes en remplacement des droits d'octroi sur les boissons hygiéniques :

1º Une taxe foncière, à la charge des propriétaires d'immeubles situés à Paris, de 2,50 % du revenu net qui sert de base à la contribution foncière, conformément à l'article 2 de la loi du 13 juillet 1900. Il n'est accordé aucun dégrèvement pour cause de vacance de maison ou de chômage d'usine;

2º Une taxe sur la valeur des propriétés non bâties à Paris. Cette taxe s'applique sur la valeur vénale de la propriété non bâtie sur tous les terrains assujettis à la contribution foncière des propriétés non bâties. Elle est fixée à 0,50 % de la valeur vénale telle qu'elle résulte de l'évaluation effectuée en exécution des délibérations du Conseil municipal des 21 octobre 1898 et 25 juin 1899;

3º Une taxe locative, à la charge des personnes occupant des immeubles à Paris, fixée à 1 % de la valeur locative. Elle est imposée au nom des occupants. Sont affranchies de la taxe locative les personnes reconnues non imposables à la contribution mobilière;

4º Une taxe d'enlèvement d'ordures ménagères, à la charge des locataires des maisons situées à Paris; cette taxe porte sur toutes les propriétés assujetties à la taxe foncière, à l'exception toutefois des usines et des maisons ou parties de maisons louées pour un service public; elle est fixée à 1,066 % du revenu net qui sert de base à la taxe foncière, après déduction du revenu net afférent à ceux des locaux d'habitation d'une valeur locative réelle inférieure à 500 francs qui ne sont pas passibles de la contribution mobilière.

La taxe pour l'enlèvement des ordures ménagères est imposée au nom des propriétaires ou usufruitiers et exigible contre eux et leurs principaux locataires, sauf leur recours contre les locataires particuliers pour le remboursement de la part d'impôt afférente aux locaux occupés par ces derniers.

Dans le cas de vacance, pendant un trimestre au moins, de locaux dont le propriétaire ne se réserve pas habituellement la jouissance, elle peut donner lieu à une remise d'impôt.

Les fonctionnaires et les employés civils ou militaires logés gratuitement dans les bâtiments appartenant à l'État ou au département, à la commune ou à un établissement public, sont imposables nominativement à la taxe pour l'enlèvement des ordures ménagères, la taxe est calculée sur les trois quarts de la valeur locative réelle des parties de ces bâtiments affectées à leur habitation personnelle;

5° Une taxe sur les cercles, sociétés et lieux de réunion où se payent des cotisations. Elle est égale à celle qui est perçue au profit de l'État;

6° Une taxe sur les voitures, chevaux, mules et mulets et voitures automobiles, établie dans les conditions et dans les limites prévues par l'article 4 de la loi du 29 décembre 1897;

7° Une taxe additionnelle au droit d'enregistrement sur les mutations à titre onéreux des meubles et objets mobiliers vendus aux enchères publiques à Paris;

8° Une taxe additionnelle au droit d'enregistrement sur les cessions d'offices ministériels ayant leur siège à Paris, sur les ventes de fonds de commerce exploités également à Paris, et sur celles des marchandises neuves dépendant de ces fonds.

Les taxes 7° et 8° sont fixées :

1° A 1 % pour les ventes de meubles et objets mobiliers effectuées aux enchères publiques sur le territoire de la commune de Paris;

3° A 1, 25 % pour les transmissions à titre onéreux ou gratuit de tout office ou clientèle visés par l'article 91 de la loi du 28 avril 1816 et établis sur le territoire de la commune de Paris;

3° A 1,25 % pour les mutations de propriétés à titre onéreux de fonds de commerce ou de clientèle établis sur le territoire de la commune de Paris.

4° A 0,32 % pour les cessions de marchandises neuves garnissant les fonds de commerce spécifiés au paragraphe précédent, lorsque le droit d'enregistrement proprement dit ne sera dû qu'au taux de 0,50 pour 100.

La perception de ces taxes est confiée à l'administration de l'enregistrement.

La contribution des patentes a été établie par la loi des 2 et 17 mars 1791.

Il est attribué aux communes 8 centimes par franc du principal.

La patente se compose d'un droit fixe et d'un droit proportionnel

La loi détermine le droit fixe suivant la nature de la profession. Ce droit est réglé d'après trois tableaux qui portent les désignations A, B, C, et est établi :

1º Eu égard à la population et d'après un tarif général (tableau A);

2º Eu égard à la population et d'après un tarif exceptionnel (tableau B);

3º Sans égard à la population (tableau C).

Le tableau A comprend le plus grand nombre de professions (commerçants en gros, demi-gros et détail) divisées en huit classes, suivant l'importance.

Ce droit varie pour chaque classe, en raison de la population, sur une échelle de 8 degrés, Paris mis à part. Il varie de 1 franc à 300 fr. Pour Paris les huit classes sont 400 francs, 200 francs, 140 francs 75 francs, 50 francs, 40 francs, 16 francs et 10 francs.

Le tableau B est spécial à quelques professions soumises à un tarif particulier (agents de change, banquiers, assurances, courtiers et commissionnaires, entreprises de transports, grands magasins). Le droit fixe se décompose en une taxe, déterminée et invariable et en une taxe variant suivant le nombre des employés ou des instruments de production. Le droit varie pour chaque profession, en raison de la population, sur une échelle dont le nombre de degrés n'est pas le même pour toutes.

Le tableau C comprend les industries dont l'importance est indépendante de la population, elles sont classées en cinq catégories, sans égard à la population, et le droit fixe est établi seulement d'après le nombre des ouvriers employés, machines, métiers ou autres instruments de production. Les ouvriers au-dessous de 16 ans et au-dessus de 65 ans ne sont comptés que pour moitié de leur nombre.

Lorsque dans le même établissement on exerce plusieurs professions, on ne paye que le droit fixe le plus élevé de ces professions, si elles sont comprises dans le tableau A. Quand elles ressortent du tableau B, dans lequel le droit est composé de deux taxes, on ne paye que la taxe fixe la plus élevée, mais on est assujetti à toutes les taxes variables que comportent les diverses professions exercées.

Si la même personne possède des établissements distincts, elle doit un droit fixe pour chacun.

L'exemption du droit fixe n'existe que pour les professions libérales (avocats, officiers ministériels, agréés, médecins, vétérinaires, architectes, ingénieurs civils, maîtres de pension).

Le droit proportionnel porte sur la valeur locative totale de l'habitation du patenté et des locaux affectés à l'exercice de la profession.

Le taux du droit est suivant la catégorie des patentes, fixé au 5e, 7e, 10e, 12e, 15e, 20e, 30e, 40e, 50e, 60e de la valeur locative (tableau D).

Sont exemptés du droit proportionnel :

1o Les patentables des 7e et 8e classes du tableau A qui résident dans des communes de 20.000 habitants et au-dessous;

2e Ceux des mêmes classes qui vendent en ambulance, en étalage ou sous échoppe;

3o Les loueurs d'une chambre meublée;

4o Les individus qui exploitent à bras des machines agricoles, moulins et autres usines;

3o Les loueurs de chambres ou appartements meublés pour leur habitation personnelle.

L'exemption totale de la patente concerne plus particulièrement les fonctionnaires et employés salariés de l'État, des départements et communes; les artistes et professeurs, les sages-femmes; les cultivateurs et pêcheurs; les ouvriers travaillant chez eux ou chez des particuliers sans compagnons; les vendeurs en ambulance de fleurs, fruits et menus comestibles, etc.

Des réductions de patente sont accordées aux vendeurs en ambulance non exemptés et à tous marchands sous échoppe ou en étalage non permanent; ils ne payent que demi-droit.

Pour les communes de 2.000 habitants et au-dessous, la patente est réduite d'un quart pour les professions de la 6e classe du tableau A et de moitié pour celles des 7e et 8e classes.

Pour la taxe pour fonds de garantie relatifs aux accidents de travail, il est ajouté quatre centimes additionnels au principal de la contribution des patentes des industriels assujettis aux prescriptions de la loi du 9 avril 1898 sur les accidents du travail.

DÉCLARATION DE DÉMÉNAGEMENTS

Trimestre d'Avril à Juillet.

Maison sise à Paris, rue Frochot.
Propriétaire : M.................................

ARTICLE du ROLE.	DÉSIGNATION des IMMEUBLES	Nos D'ORDRE	ÉTAGES	DÉSIGNATION des LIEUX	LOYER	NOMS des LOCATAIRES.
	Rue Frochot, n°	22	1er Etage	Chambre.	100	d'Ellimac.

.... *le* ....

DÉCLARATION DE VACANCES

Trimestre de Janvier à Avril.

Maison sise à Paris, rue Frochot.
Propriétaire : M..............................

ARTICLE du ROLE	DÉSIGNATION des IMMEUBLES	N^{os} D'ORDRE	ÉTAGES	DÉSIGNATION des LIEUX VACANTS	LOYER	NOMS des DERNIERS LOCATAIRES
	Rue Frochot, n°	18	r.-d.-c.	logement	328	Tabard
	Rue Frochot, n°	23	1er	chambre	103	Corton

Le receveur percepteur soussigné, reconnaît avoir reçu de

M.........................*propriétaire, les déclarations conformes au détail énoncé ci-dessus.*

.........................*le*.........................

La patente est exigible pour l'année entière pour tous ceux exerçant au 1er janvier une profession imposable.

La patente peut, en cas de cession, être transférée au successeur, sur demande adressée au préfet dans les trois mois.

La patente n'est due que pour les mois échus en cas de décès, de faillite ou liquidation judiciaire, pourvu que la demande en décharge du surplus soit faite par les intéressés dans les 3 mois de l'événement.

La patente est personnelle et ne peut servir qu'à celui à qui elle est délivrée.

Il existe des taxes aux contributions directes sous forme d'impôts de quotité. Ces droits sont peu importants et perçus au profit de l'État et des communes.

Les taxes au profit de l'État se présentent sous différentes formes:

Taxe des biens de mainmorte, c'est-à-dire des biens immeubles passibles de la contribution foncière appartenant aux départements, communes, hospices, fabriques, séminaires, congrégations religieuses, consistoires, établissement de charité, sociétés anonymes, établissements publics légalement autorisés et toutes les collectivités qui ont une existence propre et qui subissent indépendamment des mutations qui peuvent se produire dans leur personnel, à l'exception des sociétés en nom collectif ou en commandite simple, cette taxe est de 0 fr. 70 par franc du principal de la contribution foncière, plus les 2 décimes ½ auxquels sont soumis les droits d'enregistrement.

La taxe sur les chevaux et voitures frappe :

1o Les voitures suspendues destinées au transport des personnes;

2o Les chevaux, mules et mulets servant à atteler les voitures imposables;

3o Les chevaux, mules et mulets de selle.

Sont exemptés de cette taxe les voitures publiques et les chevaux affectés exclusivement à leur service, les chevaux ou voitures destinés à la vente ou la location; les chevaux et voitures possédés en vertu de règlements administratifs ou militaires; les juments et étalons exclusivement consacrés à la reproduction.

Pour les chevaux et voitures employés au service de l'agriculture ou ceux d'une profession patentée (sauf les professions libérales), la taxe est réduite de moitié.

Celui qui loue une voiture à l'année à un carrossier est tenu d'en acquitter la taxe.

La déclaration des chevaux et voitures doit être faite à la mairie de la commune avant le 15 janvier pour ceux qui en sont possesseurs au 1er janvier et dans les trente jours après l'acquisition ou le changement de commune.

Le contribuable qui passerait outre ces formalités est passible de la double taxe.

LOCALITÉS	PAR VOITURE		PAR CHEVAL de SELLE ou D'ATTELAGE
	A 4 ROUES	A 2 ROUES	
De 5.000 habitants et moins..	10 francs	5 francs	5 francs
De 5.000 à 10.000 habitants..	25 —	10 —	10 —
De 10.000 à 20.000 habitants.	30 —	15 —	12 —
De 20.000 à 40.000 habitants.	40 —	20 —	15 —
De 40.000 et au-dessus.......	50 —	25 —	20 —
Paris.	60 —	40 —	25 —

Pour fonds de non-valeurs, il est ajouté 0 fr. 05 centimes par franc. Un vingtième du principal est attribué aux communes.

LOCALITÉS	2 PLACES	PLUS DE 2 PLACES	PAR CHEVAL VAPEUR
Au-dessous de 10.000 hab.....	20 francs	40 francs	5 francs
De 10.000 à 20.000 habitants.	25 —	50 —	5 —
De 20.000 à 40.000 habitants.	30 —	60 —	5 —
De 40.000 et au-dessus.......	40 —	75 —	5 —
Paris.	50 —	90 —	5 —

La taxe sur les billards publics et privés est annuelle et payable dans le mois de la publication du rôle. La déclaration se fait du 16 octobre au 31 janvier.

Au-dessous de 10.000 habitants	6	francs.
De 10.000 à 50.000 habitants.................	15	—
De 50.000 habitants et au-dessus.............	30	—
Paris..	60	—

D'après la loi du 14 avril 1898, la taxe sur les vélocipèdes était de 6 francs par chaque machine à une place; en plus d'une place, 6 francs par place, plus 0,05 centimes par franc pour fonds de non-valeurs avec augmentation de 0,03 centimes par franc pour frais de perception.

Toute machine doit porter une plaque de contrôle.

Cette taxe est susceptible de changement, actuellement le coût de la plaque est de 3 francs.

Les vélocipèdes destinés à la vente sont exonérés de la taxe, mais non ceux destinés à la location.

Les machines possédées en vertu de règlements administratifs ou militaires sont affranchis de la taxe.

Sous peine de double taxe, la déclaration doit être faite à la mairie avant le 31 janvier ou dans les trente jours à dater de la possession.

La taxe sur les cercles, sociétés et lieux de réunion où se payent des cotisations est basée sur le montant des cotisations et du loyer et est payable dans le mois de la publication du rôle. Pour éviter la double taxe, la déclaration doit être faite avant le 31 janvier.

Des taxes au profit des communes sont aussi prévues, en cas d'insuffisance de leurs ressources ordinaires. Pour l'entretien des chemins vicinaux et ruraux, c'est à l'aide des prestations en nature et de centimes spéciaux.

La taxe sur les chiens ne peut être inférieure à 1 franc ni supérieure à 10; deux tarifs sont applicables, l'un plus élevé pour les chiens d'agrément ou de chasse, l'autre pour les chiens de garde.

Le recouvrement des contributions directes et des taxes assimilées est fait par les soins du percepteur.

Les contributions sont dues pour toute l'année, elles sont exigibles par douzièmes, le 1er du mois précédent, mais les douzièmes échus au moment de la publication des rôles doivent être réglés immédiatement.

Faute de suivre ces prescriptions le contribuable est passible de poursuites.

Il est d'abord envoyé une sommation sans frais, puis après huit jours francs, une sommation avec frais. Après cette dernière viennent les voies d'exécution qui consistent :

Un commandement, fait en vertu d'une contrainte dressée par le receveur particulier et rendue exécutoire par le sous-préfet.

Trois jours après le commandement, la saisie des meubles, et huit jours après, la vente est faite avec l'autorisation du sous-préfet.

La vente ne peut être poursuivie que jusqu'à concurrence du montant des contributions dues et des frais de poursuites.

La prescription, en matière de contributions directes, est de trois ans à partir de la publication des rôles ou des dernières poursuites.

Les réclamations en matière de contributions directes ou taxes assimilées comprennent :

1º Les demandes en décharge ou réduction;

2º Les demandes en remise ou modération.

Donc, celui indûment imposé ou soumis à une taxe trop élevée, peut demander la décharge de sa cote ou une réduction.

Les demandes en décharge ou réduction sont adressées au préfet dans l'arrondissement du chef-lieu et au sous-préfet dans les autres arrondissements, dans les trois mois de la publication des rôles.

Pour chaque nature de contribution, il doit être fait une demande spéciale. Si la demande a pour objet une cote égale ou supérieure à 30 francs, elle doit être écrite sur papier timbré. Si la demande est reconnue fondée, les droits de timbre sont remboursés.

On doit continuer à payer les douzièmes échus au moment de la réclamation et ceux qui écherront pendant les six mois suivants. En cas de non réponse à la réclamation dans les six mois qui suivent, on est autorisé à différer des termes suivants dans la limite de dégrèvement sollicité, si cette intention a été manifestée sur la demande.

Pendant le mois de la publication des rôles, on peut faire sans frais ni formalités la demande en décharge ou réduction à la mairie.

Le contribuable débouté peut déférer l'arrêté au conseil d'État, dans les deux mois de la notification dudit arrêté.

Les demandes en remise ou modération peuvent être motivées par des pertes résultant de cas fortuits, par des vacances totales ou partielles de maisons ou par des chômages d'usines. Ces demandes doivent être présentées dans les quinze jours de l'événement qui y donne lieu.

Les demandes pour pertes par cas fortuits sont affranchies du timbre; celles pour vacances ou chômages y sont soumises pour les cotes supérieures à 30 francs.

Pour obtenir la remise d'impôt foncier, il faut que la vacance d'une maison ait duré un an au moins. Après trois mois de vacance, il peut être accordé une remise de la contribution des portes et fenêtres.

Pour les usines, il faut un chômage de trois mois consécutifs.

Tous les contribuables peuvent enfin solliciter des remises ou modérations, à toute époque de l'année, en les fondant tant sur leur grand âge, le défaut ou l'insuffisance de leurs ressources, que sur leurs charges de famille et manque de travail.

Récapitulation permettant de vérifier sa feuille de contributions.

Le nombre des centimes généraux est fixé annuellement, ils portent sur :

> Propriétés bâties;
> Propriétés non bâties;
> Personnelle mobilière;
> Portes et fenêtres;
> Patentes.

Il en est de même des centimes départementaux et communaux.

Le principal pour contrôler sa feuille de contributions est de connaître :

1º Pour les contributions foncières, personnelle mobilière et des portes et fenêtres, la décomposition de l'imposition communale en principal et en centimes généraux, départementaux et communaux.

2º Pour l'impôt des patentes, le droit fixe et le droit proportionnel en principal afférent à la profession du contribuable et le nombre de centimes généraux, départementaux et communaux à y ajouter.

Ces renseignements se trouvent à la mairie sur les feuilles qui indiquent les rôles de la commune.

Pour la contribution foncière des propriétés bâties on obtient le centime le franc de la façon suivante :

Prenons une commune imposable sur un revenu de 62 480,60.

Principal de l'impôt à raison de 3,20 %................ 1 999

On doit ajouter :

1° Les centimes généraux, calculés sur le principal réel de 1 999. En supposant qu'ils s'élèvent pour l'année à 0 fr. 12 c. 15 plus les centimes pour non-valeurs perçus sur le montant des centimes pour l'instruction primaire soit 0 fr. 08 c. 12 × 0 fr. 03 = 0 fr. 002436 à ajouter à 0 fr. 12 c. 15 = 0 fr. 12 c. 3 936

      1 999 × 0 fr. 12 c. 3936...................... 247,75

2° Les centimes départementaux. En les supposant à 0,50 et calculés sur un principal fictif de 2 215 francs, soit....... 1 107,50

3° 3 centimes pour non-valeurs perçus au profit de l'État sur le produit des centimes départementaux 1 107,50 × 0,03.. 33,23

4° Les centimes communaux. En les supposant à 0 fr. 58 c. 30 et calculés sur le principal fictif de 2 215.............. 1 291,35

5° 3 centimes pour non-valeurs, perçus au profit de l'État sur le produit des centimes communaux 1 291,35 × 0,03... 38,74

6° 3 centimes pour frais de perception sur le total des centimes communaux (4° et 5°) 1 291,35 + 38,74 = 1 330,09 × 0,03.. 39,90

      Total.. 4 757,47

Le montant du rôle de la commune en principal et centimes étant de 4 757,47 et le revenu imposable 62 480,60, le centime le franc sera 4 757,47 : 6 2480,60 = 0 fr. 07 c. 614.

Donc, une personne possédant une maison ayant comme valeur locative 400 francs, paiera sur les trois quarts de 400, soit 300 × 8 fr. 07 c. 614 = 22 fr. 84.

Pour la contribution foncière des propriétés non bâties, prenons comme exemple un revenu cadastral d'une commune de 18 132 fr. 47, le contingent en principal réel de 4 132 francs et en principal fictif de 4 125 francs.

Au principal de 4 132 fr., il faut ajouter ci.............   4 132, »

1° Les centimes généraux, s'élevant une supposition à 0 fr. 11c. 235 ; 4 132 × 0,11 235.........................   464,23

2° Les centimes départementaux, s'élevant une supposition à 0,50 ; 4 125 × 0,50.............................   2 062,50

3° 2 c. 5 pour non-valeurs sur le produit des centimes départementaux, 2 062,50 × 0,025......................   51,56

4° Les centimes communaux s'élevant une supposition à 0 fr. 58 c. 30 ; 4 125 × 0,583.........................   2 404,88

5° 2 c. 5 pour non-valeurs sur le produit des centimes communaux, 2404,88 × 0,02.........................   60,12

6° 3 c. pour frais de perceptions sur le total des centimes communaux, 2 404,88 + 60,12 = 2 465,00 × 0,03......   73,95

7° Les réimpositions, s'il y en a, comme supposition.....   87,25

Total......................................   9 336,49

Cette somme représente le contingent de la commune en principal et centimes. Le centime le franc sera 9 336,49 : 18 132,47, soit 0 fr. 51 c. 490.

Donc un contribuable devra payer selon le revenu cadastral 0 fr. 51 c. 490 par franc. Si le revenu cadastral est de 150 francs par exemple, il devra payer 150 × 0,5149, soit 77 fr. 24.

Pour la contribution personnelle mobilière, on opère de la même façon. En supposant un contingent s'élevant à 5 230,12 en principal, augmenté des six séries des centimes ci-dessus et des réimpositions, on aura à diminuer de cette somme le prix de la taxe personnelle fixée à 1 fr. 80 par habitant par le Conseil général. Si, dans une commune, 332 habitants sont passibles de cette contribution, on aura :

$$5\ 230,12 - (1,80 \times 332 \text{ hab.}) = 4\ 632,52.$$

Ces 4 632,52 sont à répartir sur les loyers matriciels d'habitation. Si le montant est 5 318 francs, le centime le franc ressortira à 4 632,52 : 5 318 soit 0,87 c. 110.

Donc un contribuable devant être imposé de la cote personnelle et sur un loyer matriciel, supposons de 25 francs, il aura à payer :

$$
\left.\begin{array}{ll}
\text{1 cote personnelle} \dots\dots\dots\dots\dots\dots & 1,80 \\
\text{Contribution mobilière } 25 \times 0,8711\dots & 21,78
\end{array}\right\} 28,58
$$

La contribution des portes et fenêtres est un impôt de répartition, c'est-à-dire un impôt dont le produit est fixé à l'avance pour chaque commune; pour la répartition individuelle, on fait subir au tarif légal les modifications en plus ou en moins pour remplir les contingents.

Admettons qu'une commune de moins de 5.000 habitants ait un contingent en principal et centimes, calculés d'après les éléments indiqués ci-dessus, de 3 602 fr. 15 cent., et que les ouvertures imposables soient 25 portes cochères; 3 122 ouvertures ordinaires; 3 maisons à une ouverture; 19 maisons à 2 ouvertures; 49 à 3 ouvertures; 65 à 4 ouvertures et 51 à 5 ouvertures.

L'application du tarif légal donnera :

$$
\begin{array}{rll}
25 & \text{— à } 1,60\dots\dots\dots & 40,00 \\
31\ 22 & \text{— à } 0,60\dots\dots\dots & 2\ 173,20 \\
3 & \text{— à } 0,30\dots\dots\dots & 0,90 \\
19 & \text{— à } 0,45\dots\dots\dots & 8,55 \\
49 & \text{— à } 0,90\dots\dots\dots & 44,10 \\
65 & \text{— à } 1,60\dots\dots\dots & 104,00 \\
51 & \text{— à } 2,50\dots\dots\dots & 127,50 \\
\hline
 & & 2\ 498,25
\end{array}
$$

Comme on s'en aperçoit, cette somme étant inférieure au montant du rôle, il faut rehausser les taxes du tarif légal suivant un coefficient donné par 3 602,15 : 249,25 soit 1 fr. 44 c. 186.

Donc un contribuable imposé pour une ouverture à 1,60, huit ouvertures à 0,60, aura à régler :

$$
\left.\begin{array}{ll}
1,60 \times 1,44\ 186\dots\dots\dots\dots\dots\dots & 2,31 \\
8 \times 0,60 \times 1,44\ 186\dots\dots\dots\dots\dots & 6,92
\end{array}\right\} 9,23
$$

Les calculs sur les contributions des patentes se font de la même façon :

$$
\left.\begin{array}{l}
\text{Droits} \\
\text{en} \\
\text{principal}
\end{array}\right\{
\left.\begin{array}{l}
\text{Droit fixe de la classe}\dots\dots\dots\dots\dots\dots \\
\text{Droit proportionnel sur une valeur} \\
\quad\text{locative de}\dots\dots\ \text{au taux de}\dots\dots
\end{array}\right\} A
$$

Centimes additionnels :

1. — Centimes généraux..............
2. — Départementaux ....
3. — Pour non-valeurs (0,05 sur les centimes départementaux).....
4. — Communaux ....
5. — Pour non-valeurs (0,05 sur les centimes communaux).........
6. — 0,03 × (les centimes communaux + les non-valeurs des centimes communaux)...........

Soit B =................. ....fr. ....c. ....

Par franc du principal

On multiplie A par B que l'on ajoute à A

On obtient ainsi la somme à payer.
Prenons comme exemple :

Centimes additionnels :

1. — Généraux...................... 0,47 915
2. — Départementaux............... 0,40
3. — Non-valeurs (0,05 × 0,40)............. 0,02
4. — Communaux 0,53 4
5. — Non-valeurs (0,05 × 0,534)............. 0,02 67
6. — Frais de perception (0,534 + 0,0267) × 0,03. 0,01 682

B = ... 1,47 667

Si A = Droit fixe de 5e classe, 7 francs, plus un droit proportionnel sur une valeur locative de 160 francs au 30me = 5,34 soit 12 fr. 34.

On aura A =............................ 12,34
B = 12,34 × 1,47 667 = ... 18,22

Au total........................... 30,56

DU CONGÉ

DU CONGÉ. — *Formule de congé amiable.* — *Qu'est-ce qu'un congé.*
— *Quand il y a lieu de donner congé.* — *Époques auxquelles le
congé doit être donné.* — *Comment est donné le congé.* — *Congé par
huissier.* — *Des effets du congé.* — *Remise des lieux loués.* — *Expulsion du locataire.*

Le congé est la détermination par laquelle un locataire ou un
propriétaire fait savoir à l'autre que la location cessera à une époque
déterminée.

Lorsqu'il y a un bail par écrit et que la location est faite pour un
temps déterminé, il n'est pas nécessaire de donner congé à la fin du
bail; la fixation du terme dans l'écrit tient lieu de congé.

Quoique le bail soit écrit, le congé est nécessaire si la location est
faite pour différents termes auxquels chacune des parties peut la
faire cesser, par exemple, si elle est faite pour trois, six ou neuf
années.

Le bail des héritages ruraux, fait sans écrit, cesse de plein droit,
sans qu'un congé soit nécessaire, à l'expiration du temps pour lequel
il est censé fait, c'est-à-dire jusqu'au moment où le fermier recueille
tous les fruits de l'héritage affermé.

Le bail de ferme, d'un pré, d'une vigne et de tout autre fonds dont
les fruits se recueillent en entier dans le cours de l'année, est censé
fait pour un an.

Le congé est nécessaire quand le bail d'une maison ou d'un

Année 19............

CONGÉ

—•O•—

M ....

Remise des Lieux

Le .... 189....

Avant Midi

OBSERVATION ESSENTIELLE

Tout propriétaire ou principal locataire est responsable envers le receveur des contributions du montant des impositions de chacun de ses locataires particuliers.

En conséquence, nul locataire ne peut déménager avant d'avoir justifié au propriétaire ou principal locataire, et par une quittance en forme du receveur, qu'il a payé toutes ses contributions.

De même, un locataire ne peut déménager avant d'avoir reçu ou donné dans les délais prescrits un congé régulier ni avant d'avoir fait faire toutes les réparations locatives qui sont à sa charge suivant l'usage ou d'après l'état des lieux.

Le locataire ne peut céder son bail ni louer, ni sous-louer sans l'autorisation écrite du propriétaire.

Par ordonnance de police, il est défendu de mettre aux croisées des cordes, du linge ou des pots de fleurs.

Les soussignés, M .... *d'une*

Maison sise à ....

Et M .... *locataire dans ladite Maison,*

déclarent se mutuellement DONNER CONGÉ *pour le* ....

prochain d'un .... *occupé* ....

par M ....

En conséquence, M .... *locataire,*

promet de quitter lesdits lieux et s'oblige à les rendre libres et en remettre les clefs

ledit jour, avant midi, et ce, après s'être préalablement conformé aux obligations

énoncées ci-contre.

Fait double à .... *le* .... *189....*

LE LOCATAIRE,   LE PROPRIÉTAIRE,

appartement est fait sans écrit ; dans ce cas, le congé est donné à l'époque qui est en usage dans la localité.

L'usage à Paris de donner les congés sont à six semaines pour les logements de 400 francs et au-dessous :

Le 14 février pour le 1er avril ;
Le 14 mai pour le 1er juillet ;
Le 14 août pour le 1er octobre ;
Le 14 novembre pour le 1er janvier ;

A trois mois d'avance pour les appartements au-dessus de 400 fr. :

Le 31 mars pour le 1er juillet ;
Le 30 juin pour le 1er octobre ;
Le 30 septembre pour le 1er janvier ;
Le 31 décembre pour le 1er avril ;

A six mois, pour une maison, un corps de logis entier ou une boutique :

Le 31 mars pour le 1er octobre ;
Le 30 juin pour le 1er janvier ;
Le 30 septembre pour le 1er avril ;
Le 31 décembre pour le 1er juillet ;

L'usage est d'accorder au locataire huit jours au-delà du terme pour les logements de 400 francs et au-dessous, et quinze jours pour les locaux au-dessus de 400 francs, ce pour donner le temps de déménager et de faire les réparations locatives. Les clefs doivent être remises le 8 ou le 15 du mois, à midi, ou la veille, si ce huitième ou quinzième jour est férié.

Le délai de six mois d'avance doit être observé par le propriétaire pour donner congé à un juge de paix, à un commissaire de police, un instituteur ou autres personnes qui, par leur profession, sont assujetties à demeurer dans un quartier déterminé ; mais ces personnes ne sont pas tenues, de leur côté, de donner congé six mois d'avance ; elles profitent, vis-à-vis du propriétaire, des délais les plus courts usités pour tout le monde.

Quel que soit le prix d'un appartement au-dessus de 400 francs, le délai de trois mois est suffisant. Ainsi, pour un appartement de

16 000 francs, on donnera congé le 31 mars, pour quitter les lieux le 15 juillet suivant.

Tout congé donné après l'époque voulue par l'usage, fait que la location dure un terme entier de plus.

Lorsque le bailleur s'est réservé la faculté d'expulser le locataire ou fermier en cas de vente, le congé doit être donné selon l'usage des lieux, et quand il s'agit de biens ruraux, au moins un an d'avance.

Quand le propriétaire craint que le preneur ne quitte pas les lieux à la fin du bail écrit, il lui fait signifier un congé, ce dernier n'est pas assujetti aux délais d'usage et peut être signifié après l'expiration du terme.

Le congé étant considéré comme un acte d'administration, peut être valablement donné et accepté par celui qui a la simple administration de la propriété louée.

D'après la délibération prise par la Chambre des huissiers du département de la Seine, le 23 avril 1844, les congés sont donnés pour ce département :

Arcueil. — Pour les maisons, boutiques, appartements, etc., comme à Paris ; pour les maisons et habitations de cultivateurs, le 10 mai pour le 11 novembre.

Bel-Air. — Les locations des maisons et logements faites d'avril en avril, congés trois mois avant l'expiration.

Charenton. — Les maisons, boutiques, appartements, etc., comme à Paris ; les magasins au-dessus de 300 francs, six mois ; les magasins de 300 francs et au-dessous, trois mois ; les jardins loués d'avril en avril, six mois.

Chevilly. — Maisons et logements, six mois. — Les pièces de terre et vignes, le 10 novembre pour le 11 novembre. (Le congé n'est nécessaire, dans le louage des biens ruraux, que pour éviter la tacite reconduction ; en conséquence, il suffit qu'il soit donné ou reçu la veille de l'expiration de la location.)

Choisy-le-Roy. — Comme à Arcueil.

Fresne. — Comme à Chevilly.

Gentilly. — Comme à Arcueil.

Ivry. — Comme à Arcueil.

Lehay. — Comme à Chevilly.

Nanterre. — Logements d'ouvriers ou personnes en chambre, de terme en terme, à trois mois.

Neuilly. — Maisons entières, corps de logis, boutiques, appartements, etc., comme à Paris ; maisons et logements avec jardin, d'avril en avril, à six mois ; maisons et logements de blanchisseurs, à six mois.

Orly. — Comme à Chevilly.

Pantin. — Maisons entières, corps de logis, boutiques, etc., à six mois ; appartements dont les loyers excèdent 400 francs, à trois mois ; logements de 400 francs et au-dessous, à 6 semaines ; maisons et logements avec jardin, d'année en année, même délais que pour les locations sans jardin ; maisons et habitations de cultivateurs, de la Saint-Martin à la Saint-Martin, le 10 mai ; magasins et chantiers, comme à Paris ; pièces de terre, vignes, le 10 novembre pour le 11 novembre (Saint-Martin).

Rungis. — Comme à Chevilly.

Saint-Denis. — Maisons entières, corps de logis, boutiques ou appartements au rez-de-chaussée, à trois mois ; appartements avec jardin ou cellier, bûcher, cabane à lapins par bas, écurie ou cave, à trois mois ; appartements, quelle que soit l'importance du loyer, lorsqu'il n'y a rien par bas, six semaines ; pièces de terre, vignes, le 10 novembre pour le 11 novembre (Saint-Martin).

Thais. — Comme à Chevilly.

Sceaux. — Maisons entières, boutiques, appartements, etc., comme à Paris ; maisons ou habitations avec terres, avant le 11 mai, pour le 11 novembre ; pièces de terre, vignes, le 10 novembre pour le 11 novembre.

Villejuif. — Comme à Chevilly.

Vincennes. — Maisons, boutiques, appartements, etc., comme à Paris ; maisons et habitations de cultivateurs, dont les loyers sont payables de six mois en six mois, à trois mois ; maisons et habitations de cultivateurs, dont les loyers sont payables en quatre termes, à six mois.

Vincennes (Parc de). — Comme à Bel-Air.

Vitry. — Comme à Chevilly.

Pour les départements autres, il faut se conformer aux usages de l'endroit, ici nous ne citons que ceux dont l'usage a été connu par des jugements rendus.

Dans l'AUVERGNE. — Durée des baux, un an; congés, six mois.

Dans le BÉARN. — Durée des baux une année; congés, trois mois avant l'expiration de l'année et six mois s'il s'agit d'un magasin ou de boutique.

Dans le BOURBONNAIS. — Durée des baux un an, congés trois mois avant la fin de la location.

En FRANCHE-COMTÉ. — Congés, six mois pour les magasins ou appartements de 400 francs et au-dessus; pour les locaux inférieurs à cette somme, trois mois.

En LORRAINE. — Délai du congé, trois mois.

En NORMANDIE. — Les délais ne sont pas uniformes; on doit faire insérer sur le bail à quelle date, on doit avertir pour faire cesser la location.

Dans le POITOU. — Congés, six mois pour une maison avec ou sans boutique; trois mois pour une portion de maison ou un corps de logis séparé. Les époques pour signifier les congés sont les fêtes de Notre-Dame de mars (25 mars), Saint-Jean-Baptiste (24 juin), Saint-Michel (29 septembre), Noël (25 décembre).

Dans la TOURAINE. — Congés, six mois pour une maison entière ou une auberge et trois mois pour un appartement; les époques pour signifier les congés sont les mêmes que ci-dessus (dans le Poitou).

ALBI. — Pour les appartements ou chambres au mois, 15 jours d'avance; pour les loyers de six mois ou un an, trois mois avant l'expiration du bail.

BLOIS. — Locations verbales d'une année; elles vont de Noël à Noël ou de la Saint-Jean à la Saint-Jean.

BORDEAUX. — Le congé doit être accepté ou signifié trois mois d'avance. Le délai de trois mois ne court pas du jour de l'expiration du congé, mais seulement de celui auquel le terme suivant commencera.

BREST. — Dans l'arrondissement de Brest, les congés doivent être signifiés au plus tard le 1er février pour le 1er avril ou le 21 juillet pour le 29 septembre.

CASTRES. — Six mois pour les maisons ou partie de maison d'un loyer annuel de 300 francs ou au-dessus, pour une maison ou portion de maison avec boutique de marchand, ou seulement d'une boutique de marchand, d'un loyer de 200 francs, ou moins. Si le loyer de la maison ou portion de maison avec boutique ou atelier d'artisan n'est que de 120 francs, le délai de congé est de trois mois; si le loyer est de 150 francs, le délai est de quatre mois. Le délai est de deux mois pour un loyer de 100 francs par an, pour l'occupation de quelques chambres avec atelier d'artisan; d'un mois et demi, si le prix de la location ne dépasse pas 80 francs par an.

Pour les chambres garnies, louées à tant par mois, quel que soit le prix du loyer, le délai est de 15 jours.

Grenoble. — Congé donné avant le 1er février pour sortir le 14 septembre suivant.

Lyon. — Les termes de loyers sont à la Saint-Jean (24 juin) et à la Noël (24 décembre). — Congés des appartements, trois mois d'avance; pour les magasins et locaux destinés au commerce, six mois d'avance.

Marseille. — Congés donnés le 15 mai, pour sortir à la Saint-Michel (29 septembre suivant).

Melun. — Congés donnés trois mois d'avance.

Nantes. — Congés signifiés trois mois avant la Saint-Jean au plus tard, sans distinction de prix ou de location. La notification du congé doit être faite le 24 mars au plus tard.

Orléans. — Les locations verbales commencent et expirent à la fête de la Saint-Jean-Baptiste; elles s'éteignent de plein droit une année après, sans qu'il soit besoin de donner congé.

Rennes. — Baux d'une année, de la Saint-Jean-Baptiste à la Saint-Jean-Baptiste, ils ne cessent pas de plein droit; pour faire cesser la location, il faut faire accepter ou signifier le congé, trois mois avant l'expiration de l'année.

Toulouse. — Congés, six mois d'avance.

Versailles. — Comme à Paris.

Lorsque les parties ne sont pas d'accord, le congé doit être signifié par huissier; c'est la partie qui fait signifier qui doit en supporter et payer les frais. Si le locataire est redevable d'un ou plusieurs termes de loyer, et que le propriétaire lui fasse signifier son congé par huissier, les frais de congé sont à la charge du locataire.

Le congé a pour effet de résoudre la location, ce, quand il a été valablement donné, c'est-à-dire lorsqu'il est accepté par celui qui l'a reçu.

Le preneur qui a reçu ou donné congé est obligé de laisser visiter les lieux qu'il occupe. Le refus de laisser les clefs au propriétaire ou à celui qui le remplace peut donner lieu à des dommages et intérêts contre le preneur.

Le jour où expire le bail dont la durée a été fixée, ou les délais de congé, à midi au plus tard, le locataire doit remettre les clefs du local qu'il occupait, au propriétaire ou à son représentant. Il doit y avoir fait faire toutes les réparations locatives ou autres dont il est tenu. Il doit justifier du paiement des loyers échus et de l'acquit de ses contributions. Faute de satisfaire à ces conditions, le propriétaire peut s'opposer à l'enlèvement du mobilier.

Voyez à ce sujet le chapitre « réparations locatives ».

En cas de contestation relative à la sortie et à la remise des lieux, la procédure la moins coûteuse est la suivante :

Le juge de chaque justice de paix de Paris tient une audience spéciale les jours d'échéances des termes des petites locations (les 8 janvier, avril, juillet et octobre), et lorsque le locataire qui a reçu congé refuse de sortir des lieux à midi, le juge de paix autorise le propriétaire, sur sa demande et en vertu de l'article 6 du Code de procédure civile, de l'assigner dans le jour et à l'heure indiqués pour son audience spéciale. L'assignation est donnée de suite par l'huissier audiencier du juge de paix; le jugement est rendu le même jour exécutoire par provision sur minute et avant l'enregistrement, attendu l'urgence. Le jugement commet l'huissier qui a donné l'assignation, pour procéder à l'expulsion, et le tout est exécuté dans le même jour.

Si c'est le propriétaire qui se refuse à laisser le locataire quitter les lieux, ce dernier l'assignera immédiatement devant le juge de paix.

Pour les loyers supérieurs à 400 francs, on assigne en référé, c'est-à-dire, devant le président du tribunal de première instance ou le juge qui le remplace, qui ordonne sans délai ni autre procédure que le propriétaire sera tenu de le laisser sortir, et qu'en cas de résistance de sa part, le locataire est autorisé à se faire assister de la force armée.

Si c'est le propriétaire qui fait assigner le locataire en référé, et si le locataire ne conteste pas la validité du congé, le président du tribunal de première instance, ou le juge qui le remplace, ordonne l'expulsion du locataire et permet en cas de refus d'ouvrir, de faire ouvrir par un serrurier, en présence du juge de paix ou du commissaire de police. Une fois les portes ouvertes, l'huissier fait commandement d'exécuter l'ordonnance de référé et, en cas de refus, il l'exécute lui-même, en expulsant le locataire et en mettant ses meubles sur le carreau. Si le locataire ne payait pas, on ferait saisir et séquestrer les meubles. Si le paiement est effectué et que les réparations locatives ne soient pas faites, l'huissier dresse un état de ces réparations, et le somme de les faire exécuter sur-le-champ, ou de laisser une somme suffisante à cet effet. En cas de refus, le locataire sera assigné en référé devant le juge qui ordonnera que, faute d'obéir, les meubles seront séquestrés.

Pour les questions plus complètes au sujet des congés, il est utile de consulter des ouvrages spéciaux sur ce sujet, tels Frenny-Ligneville, Aguel et Carré ainsi que d'autres également sérieux.

COMPTABILITÉ DES PROPRIÉTAIRES

COMPTABILITÉ DES PROPRIÉTAIRES. — Feuille de rapport trimestriel. — Résumé des charges. — Centralisation. — État récapitulatif des vacances. — Versement à faire aux contributions. — Bordereau des sommes dues. — Bordereau des concierges. — Bordereau des loyers. — Feuille pour le règlement des entrepreneurs. — Bon de ramonage. — Bulletin de renseignements. — Feuille de location pour les concierges. — Feuille des locations à faire.

FEUILLE DE RAPPORT TRIMESTRIEL

Compte de M ....

1er Trimestre .... Année .... Terme de Janvier à Avril

Maison sise à Paris, rue.., Nº ....

NUMÉROS DE LOCATION	NOMS des LOCATAIRES	LOYER ANNUEL charges COMPRISES		TERME		EXTINCTION		VACANCES		SOMMES payées pour LE TERME		ARRIÉRÉ REÇU	à RECEVOIR		OBSERVATIONS
1	Concierge.	»	»	»	»	»	»	»	»	»	»	»	»	»	
2	Galerne.	1 038	»	259	50	»	»	»	»	259	50	»	»	»	
3	[illegible]	[illegible]	[illegible]	[illegible]	[illegible]					[illegible]	[illegible]				
4	Perruchi.	2 174	40	543	60	»	»	»	»	543	60	»	»	»	
5	Gensberger.	990	20	247	55	»	»	»	»	247	55	»	»	»	
6	Gauthier.	1 262	40	315	60	»	»	»	»	315	60	»	»	»	
7	Segaut.	1 250	40	312	60	»	»	»	»	312	60	»	»	»	
8	Sonnette.	1 358	»	339	50	»	»	»	»	339	50	»	»	»	
9	Schulz.	1 562	40	390	60	»	»	»	»	390	60	»	»	»	
10	Effa.	1 369	60	342	40	»	»	»	»	342	40	»	»	»	
11	Dihau.	1 003	60	250	90	»	»	»	»	250	90	»	»	»	
12	Lemoine (L.).	1 398	80	349	70	»	»	»	»	349	70	»	»	»	
13	Lemoine (A.).	822	80	205	70	»	»	»	»	205	70	»	»	»	
14	Lemoine (A.).	2 218	»	554	50	»	»	»	»	554	50	»	»	»	
15	Bergon.	1 260	40	315	10	»	»	»	»	315	10	»	»	»	
16	Avec 14.	»	»	»	»	»	»	»	»	»	»	»	»	»	
17	Paraut.	412	60	103	15	»	»	»	»	103	15	»	»	»	
18	Vacant.	328	40		»	»	»	82	10	»	»	»	»	»	Loué à Raveton.
19	Avec 12.	»	»		»	»	»	»	»	»	»	»	»	»	
20	Avec 14.	»	»	»	»	»	»	»	»	»	»	»	»	»	
21	Dardy.	103	60	25	90	»	»	»	»	»	»	25,90	25	90	
22	D'Ellimac.	100	40	»	»	25	10	»	»	»	»	»	»	»	Congé.
23	Vacant.	103	40	»	»	»	»	25	85	»	»	»	»	»	Loué à Pougé.
24	Avec 14 et 16. ...	»	»	»	»	»	»	»	»	»	»	»	»	»	
		19 515	60	4 745	85	25	10	107	95	4 719	95	25,90	25	90	

DATES		DÉTAIL DES RECETTES ET DÉPENSES	RECETTES		DÉPENSES	
Mars..	15	Loyer d'avance Raveton.............................	82	10	»	»
— ..	31	Payé le règlement du Mémoire de plomberie Elsolz.......	»	»	325	»
Avril...	1	Loyer d'avance Pougy.................................	25	85	»	»
— ..	8	Encaissement des petits loyers (arriéré)................	25	10	»	»
— ..	15	Encaissement des loyers.............................	4.719	95	»	»
— ..	16	Déclarations verbales pour l'année....................	»	»	39	85
— ..		[illegible]	»	»		
— ..	16	Consommation du gaz, premier trimestre...............	»	»	292	»
— ..	16	Réglé serrurier Dubois, graissage des boutiques année précédente..	»	»	60	»
— ..	16	Déclaration de vacances, avril à juillet.	»	»	0	70
— ..	16	Timbres { quittances. .... 1,60 / poste. .... 1,30 / pour engagement local............. 2,40	»	»	5	30
— ..	16	Payé les gages du concierge, premier trimestre...........	»	»	100	»
— ..	16	Fournitures pour le concierge.........................	»	»	10	25
— ..	16	Frais de gestion.....................................	»	»	237	75
		Solde créditeur à ce jour.............................	»	»	3,133	15
			4.853	00	4.853	00
Avril...	17	A nouveau..	4.853	00		

RÉSUMÉ DES CHARGES

ANNÉE 1895

Maison sise à Paris, rue de l'Université, n° ....

Propriétaire ....

DÉSIGNATION	SOMMES
Impôts — Foncier	657,38
Impôts — Des portes et fenêtres	219,72
Impôts — Droit proportionnel	15 »
Impôts — Enregistrement	» »
Impôts —	» »
Impôts — Déclaration de vacances	2,40
Impôts — Timbres	» »
Impôts — Balayage	55,06
Impôts — Curage des égouts	» »
Vidange des fosses	» »
Eau	55,10
Gaz	259 »
Primes d'assurances	40,70
Gages des concierges, fournitures, étrennes et gratifications	165, »
Entretien et réparations obligatoires	2 300, »
Entretien et réparations locatives	225,45
Divers frais de gestion	» »
Honoraires de gestion	365,30
....	» »
Divers : Achat d'une boîte à ordures	15,05
TOTAL	4 375,16
Estimation du local du concierge (pour mémoire)	300, »
Non valeurs — Pertes	» »
Non valeurs —	» »
Non valeurs — Vacances	» »
Diminution des loyers	58, »
Loyers arriérés	» »
TOTAL BRUT	4 733,16
A déduire pour dégrèvement d'impôts	29,42
TOTAL NET	4 703,74

Valeur de l'Immeuble : 225 000 *francs.*

Soit, pour % : 2,090 *net pour charges.*

CENTRALISATION

ANNÉE 1895.

Maison sise à Paris, rue de l'Université, n°   .

Propriétaire_______________________

PAIEMENTS		RECETTES Partielles	RECETTES Totales
de janvier à avril	Au terme............	3 042 »	
	Charges remboursées..	239,05	
	Loyers par extinction.	» »	
	Charges —	» »	
	TOTAL............		3 281,05
d'avril à juillet	Au terme............	3 100 »	
	Charges remboursées..	239,05	
	Loyers par extinction.	» »	
	Charges —	» »	
	TOTAL............		3 339,05
de juillet à octobre	Au terme............	3 100 »	
	Charges remboursées..	239,05	
	Loyers par extinction.	» »	
	Charges —	» »	
	TOTAL............		[illegible]
d'octobre à janvier	Au terme............	3 433,75	
	Charges remboursées..	239,05	
	Loyers par extinction.	» »	
	Charges —	» »	
	TOTAL............		3 672,80
Montant des loyers encaissés....			13 631,95
Déduire les charges du propriét^re.			4 375,16
RESTE............			9 256,79
A ajouter	Dégrèvement d'impôts. Remb. pour réparat... Divers.............		29,42
REVENU NET......			9 286,21

Capital (Valeur de l'immeuble) 225 000.

Intérêts.

Revenu brut (loyers encaissés) p. % 6,058 du capital.
Charges du 34,05 % du revenu brut.
—   2,09 % du capital.
Revenu net p. % 4,127 du capital.

Nota. — Pour l'établissement des comptes, les charges remboursées par les locataires doivent être comprises comme une augmentation de loyer.

BALANCE DES COMPTES

ESTIMATION DES LOYERS
Soit pour %, 5/644 *du capital.*

	RECETTES Partielles	RECETTES Totales	DÉPENSES
Revenu net..........	9 286,21		
Ajouter les charges....	4 733,16		
TOTAL...		14 019,37	
Dégrèvement d'impôts.	29,42		
Plus-value des loyers..	956,20		
TOTAL...		985,62	
RESTE...		[illegible]	
Pour mémoire:........	300 »		
Portes.........			
Vacances......			
Diminution des loyers.	58 »		
Divers (loyer d'avance).			333,75
TOTAL....		333,75	
Rappel de l'estimation des loyers..........		12 700 »	

OBSERVATION

L'estimation des loyers étant de.......... 12 700   »
Le revenu net de..................... 9 286,21
La différence totale est de.............. 4 413,79

Cette différence représente p. % 26,88 sur le chiffre de l'estimation des loyers de l'année.

CAMILLE SICRE, architecte-expert, administrateur d'immeubles.

ETAT récapitulatif des vacances ....

.... *à la date du* ....

Nᵒˢ D'ORDRE	DÉSIGNATION des IMMEUBLES	ÉTAGES	DÉSIGNATION des LIEUX	LOYER	OBSERVATIONS	
					DATE DE LA VACANCE	DATE DE LA LOCATION

LA GÉRANCE POUR TOUS

COMPTABILITÉ DES PROPRIÉTAIRES

Versement du _________________ applicable aux immeubles ci-dessous :

DÉSIGNATION des IMMEUBLES	FONCIER	PORTES et FENÊTRES	TIMBRES	CADASTRE	BALAYAGE	CURAGE D'ÉGOUT	DIVERS	OBSERVATIONS

TOTAUX. . . .

RÉCAPITULATION

	VERSEMENT	TOTAL
Foncier		
Portes et Fenêtres		
Timbres		
Cadastre.		
Balayage.		
Curage d'égout.		
Divers.		
TOTAL.		

CAMILLE SICRE, architecte=expert, administrateur d'immeubles

BORDEREAU des Sommes dues pour le .... *trimestre*
.... *à payer du 1ᵉʳ au 15* ....

NOMS	PROFESSION	SOMMES RÉCLAMÉES	RÉGLEMENT	ACOMPTES REÇUS	SOMMES ACCORDÉES	OBSERVATIONS

Bordereau des Concierges. ___ Trimestre 19___ Montant___

NUMÉROS D'ORDRE	DÉSIGNATION des IMMEUBLES	NOMS	GAGES trimestriels	FOURNITURES	A COMPTES	SOMMES PAYÉES	DATE du PAIEMENT POUR SOLDE

Bᵉᵃᵘ N°___ *État des loyers* ___ Terme d___ à___

NUMÉROS D'ORDRE	DÉSIGNATION des LIEUX LOUÉS	NOMS des LOCATAIRES	PROFESSION	REVENU BRUT		REMBOURSEMENT d'avance		MONTANT à PAYER	NON-VALEUR	PAYEMENT par extinction des loyers payés d'avance	DATE DU PAYEMENT	OBSERVATIONS
				LOYER ANNUEL	TERME	Portes et fenêtres	Enregistrement et timbres					

CAMILLE SICRE, ARCHITECTE

Monsieur ....

DÉSIGNATION	MONTANT DES MÉMOIRES			ACOMPTES					SOLDE à PAYER	OBSERVATIONS
	en demande	réglés	après rabais	1er	2e	3e	4e	TOTAUX		

No ______

BON DE RAMONAGE

LOCATAIRE : ....

IMMEUBLE : ....

ÉTAGE : ....

Je certifie que le fumiste du propriétaire a ramoné dans

les lieux que j'occupe .... cheminées.

Paris, le .... 191......

LE FUMISTE,   LE LOCATAIRE,

Nota. — *Le ramonage étant au compte des locataires, ils sont invités à porter avec soin sur ce bulletin le nombre exact des cheminées qui existent dans les lieux qu'ils occupent.*

A LOUER

dans la maison située

(**CONCIERGE DU N°** __________)

CONDITIONS:

———

*Tous les loyers sont payables d'avance,
avant d'entrer.*

*Ce payement d'avance est imputable
sur le dernier terme de jouissance.*

*Les locations ne peuvent être faites
qu'au bureau de M. Sicre, 28, rue
Monsieur-le-Prince.*

Les charges comprennent:

———

L'impôt des portes et fenêtres.
Le droit d'enregistrement.
Les timbres de quittances.
et divers.

N° D'ORDRE	ÉTAGE	DÉSIGNATION			PRIX pour L'ANNÉE	PRIX PAR TRIMESTRE			LOUÉ
		APPARTEMENT	LOGEMENT	NOMS		LOYER	CHARGES	MONTANT A PAYER en ENTRANT	

FORMULE R

BULLETIN DE RENSEIGNEMENTS POUR LE N°....................

NOM : ....   ADRESSE : ....

Profession :	Marié : ....
ou Employé :	Combien d'enfants : ....
Prix du loyer annuel :	Paie-t-on régulièrement : ....
Depuis quand habite-t-on :	Quel est le mobilier : ....

Pourquoi quitte-t-on : ....

....

Quelle réputation dans le quartier	Observations
....	....
....	....
....	....

date des renseignements, le .... 19.........

(Loyer annuel : ....
{ Contributions : ....
(Par trimestre : ....

Signature :

Locations à faire pour le terme de ______________

MAISONS	ÉTAGE					COMPOSITION											MOUVEMENT		ESTIMATION ANNUELLE	LOCATIONS A FAIRE			ESTIMATION TRIMESTRIELLE			LOCATIONS FAITES				LOCATIONS restant à faire	LOCATAIRES	OBSERVATIONS	Nombre de locations à faire
	Boutique	Appartement	Logement	Chambre et Cuisine	Chambre	Antichambre	Cuisine	Salle à manger	Salon	Chambre à coucher	Cabinet de toilette	Cabinet de dégagement	Water-closet	Glaces	Cheminées	Caves	Libre	Emménage		VACANCES	Payements par extinction — congé 3 mois	congé 6 semaines	PRIX	CHARGES	TOTALE et LOCATIONS A FAIRE	LOUÉ à ______	POUR le TERME	PRIX CONSENTIS	DATE des VERSEMENTS				
																																	1
																																	2
																																	3
																																	4
																																	5
																																	6
																																	7
																																	8
																																	9
																																	10
																																	11
																																	12
																																	13
																																	14
																																	15
																																	16
																																	17
																																	18
																																	19
																																	20
A reporter																																Tournez S. V. P.	

LOCATIONS RESTANT à FAIRE		LOCATAIRES	OBSERVATIONS	Nombre de locations à faire
				21
				22
				23
				24
				25
				26
				27
				28

RÉPARATIONS LOCATIVES

RÉPARATIONS LOCATIVES. — Menu entretien mis à la charge du locataire. — Abus de l'une des parties. — Utilité d'un état des lieux. — A qui incombe les frais d'un état des lieux. — Ce que coûte un état des lieux. — Modèles d'états des lieux. — Articles 1.159, 1.382, 1.383, 1.386, 1723, 1724, 1.729, 1.730, 1.731, 1.732, 1.735, 1.754, 1.755, 1.756 du Code civil. — Énumération des réparations locatives.

Menus entretiens à la charge du Locataire.

(Extrait du *Dictionnaire d'Architecture*, du même auteur.)

Dans le but d'éviter les diverses difficultés pouvant résulter des rapports entre propriétaires et locataires, il est nécessaire de connaître les articles du Code civil concernant les réparations locatives.

Ici, je résume la réparation des dégâts commis ainsi que l'entretien locatif.

État des lieux. — Des abus peuvent être commis de part et d'autre, soit par le locataire, peu soucieux d'entretenir en bon état la chose louée; soit par le propriétaire ou son représentant, en réclamant au locataire, lorsqu'il quitte les lieux, un état des réparations dressé par lui ou des personnes peu scrupuleuses et surtout incompétentes en la matière.

De là, refus de payer, appel en justice de paix, désignation d'un

expert par le juge de paix. Frais que l'on doit éviter en consulta[...]
des ouvrages sérieux.

En principe, on devrait toujours faire faire un état des lieu[...]
donnant la description de la chose louée, dans toutes ses parties; [...]
forme et la qualité de chacune de ces parties, la matière dont elle [...]
compose, la place qu'elle occupe, l'état de conservation dans laque[...]
elle se trouve. En un mot, on doit indiquer tout ce qui préser[...]
quelque particularité et au besoin joindre des plans.

L'état des lieux est utile au bailleur, parce qu'il constate son dr[...]
de propriété sur toutes les parties de la chose louée, et indispensat[...]
au preneur, parce qu'il constate les défectuosités de la chose lou[...]
qui, faute de cette constatation, est présumée être en bon état.

Le bailleur comme le preneur peuvent exiger l'établissement d'[...]
état des lieux. Il doit être dressé en double expédition et approu[...]
et signé par les deux parties. Les frais sont généralement à la char[...]
du preneur.

Si c'est le bailleur qui l'exige, il doit faire l'avance des frais et [...]
faire rembourser ensuite, à moins de conventions spéciales. Le prene[...]
doit vérifier l'état des lieux dressé par le bailleur; il serait préférat[...]
que ce fut le preneur qui fasse faire l'état des lieux.

Ce qui arrête souvent le preneur, c'est : 1º le choix d'un architec[...]
et 2º les émoluments à lui régler.

Ce que coûte un état des lieux.

Pour états des lieux régulièrement établis, faits en circonstanc[...]
ordinaires et sans déplacement, il est dû pour chaque rôle (1) [...]
vingt-cinq lignes à la page et compris la première expédition :

En cas de rédaction par un seul architecte, le rôle (1).... 3[...]

En cas de rédaction contradictoire et simultanée par deux
architectes, le rôle.. 4[...]

Pour chaque expédition en plus, par rôle............... 0,[...]

Pour tous états des lieux et estimations de matériels d'établiss[...]

(1) RÔLE : *Feuille écrite comprenant la page et le verso ; à 25 lignes par pa[...]
soit 50 lignes. Chaque ligne doit contenir environ 15 syllabes.*

ments agricoles ou industriels, des théâtres, des usines, etc., et pour plans ou dessins y annexés, contre vérification, revision ou modification d'anciens états des lieux, par vacation, après estimation.   8   »

Les déplacements pour états des lieux, rédaction et vérification donnent droit, en sus des prix du rôle ci-dessus mentionné, à toute demande d'honoraires et de frais, conformément au tarif des experts près les tribunaux, ci-dessus rapporté.

En résumé, le prix d'un état des lieux, régulièrement établi dans les circonstances ordinaires sans déplacement, doit être payé pour chaque rôle, y compris les deux expéditions................ 3,50

Chaque expédition en sus, le rôle..................... 0,50

(Décision de la Société Centrale des Architectes, du 2 juillet 1850.)

Prenons comme exemple un petit appartement de trois pièces, cuisine, antichambre, water-closet et cave.

On peut le détailler en cinq rôles.

Les deux expéditions................................... 17,50

Deux vacations à 8 francs............................. 16   »
                                                        ————
Ensemble............................. 33,50

On voit que pour une somme modique, on peut éviter de graves discussions en quittant les lieux. (Voyez les modèles d'états des lieux avec le prix d'établissement desdits, pages 190 et suivantes.)

L'article 1720 du C. civ. est ainsi conçu : « Le bailleur est tenu de délivrer la chose en bon état de réparations de toute espèce. (C. civ., 1719, 1731.)

« Il doit y faire, pendant la durée du bail, toutes les réparations qui peuvent devenir nécessaires, autres que les locatives. » (C. civ., 1719, 1724, 1741, 1754, 1755.)

Les principaux articles du C. civ. concernant les réparations locatives sont les suivants : art. 1730, 1731, 1732, 1735, 1754, 1755, 1756.

Pour ne plus revenir sur le texte du Code nous donnons ci-dessous l'énumération de ces articles.

« Art. 1730. — S'il a été fait un état des lieux entre le bailleur et le preneur, celui-ci doit rendre la chose telle qu'il l'a reçue, suivant

cet état, excepté ce qui a péri ou a été dégradé par vétusté ou for[ce]
majeure. (C. civ., 555, 1731, 1735, 1755.)

« ART. 1731. — *S'il n'a pas été fait d'état des lieux, le preneur e[st]
présumé les avoir reçus en bon état de réparations locatives, et d[oit]
les rendre tels, sauf la preuve contraire.* (C. civ., 1735, 1755.)

« ART. 1732. — Il répond des dégradations ou des pertes q[ui]
arrivent pendant sa jouissance, à moins qu'il ne prouve qu'elles o[nt]
eu lieu sans sa faute. (C. civ., 555, 1730, 1731, 1735, 1755.)

« ART. 1735. — Le preneur est tenu des dégradations et des pert[es]
qui arrivent par le fait des personnes de sa maison ou de ses sous-loc[a]
taires. (C. civ., 1384, 1732.)

« ART. 1754. — Les réparations locatives ou de menu entreti[en]
dont le locataire est tenu, s'il n'y a clause contraire, *sont celles dé[si]
gnées comme telles par l'usage des lieux, et, entre autres, les réparatio[ns]
à faire.*

« Aux âtres, contre-cœurs, chambranles et tablettes des ch[e]
minées ;

« Au récrépiment du bas des murailles des appartements et a[u]
autres lieux d'habitation, à la hauteur d'un mètre ;

« Aux pavés et carreaux des chambranles, lorsqu'il y en a seul[e]
ment quelques-uns de cassés ;

« Aux vitres, à moins qu'elles ne soient cassées par la grêle, o[u]
autres accidents extraordinaires et de force majeure, dont le loc[a]
taire ne peut être tenu ;

« Aux portes, croisées, planches de cloison ou fermeture de bo[u]
tiques, gonds, targettes et serrures. (C. civ., 1720.)

« ART. 1755. — Aucune des réparations réputées locatives n'e[st]
à la charge des locataires, quand elles ne sont occasionnées que p[ar]
vétusté ou force majeure (C. civ., 1730.)

« ART. 1756. — Le curement des puits et celui des fosses d'aisanc[e]
sont à la charge du bailleur, s'il n'y a clause contraire. »

Comme suite à ces articles, il est utile d'en citer quelques autr[es]
tirant à conséquence pour les réparations locatives ou les baux, tel[s]

« ART. 1159. — Ce qui est ambigu s'interprète par ce qui e[st]
d'usage dans le pays où le contrat est passé. (C. civ., 671, 1753, 175[8]

« ART. 1382. — Tout fait quelconque de l'homme, qui cause à autrui un dommage, oblige celui par la faute duquel il est arrivé, à le réparer. (C. civ., 1142, 1146, 1149, 1310.)

« ART. 1383. — Chacun est responsable du dommage qu'il a causé non seulement par son fait, mais encore par sa négligence ou par son imprudence. (C. civ., 1146.)

« ART. 1386. — Le propriétaire d'un bâtiment est responsable du dommage causé par sa ruine, lorsqu'elle est arrivée par une suite du défaut d'entretien ou par vice de sa construction. (C. pénal, 479.)

« ART. 1723. — Le bailleur ne peut, pendant la durée du bail, changer la forme de la chose louée. (C. civ., 1728.)

« ART. 1724. — Si, durant le bail, la chose louée a besoin de réparations urgentes et qui ne puissent être différées jusqu'à sa fin, le preneur doit les souffrir, quelque incommodité qu'elles lui causent, et quoiqu'il soit privé, pendant qu'elles se font, d'une partie de la chose louée.

« Mais si ces réparations durent plus de quarante jours, le prix du bail sera diminué en proportion du temps de la partie de la chose louée dont il aura été privé.

« Si les réparations sont de telle nature qu'elles rendent inhabitable ce qui est nécessaire au logement du preneur et de sa famille, celui-ci pourra faire résilier le bail. (C. civ., 1720.)

« ART. 1728. — Le preneur est tenu de deux obligations principales :

« 1º D'user de la chose louée en bon père de famille, et suivant la destination qui lui a été donnée par le bail, ou suivant celle présumée d'après les circonstances, à défaut de convention;

« 2º De payer le prix du bail aux termes convenus. (C. civ., 1134, 1184, 1722, 2102, 1º; C. proc. 819.)

« ART. 1729. — Si le preneur emploie la chose louée, à un autre usage que celui auquel elle a été destinée, ou dont il puisse résulter un dommage pour le bailleur, celui-ci peut, suivant les circonstances, faire résilier le bail. » (C. civ., 1760, 1766.)

Dans cet ouvrage, on ne peut énumérer tous les articles du Code concernant les locations, nous avons cité les principaux articles.

Nous ne pouvons pas non plus nous étendre longuement au sujet des réparations locatives, nous nous bornons à fournir de succinctes explications, cependant suffisantes pour être comprises de tous.

Pour éviter les recherches nous les plaçons par ordre alphabétique. De cette façon, le lecteur saura de suite, et sans perdre un temps précieux, si ce qu'on lui réclame le concerne.

ÉNUMÉRATIONS

DES

RÉPARATIONS LOCATIVES

Accessoire. — Divers objets qui accompagnent une chose principale. Il est de principe d'entretenir un objet quelconque en location, pour qu'il puisse se conserver. Le détenteur d'objets mobiliers est tenu non seulement de les entretenir, mais encore de renouveler certaines choses qui s'usent. Quiconque laisse les choses sans les réparer convenablement, est tenu d'une indemnité envers le propriétaire lorsqu'il rend la chose louée.

Pour éviter les ennuis, il est important de faire stipuler par écrit les conditions d'entretien et de renouvellement du mobilier.

On doit se rapporter à l'art. 1731 du C. c., en le concevant ainsi : « A défaut d'un inventaire mentionnant la dégradation des meubles ou ustensiles, le preneur est présumé les avoir reçus en bon état ».

On s'aperçoit donc que, si le propriétaire a intérêt à dresser un inventaire pour constater l'existence des objets, le locataire a non moins intérêt à en faire constater l'état avant d'en prendre possession.

Aire en plâtre. — En terme d'agriculture, c'est une surface plane et circonscrite par les bords, ménagée sur le sol, et sur laquelle on bat les gerbes. Dans le midi, les aires sont presque toujours à l'extérieur de la ferme, tandis que dans les climats plus instables du centre et du nord, elles sont plus ordinairement ménagées dans l'intérieur, dans la grange ou sous un hangar. En architecture, toute surface plane et horizontale d'un bâtiment, est formée, selon les circonstances, de différents matériaux.

En architecture rurale, c'est, dans les jardins, la surface des allées, terrasses, etc., dont le sol a été disposé à peu près comme celui des aires à blé, afin que, l'eau n'y séjournant pas, on puisse s'y promener en toute saison.

On appelle aussi aire le fond pavé d'un bassin.

Aire de plancher. — La charge qu'on met sur la charpente d'un plancher, et qu'on nomme proprement fausse aire, et l'enduit qu'on met sur cette charge.

Aire de gravier. — Couche de gravier que l'on étend sur la surface des chemins.

Arbres et arbustes. — Sont réglés par les art. du Code civil 552 et suivants.

En général, le preneur ne peut couper ni supprimer aucun arbre, il doit entretenir tous les arbres et arbustes et remplacer ceux qui meurent pendant la jouissance de la chose louée. Si un arbre a de la valeur comme bois mort, le bailleur peut remplacer l'arbre à ses frais ou le faire remplacer par le preneur. C'est celui qui remplacera l'arbre qui profitera du bois.

Le preneur a à sa charge la taille des arbres, l'élagage et l'échenillage.

Selon l'article 672 du C. c., le voisin peut exiger que les arbres et haies plantés à une moindre distance soient arrachés; celui sur la propriété duquel avancent les branches des arbres du voisin, peut contraindre celui-ci à couper ces branches; si ce sont des racines qui avancent sur son héritage, il a le droit de les y couper lui-même. (C. c. 552-671-690. C. F. 150.)

Dans le cas ci-dessus, c'est au propriétaire des arbres qu'il appartient d'ébrancher.

Armoire. — Le preneur doit entretenir toutes les ferrures, il doit les faire fonctionner ou les remplacer si elles sont usées.

A l'intérieur, il doit remplacer les tablettes, les tasseaux, le papier et entretenir les peintures. Le nombre des tablettes est constaté par les traces d'anciens tasseaux ou par tous autres indices.

Lorsque le preneur fait faire des armoires qu'il applique contre le mur; à leur enlèvement, il doit faire toutes les réparations, sans exception, qui sont occasionnées par la pose desdites. Il est préférable d'avoir des armoires mobiles, non scellées au mur.

Atre. — L'âtre est la partie horizontale de la cheminée, la portion du sol ou du plancher sur laquelle se posent les combustibles. La surface de l'âtre est formée par un revêtement qui préserve la maçonnerie de toute action du feu, tel qu'un bon carrelage en terre cuite, un briquetage, ou mieux encore une forte plaque de fonte.

L'art. 1754 du C. c. . . . .

. . . . Aux âtres, contre-cœurs, chambranles et tablettes des cheminées. . . . .

Donc l'entretien de l'âtre est essentiellement locatif, lors même que les dégradations ne sont pas la conséquence de l'usage que l'on doit en faire. Si l'âtre est dégradé, c'est parce qu'il n'a pas été entretenu journellement selon que la loi l'exige.

Ici nous croyons utile d'indiquer l'article du C. c. 1159, ainsi conçu : *Ce qui est ambigu s'interprète par ce qui est d'usage dans le pays où le contrat est passé.*

On voit donc que les coutumes sont toujours applicables comme règlements seulement d'usages locaux ; le Code les invoque aux articles du C. c. 645, 674, 1159, 1754, 1757, 1777 et autres. Voir également les articles 458 et 471 du C. pénal.

Auge. — L'auge est un bloc de pierre ou de bois, creusé en dedans de manière à pouvoir retenir l'eau.

Le preneur doit l'entretenir en bon état, veiller à sa conservation et le vider à temps pour éviter les dégradations de la gelée.

Auvent. — Petit toit en saillie, fait ordinairement de planches, qui sert à mettre quelque chose à couvert ou à garantir de la pluie ce qui peut être dessous.

Un *auvent* est proprement ce qui sert à couvrir la montre d'une boutique.

En horticulture, abri en bois ou en paillassons servant à garantir les arbres en espalier contre les froids du printemps.

Le preneur doit entretenir les auvents en bon état de réparations locatives.

Baguette. — Toutes les baguettes abîmées ou cassées sont à la charge du preneur y compris tous raccords.

Baguette dorée. — Sur certains papiers de tenture, on place des baguettes en bordures, lesquelles sont recouvertes de dorure. Lorsque la dorure se passe, comme résultant des soins de propreté apportés par le preneur, cette dégradation provenant de vétusté n'est pas à la charge du preneur, mais toutes les autres réparations le concernent.

Baignoire. — Se conformer à l'article *Accessoire.*

Balcon. — Les balcons en fer et fonte appartiennent plutôt à la grosse construction, le preneur n'a à sa charge que les dégradations qui résultent de sa faute soit d'un choc ou de l'attache d'enseignes ou autres ; dans ce dernier cas, il doit rétablir les choses dans l'état où elles étaient.

Banc. — Voyez à l'article *Accessoire.*

Barre d'appui. — Si les barres d'appui en bois sont abîmées par le locataire ou entaillées, il doit les remplacer, mais la peinture enlevée ou le bois abîmé par les intempéries concernent le bailleur.

Barrière en bois. — N'incombent au preneur que les petites réparations. Le bailleur doit les réparer ou les remplacer lorsqu'elles sont atteintes par la vétusté.

Bas de muraille. — L'article 1754 du C. c. vise principalement la propriété rurale, le troisième paragraphe s'y applique rigoureusement et chaque fermier en quittant les lieux fait toujours recrépir, le bas des murailles dans la hauteur d'un mètre, sans jamais rechercher la cause des dégradations.

Pour les appartements, on doit se reporter au paragraphe premier, c'est-à-dire selon l'usage des lieux.

Le recrépiment du bas des murailles n'indique pas que le preneur doit faire seulement les dégradations faites aux crépis et aux enduits, mais au contraire toutes les dégradations de n'importe quelle nature, même celles du fait de l'humidité ainsi que de la vétusté.

L'usage veut que le preneur n'ait à sa charge que la réparation des dégâts de toutes natures qu'il a commis sur les crépis et enduits des murailles sans distinction de hauteur.

Bassin. — Le preneur doit en faire le curage, y maintenir l'empoissonnement dans son état primitif; prendre toute précaution contre la gelée.

Lorsque le bassin perd ses eaux sans que la dégradation soit du fait du locataire, le bailleur doit le faire réparer.

Les conduites et le jet d'eau doivent toujours être maintenus par le preneur en bon état de service.

Bat-flanc. — Pièce de bois qu'on suspend dans les écuries pour séparer deux chevaux l'un de l'autre.

Le preneur doit le rendre dans l'état où il a été livré; on ne s'inquiète pas de la cause de la dégradation.

Bec-de-cane. — Entretien essentiellement locatif, doit être remis en bon état en quittant les lieux.

Berceau. — Pour le treillage en voûte, se reporter à *Accessoire*.

Bitume. — Les parties bitumées ne peuvent être entretenues journellement et s'usent assez vite. Le preneur n'est tenu que des dégradations faites violemment ou maladroitement ainsi que celles légères.

Bois. — Le preneur doit se conformer à l'usage des lieux, il est tenu à la conservation des bois qui lui sont confiés.

Bordure de glace. — Se reporter à *Baguette dorée*.

Borne. — Le preneur n'est responsable que du dégât qu'il peut y faire.

Bouche de chaleur. — Voir ci-dessous *Calorifère*.

Boulon. — Entretien essentiellement locatif.

Bouton de tirage. — Entretien essentiellement locatif.

Cadenas. — Cet objet mobile, confié à la garde du preneur, doit être considéré comme les clefs.

Cadre de glace. — Se reporter à *Baguette dorée*.

Calorifère. — Celui portatif est assimilé aux poêles.

Le preneur doit l'entretien journalier au calorifère de construction :

Aux bouches de chaleur, aux guichets, aux portes, aux trappes, etc., le tout doit être maintenu en bon état de service; les menues dégradations qui se produisent doivent être faites et les pièces qui se descellent, doivent être rescellées.

En général, dans tout appareil de chauffage, le preneur est tenu de réparer l'emplacement où l'on fait le feu ainsi que tous les endroits où la flamme touche.

Donc le preneur est responsable des cloches en fonte ainsi que de tous les autres appareils en tenant lieu, toutefois, si cela provient d'un abus de la chose.

Seuls, les conduits de chaleur et les tuyaux allant rejoindre les cheminées sont à la charge du bailleur selon les articles du C. c. 1719, 1720 et 1755.

Lors de l'entrée en jouissance, il est indispensable de faire visiter le calorifère dans toutes ses parties, de le mettre à l'essai, afin de pouvoir signaler sur l'état des lieux l'état exact dans lequel il se trouve.

La réfection d'un calorifère peut devenir à la charge du bailleur lorsque le locataire peut prouver qu'il n'a fait qu'user de la chose sans en abuser et que la cloche ainsi que les autres pièces importantes ne se sont usées qu'après un long usage.

En résumé, le preneur doit la réparation des dégradations qui se produisent journellement ou qui ont pour cause un abus de la chose louée.

Canaux. — Le preneur doit y faire le curage, ainsi que le menu entretien aux écluses; il doit également faire toutes les réparations partielles de trop peu d'importance pour faire partie du gros entretien, aux murs et au jointoiement.

Caniveau. — Le preneur doit le maintenir dans un bon état de propreté.

Carreau de vitre. — Le preneur, d'après l'article 1754 du C. c., doit les réparations aux vitres, à moins qu'elles ne soient cassées par la grêle ou autres accidents extraordinaires et de force majeure, dont le locataire ne peut être tenu.

Toutes les vitres cassées pour tout autre cas sont à la charge du bailleur.

Une vitre fêlée dans un angle, provenant du fait des pointes qui la serrent en feuillure, n'est pas à la charge du preneur ; il en est de même si la brisure de la vitrerie résulte d'un effet de la grosse construction, tel qu'un tassement ou autre. Dans ce cas, le bailleur est tenu de la rétablir.

Le mastic tombé de la vitrerie pour cause de vétusté incombe au bailleur.

Les verres dépolis par le preneur doivent être nettoyés et rendus tels qu'ils ont été pris lors de l'entrée en jouissance.

Dès l'entrée en jouissance, la vitrerie doit être livrée en bon état de propreté et rendue telle lorsque le preneur quitte les lieux.

Carreau de faïence. — Le preneur n'est responsable des panneaux en carreaux de faïence au-dessus des pierres d'évier et des fourneaux, que des dégâts qu'il y commet maladroitement ou violemment. (Voyez *Faïence*).

Carrelage. — Le preneur doit l'entretien du carrelage lorsqu'il s'agit seulement de quelques carreaux en état de vétusté ainsi que de ceux qu'il brise violemment ou maladroitement.

S'il s'agit d'un grand nombre de carreaux en état de vétusté, la réparation incombe au bailleur.

Cas fortuit ou de force majeure. — Tout événement occasionné par une force majeure qu'on ne pouvait prévoir et à laquelle on ne peut pas résister.

A proprement parler, on n'entend par cas fortuit que les événements causés par la force majeure, comme les invasions de l'ennemi, les ravages de la guerre, l'effet d'une loi nouvelle prohibant, par exemple, l'exportation des blés et autres accidents semblables, au-dessus de la prévoyance de l'homme, quoiqu'on ne puisse les considérer comme produits par ce qu'on nomme le hasard. Ces accidents diffèrent des premiers en ce que ceux-ci sont naturels, tandis que les autres proviennent du fait des hommes ; mais les uns et les autres se ressemblent en ce que tous sont indépendants de la volonté de celui qui s'en plaint, et qu'en général, il n'y a point à exercer de recours pour le dommage qui en résulte.

Un événement que sa nature même soustrait au pouvoir de l'homme reste dans la classe des cas fortuits, encore bien que la possibilité de sa réalisation ait pu se présenter à l'esprit au moment du contrat.

Les cas fortuits sont prévus aux articles du C. c. 607, 855, 1148, 1302, 1348, 1647, 1722, 1772, 1784, 1881.

Cave. — La cave est une dépendance de la location, le preneur doi
la tenir en bon état de propreté, le sol doit être dressé, les fermeture
doivent fonctionner, tous les trous faits pour des scellements doi
vent être bouchés.

Ceinture d'appareil de chauffage. — Si lesdites sont abîmées pa
la faute du preneur, il doit la réparation.

Cendrier. — Doit être considéré comme un objet mobilier et le pre
neur doit le rendre dans l'état où il lui a été livré.

Chambranle et tablette de cheminée. — L'article 1754 du C. c
vise spécialement ces objets.

. . . .

§ 2. — Aux âtres, contre-cœurs, chambranles et tablettes de
cheminées.

. . . .

Le preneur est entièrement responsable des chambranles e
tablettes de cheminées, aussi devrait-il faire constater avant de
prendre possession des lieux, si les arêtes sont épaufrées, si le
tablettes sont rayées ou tachées, si le marbre n'est pas fendu, si rie
n'est descellé, en un mot faire faire toutes les constatations utile
afin d'éviter les contestations lorsqu'il quitte les lieux.

Châssis. — Le nettoyage d'un châssis est à la charge du preneur, s'i
peut le faire facilement sans passer chez un autre locataire et san
avoir à déposer de lourds grillages. Dans ce dernier cas, le bailleu
doit le maintenir en bon état de propreté.

Pour le vitrage, se reporter à *Carreau de vitre.*

Si la vitre se brise, faute par le preneur de le fixer à ses ferrures, i
en est responsable. Si le châssis à tabatière n'est maintenu en plac
que par son propre poids, que le vent le soulève et que les vitres s
brisent en retombant, cette réparation incombe au bailleur qui doi
faire la réparation de suite.

Le preneur qui habite sous des châssis vitrés, n'est pas respon
sable des vitres cassées par suite de leur mauvais état, ni de celle
brisées par les locataires des étages supérieurs. Lorsque ce fait s
produit, on doit aviser le bailleur qui devra les faire remplace
immédiatement ; il doit se conformer aux articles de la loi, C. c. 1719
1720, dont teneur ci-dessous :

« Art. 1719. — Le bailleur est obligé, par la nature du contrat, e
sans qu'il soit besoin d'aucune stipulation particulière :

« 1° De délivrer au preneur la chose louée. (C. c. 1604 et suivants
— 1720) ;

« 2° D'entretenir cette chose en état de servir à l'usage pour leque
elle a été louée. (C. c. 1720) ;

« 3° D'en faire jouir paisiblement le preneur pendant la durée du
bail. (C. c. 1721, 1741).

« **Art.** 1720. — Le bailleur est tenu de délivrer la chose en bon état de réparations de toute espèce. (C. c. 1719 1º, 1731).

« Il doit y faire pendant toute la durée du bail toutes les réparations qui peuvent devenir nécessaires, autres que celles locatives. (C. c. 1719 2º, 1724, 1741, 1754, 1755). »

Cheminée. — Se reporter à *Aire, Chambranle et tablettes, Faïence, Foyer, Rideau en tôle*.

Chemin. — Le preneur qui a un chemin compris dans sa location doit l'entretenir en bon état de viabilité.

Chéneau. — C'est au bailleur qu'incombe d'entretenir les chéneaux en bon état de propreté. Si le preneur est principal locataire ou s'il a seul l'accès dans un corps de logis, c'est alors à lui de l'entretenir.

Citerne. — Le bailleur doit l'entretenir de façon à ce qu'elle conserve ses eaux, le preneur doit y faire le menu entretien, la maintenir en bon état de service et la curer chaque fois que le besoin s'en fait sentir.

Clef. — Les clefs sont considérées comme des objets mobiles confiés à la garde du preneur ; il doit les recevoir en bon état et les entretenir pour les rendre telles en quittant les lieux.

Cloche d'appareil de chauffage. — Se reporter à *Calorifère*.

Cloison. — Le preneur doit y faire toutes les réparations des dégâts qu'il y commet.

Pour les cloisons en planches, il doit les reclouer lorsqu'elles se déclouent ; s'il se produit un léger retrait, il doit les rajuster. En un mot il doit tout ce qui est du petit entretien.

Clou. — Le preneur doit enlever les clous qu'il a plantés dans les cloisons ou boiseries, ce en évitant de faire des dégradations. Si le nombre de clous est par trop considérable, il doit la réfection des choses détériorées.

Le preneur a généralement le tort de planter des clous souvent sans raison sérieuse, il ne se soucie pas que si chaque locataire en faisait autant, les murs seraient vite abîmés.

Le meilleur moyen d'éviter des contestations à ce sujet, c'est de faire poser une tringle autour de la pièce, au-dessous du plafond, et d'y accrocher soit avec des cordons ou des tringles mobiles tous les objets qu'on juge utile.

Il est du reste de très mauvais goût d'apercevoir des clous mal plantés et sur toute la surface des murs.

Clos et couvert. — Se reporter aux articles du C. c. 1719 et 1720.

Il découle de ces deux articles que le bailleur est tenu d'entretenir, de réparer ou remplacer, s'il y a lieu, la couverture, les portes, fenêtres ou clôture quelconque qui cesse de clore convenablement.

Compétence. — D'après l'article 3 du Code de procédure civile et suivant les articles 4 et 5 de la loi du 25 mai 1838, les différends concernant les réparations locatives étaient du ressort du juge de paix. Sans appel pour les difficultés relatives aux réparations locatives la somme n'excédant pas 100 francs. Au-dessus de cette somme le juge de paix pouvait statuer, mais à charge d'appel.

Le juge de paix n'était pas compétent pour les changements apportés dans les lieux, à moins que des pouvoirs ne lui soient conférés par les parties, ou dans le cas où leur défaut d'importance les ferait rentrer dans la catégorie des réparations locatives. Il n'était pas non plus compétent pour les dégradations graves, les suppressions, etc., régies par d'autres lois concernant le gros entretien.

« LOI DU 12 JUILLÉT 1905

. . . .

« Art. 4. — Les juges de paix connaissent sans appel, jusqu'à la valeur de trois cents francs et à charge d'appel à quelque chiffre que la demande puisse s'élever, des réparations locatives, des maisons ou fermes ; des indemnités réclamées par le locataire ou fermier pour non jouissance provenant du fait du bailleur, lorsque le droit à une indemnité n'est pas contesté ; des dégradations et pertes dans les cas prévus par les art. 1732 et 1735 du C. c. : (articles cités dans le présent chapitre). — Néanmoins le juge de paix ne connaît des pertes causées par incendie ou inondation que dans les limites citées par l'art. 1er. (300 FRANCS EN DERNIER RESSORT. — 600 FRANCS EN PREMIER RESSORT. »

Contre-cœur. — Voyez *Atre*.

Corde de puits. — Voyez *Puits*.

Cours et courettes. — Si la cour fait partie de la location, le preneur est tenu à certaines réparations, telles le bitume, les bornes, le pavage, les trottoirs, etc., etc.

Le locataire seul d'une courette doit faire nettoyer les murs, les appuis de fenêtres, etc... Si la cour est commune à plusieurs locataires, c'est au bailleur à la maintenir en bon état de propreté.

Couverture. — Si la maison est louée en totalité, c'est le locataire qui doit surveiller la couverture. Quoiqu'il ne soit responsable que des dégâts qu'il y commet, s'il ne prévient pas à temps le bailleur des dégradations causées à la suite d'une intempérie du temps, de la violence du vent, d'une infiltration d'eau ou de toute autre cause, il devient responsable de l'excès des dégradations causés par sa négligence.

Crapaudine. — Sont d'un entretien essentiellement locatif les crapaudines d'évier et des cuvettes.

Crémone. — L'entretien est à la charge du preneur, à plus forte raison si des dégradations proviennent de son fait.

Le propriétaire n'est tenu de réparer qu'en cas d'usure provenant par le frottement des abouts de la tige, à la suite d'un tassement; de même si elle devient trop courte, il est obligé de la faire mettre de longueur.

Crevasses dans un plafond. — Sont généralement à la charge du bailleur car, le plus souvent, elles résultent de l'usage normal d'un plancher, d'un accident de construction ou d'un tassement. Celles qui proviennent d'un abus de jouissance sont à la charge du preneur.

Croisée. — Selon l'article 1754 du C. c. aux. . . ., croisées. . ., il faut distinguer ce qui est ferrure et ce qui est fermeture.

Le preneur doit le même entretien de tout ce qu'il fait manœuvrer journellement pour ouvrir ou fermer, lors même que la dégradation résulte de l'usage.

Les gonds, les paumelles (tout ce qui est ferrure autre que fermeture), ainsi que les jeux à donner, sont à la charge du bailleur.

Croissant. — Réparation essentiellement locative, qui entraîne le plus souvent à la réfection de l'intérieur de la cheminée.

Ici le croissant est la pièce de fer ou de cuivre qui se scelle dans les faces de cheminée, et qui sert à maintenir debout les pincettes et les pelles à feu.

Cuvettes. — Il existe plusieurs sortes de cuvettes; celles qui se trouvent sous les robinets et pompes, qui sont en pierre ou en fonte recouvertes d'une grille. Leur menu entretien est locatif, le preneur doit les maintenir en bon état de propreté et faciliter leur fonctionnement. Lorsqu'il y a plusieurs locataires, leur entretien concerne le bailleur si, au contraire, une seule personne a droit au robinet ou à la pompe, elle aura, en dehors des menues réparations, l'entretien des joints qui avoisinent immédiatement la cuvette ou la pompe.

Les cuvettes de cabinet d'aisances à bascule ou à effet d'eau, ainsi que leurs appareils, étant d'un usage journalier, le menu entretien est locatif.

Le locataire doit graisser le mécanisme et veiller à ce qu'il n'y ait pas d'engorgement, il est responsable de toutes les dégradations résultant de violence ou de maladresse.

Les réparations nécessitées par la rouille ou l'oxyde dans les parties où le preneur ne peut accéder, sont à la charge du propriétaire. Lorsqu'elles succombent de vétusté, il est tenu de les remplacer.

Dallage. — Le locataire n'est tenu que des dégâts qu'il commet violemment ou maladroitement. Le bailleur est tenu de les remplacer lorsqu'ils sont usés ou hors service.

Dégâts. — Voyez ci-après *Dégradation*.

Dégorgement. — Voyez *Engorgement*.

Dégradations. — Les articles 1382 et 1383 du C. c. obligent celui q[ui]
commet une faute à la réparer et rendent responsables non seul[e]-
ment du fait mais aussi de la négligence ou de l'imprudence. D'aut[re]
part l'article 1754 du C. c. prévoit les réparations locatives ou [de]
menu entretien dont le locataire est tenu.

La loi entend que la jouissance du locataire s'exerce non en va[n]-
dale, mais en bon père de famille.

Le bailleur peut, pendant la durée du bail, en demander la résili[a]-
tion pour dégradations faites à la chose louée, mais il ne peut p[as]
former contre le locataire une action en dommages-intérêts ava[nt]
l'expiration du bail. Il peut néanmoins, avant cette époque, fai[re]
constater l'état des dégradations.

Le locataire est également responsable des dégradations faites p[ar]
des tiers à son service.

En vertu de l'article 1382 le bailleur peut, au lieu d'agir contre [le]
preneur comme civilement responsable, actionner directeme[nt]
l'auteur du dommage. Le preneur ne peut se soustraire à la respo[n]-
sabilité en offrant de lui céder son action contre l'auteur du dom[-]
mage.

Dans le cours de nos désignations, les lecteurs ont pu se rend[re]
compte de la différence d'un dégât avec une menue réparation. U[n]
carrelage brisé avec choc violent est un dégât; un carrelage u[sé]
par l'usage que l'on en fait est une menue réparation.

Démolition. — Si les conventions laissent le droit au preneur d'enl[e]-
ver des constructions érigées par lui, il doit boucher tous les trous [de]
descellement, enlever les graviers et rendre l'emplacement en bo[n]
état.

Dessus de porte. — Les dessus de portes sculptés et autres tableau[x]
les bordures ou autres ornements existant dans l'appartement do[i]-
vent être rendus en bon état, à moins qu'il n'ait été stipulé par écr[it]
de leur mauvais état lors de la prise de possession.

Devanture de boutique. — Voyez *Fermeture de boutique*.

Dorure. — Les dorures demandent à être simplement époussetées. L[e]
locataire doit la réparation des taches ou accrocs qu'il y fait. On [ne]
peut rendre le preneur responsable de leur défraîchissement, [et]
d'autant qu'elles sont plus ou moins bien faites; il faut qu'il so[it]
démontré que leur détérioration provient d'un abus de jouissanc[e]
comme par exemple d'un frottement de cadres de tableaux, d'e[n]-
foncement de clous, d'un défaut d'époussetage, d'un lavage [à]
l'acide, etc., etc.

La dorure étant une chose précieuse, le preneur doit en avoir un soin tout particulier.

Les légers dégâts commis aux dorures motivent des raccords bien faits, mais la plupart du temps se compensent par la fixation d'une indemnité, en tenant compte de l'usure normale et du défraîchissement naturel causé par le temps.

S'il fallait refaire les dorures, à cause de dégâts importants de la part du preneur, ce dernier doit en supporter la dépense, mais alors ce n'est plus une menue réparation, dite locative, c'est la réparation d'un dommage causé, rentrant dans le cas des articles 1382 et 1383 du C. c.

Eau. — Le locataire est responsable des dégradations qu'il peut faire, lui ou ses gens de service, aux tuyaux, robinets et autres appareils, notamment en piquant des clous sur le passage des tuyaux, en frappant sur les robinets, en ne modérant pas la pression, etc., etc.

Egout. — Si l'égout est à l'intérieur, c'est au locataire principal à y faire les menus ouvrages d'entretien et le maintenir en bon état de propreté. S'il sert à plusieurs locataires, c'est au bailleur à en faire toutes les réparations et de le maintenir en état de propreté.

Engorgement. — Le preneur est tenu du dégorgement du branchement qui lui est particulier et qui aboutit à la grosse conduite.

Lorsque la maison a plusieurs locataires, c'est au bailleur à faire faire les engorgements des tuyaux de conduite et des gargouilles; mais si la propriété est louée en totalité à un seul locataire, c'est à ce dernier qu'incombe cette charge.

Si, lors de la prise de possession, il n'a pas été placé de crapaudines à l'orifice des tuyaux, le propriétaire est responsable des engorgements.

Si le locataire casse ou défonce une grille, il doit la remplacer.

L'engorgement provenant du fait des sels qui s'amassent à leurs parois intérieures est à la charge du bailleur.

Enduit sur mur. — Le récrépiment n'est à la charge du preneur que jusqu'à la hauteur d'un mètre. Au delà de cette hauteur il faut qu'il soit démontré que les dégradations proviennent du fait du preneur. Les raccords d'enduits n'ont généralement d'application, au point de vue de réparations locatives, que pour les boutiques, magasins, ateliers, écuries, remises, usines ou bâtiments de ferme.

Enseigne. — Le preneur qui a fait peindre des inscriptions, doit les faire disparaître avant son départ, et rétablir les choses comme elles étaient lors de l'entrée en jouissance.

Entaille. — Le preneur est tenu de toutes les réparations nécessitées par des entailles qu'il aurait pratiquées dans la menuiserie, dallage, cloison, etc., etc. Par exemple, lorsqu'un locataire place une seconde serrure dans une porte, il doit la réparation.

Escalier. — Les réparations à faire aux escaliers sont à la charge du propriétaire. Lorsque la maison est louée à un seul locataire, ce dernier ne doit à l'escalier que les réparations des dégâts qu'il y commet, il doit maintenir en place les boules de rampe.

Si un locataire ou les gens à son service répandent des corps gras sur les marches ou font des taches sur le tapis, la réparation leur incombe. Lorsque la remise en état est impossible, le locataire doit une indemnité.

Le locataire est également responsable des dégâts causés par les ordures faites par les animaux lui appartenant et tolérés dans l'immeuble.

Espagnolette. — Le menu entretien est essentiellement locatif; si la poignée se détache, si le support cède, si les crochets ne prennent pas bien dans la gâche, c'est au preneur à faire la réparation.

Étang. — Le curage des étangs est à la charge des locataires. Si l'étang est empoissonné, le locataire doit le maintenir dans l'état où il l'a reçu. Les conditions d'entretien et de conservation devraient toujours être réglées par le bail.

Évier. — Le locataire n'est pas responsable de l'usure qui s'y produit, mais il est tenu de les réparer ou même de les remplacer s'il les casse ou les écorne, il doit l'entretien de la petite grille qui empêche l'engorgement. Si du fait du manque de cette grille, il se produit un engorgement du branchement allant à la grosse conduite, le dégorgement est à sa charge.

L'entretien du tuyau de plomb qui, dans l'évier, est destiné à l'écoulement des eaux, n'est pas à la charge du locataire; il en est de même de la soudure en mastic qui attache le tuyau à la pierre.

Faïence. — Si les faïences des cheminées sont fendues en raison d'un feu immodéré, les dégâts sont à la charge du locataire. Si des fêlures ou autres dégradations résultent de l'assiette que prend l'ensemble du corps de cheminée tant par suite de son poids que par l'extrême sécheresse résultant de son usage, elles sont à la charge du bailleur. Le fait est difficile à constater et, dans le doute, la présomption est contre le locataire. (Voyez *Carreau de faïence*.)

Fenêtre. — Voyez *Croisée*.

Fermeture. — Conformément à l'article 1754 du C. c., le locataire doit le menu entretien aux fermetures de boutiques, il doit maintenir en bon état ou les remplacer, toutes les ferrures qui les garnissent; boulons, clavettes, gâches, supports, barres, boutons, serrures, verrous, etc., etc.

Le locataire doit également maintenir en bon état les fermetures en fer, il doit veiller au bon fonctionnement, graisser les engrenages ainsi que toutes les parties frottant l'une contre l'autre.

Si le poitrail s'affaisse ou les parpaings s'enfoncent dans le sol, les dégâts qui en résultent sont à la charge du bailleur.

Ferrure. — En général, pour toutes les ferrures, lorsque quelques-uns de ces objets manquent, ou qu'il s'en trouve de détachés par violence, ou de cassés ou endommagés autrement que par vétusté ou par leur mauvaise qualité, le locataire est obligé de réparer ceux qui sont susceptibles de réparation, et de remplacer ceux qui manquent ou qui ne peuvent se réparer.

Feu de cheminée. — Les feux de cheminée se produisent généralement :

Défaut de ramonage ;
Feu immodéré ou trop intense ;
Emploi de charbon gras ;
Du fait de brûler des papiers ou des corps gras.

Pour ces motifs, le locataire répond des feux de cheminée et de toutes leurs conséquences, parce que ces feux sont présumés résulter d'un défaut de ramonage ou d'une flamme trop intense.

Le locataire qui néglige le ramonage des cheminées de son local a le plus grand tort, il doit au contraire les faire ramoner aussi souvent que cela est nécessaire.

Si c'est le bailleur qui se charge du ramonage, la situation change, soit qu'il en supporte la dépense, soit qu'il s'en fasse rembourser par son locataire ; car celui-ci est en droit de prétendre que le défaut ou l'imperfection du ramonage n'est pas de son fait.

Le preneur cesse aussi d'être responsable, lorsqu'il peut prouver que le feu de cheminée a été la conséquence d'un vice de construction ou d'un amas de suie, là où le ramonage ne peut atteindre. (Article 1733 du C. c.).

Le propriétaire livre les cheminées ramonées, et le locataire doit les rendre dans le même état.

A Paris, le moindre feu de cheminée motive une enquête ; mais depuis 1824, l'autorité n'y requiert plus l'application de l'article 471 du Code pénal. Le délinquant peut donc appeler les secours sans redouter les poursuites. (Voyez *Ramonage*.)

Fontaine. — Voyez *Auge, cuvette, pompe, robinet*.

Force majeure. — Le cas de force majeure est admis aux articles 1148, 1348, 1731, 1733, 1754, 1755, 1784, 1934 du C. civ. et articles 230 et 227 du Code de commerce. (Voyez *Cas fortuit*.)

On entend par force majeure un événement dont l'homme ne peut se garer.

Forge. — Le locataire d'une forge en doit l'entretien dans son enti
D'après l'article 674 du C. c., elle est assujettie, sous le rapport
voisinage, à des conditions auxquelles le preneur doit nécessai
ment se soumettre tout aussi bien que le bailleur, si c'est lui, prenei
qui adosse la forge au mur mitoyen.

Fosse d'aisance. — Lorsqu'il n'y a pas de clause contraire, la vidan
des fosses d'aisances est à la charge du propriétaire.

Le locataire qui a à sa charge la vidange des fosses ou puisar
n'est pas tenu pour cela d'y faire des réparations, mais il doit su
porter les conséquences de la vidange, c'est-à-dire les frais d'ouvi
ture et de fermeture de la fosse, les démarches, faux frais, etc., ei

Fossé. — Le locataire est tenu de déblayer les fossés lorsqu'ils s'encoi
brent ; de réparer les éboulés et de les curer lorsqu'ils servent à l'éco
lement des eaux ; il doit, dans tous les cas, se conformer à l'usai
des lieux.

Four. — L'usage répartit les réparations à faire aux fours entre
propriétaire et le locataire.

Le propriétaire doit entretenir les murs et la cheminée, ainsi que
voûte inférieure, s'il y a en a une ; le locataire doit entretenir et répi
rer l'aire du four et la voûte intérieure, qui sont soumises à l'actic
immédiate du feu, ainsi que tous les accessoires, portes, guichet
ustensiles.

Quand le four a rendu tous les services que l'on devait en attendi
c'est-à-dire lorsqu'il n'est plus susceptible de recevoir aucune répi
ration, le bailleur est tenu de le reconstruire.

Pour les fours affectés à l'exploitation d'une industrie, c'est a
preneur d'y faire toute espèce de réparations afin de le rendre dai
l'état où il a été pris.

Fourneau. — Pour les fourneaux potagers le principal entretien poi
le preneur sont les réchauds en fonte et leurs grilles, ainsi que le
carrelages et revêtements qui se descellent, s'usent ou se brisei

Le propriétaire doit la réparation des murs, voûtes et plancheri
le preneur doit le carreau placé sur les planchers qui reçoivent le
cendres des réchauds et celui qui est au-dessus des fourneaux.

Les coffres à charbon, les portes, les couvercles en tôle, etc., etc
sont à la charge du preneur.

En général les fourneaux doivent être livrés et rendus en parfai
état de propreté dans toutes leurs parties.

De même pour les fourneaux en tôle ou autre, le locataire doit u
certain entretien et aussi le nettoyage des compartiments où s'a
masse la suie ; le réservoir d'eau chaude, appelé coquemar ou bai
marie doit être l'objet d'une grande surveillance.

Lorsque la partie en fonte qui recouvre le fourneau ou tout

autre pièce mobile ou fixe est légèrement fêlée, sans que cette dégradation en empêche l'usage et sans qu'il soit nécessaire de la remplacer, le propriétaire n'est pas fondé, au moment où le locataire quitte les lieux, à en exiger le remplacement; il ne peut prétendre qu'à une indemnité de dépréciation.

Dans les usines et fabriques, le fourneau qui a été construit pour les besoins du preneur doit être considéré comme ustensile, et rendu dans l'état où il a été reçu, sans qu'il soit tenu compte des dégradations résultant de l'usage.

Foyer de cheminée. — Le preneur ne doit aux foyers de cheminée en marbre ou en pierre que la réparation des dégâts qu'il y commet; s'il le brûle en avançant trop son feu, ou s'il y laisse tomber un objet qui le brise. Si le foyer se brise sous le poids de la cheminée ou cède au fléchissement du plancher, ce qui se reconnaît lorsqu'il désaffleure le parquet, le dégât n'incombe pas au preneur.

Fumée. — Une cheminée qui fume, même sensiblement, doit être réparée par le propriétaire de façon à ce qu'elle fonctionne convenablement.

Futaie. — Voyez *Bois, haies.*

Garde-manger. — Les toiles métalliques ou canevas hors service doivent être remplacés par le locataire. Les parties des garde-manger exposées à la pluie doivent être réparées par le propriétaire.

Garde-robe. — Voyez *Cuvettes.*

Gargouille. — Voyez *Caniveau.*

Gaz. — Lorsque l'installation de la canalisation y a été établie par le propriétaire, le preneur doit l'entretien des appareils, robinets, siphons, etc., etc.; il fait l'épinglage et veille à la conservation du tout.

Le locataire qui a installé le gaz chez lui a le droit de tout reprendre, à charge par lui de réparer les dégâts qui résultent de la pose et de l'enlèvement, quand bien même il aurait procédé en vertu d'une autorisation spéciale.

Glace. — Le locataire qui commet un dégât au poli, motive une indemnité dont la valeur varie suivant l'importance du dégât. Il n'est pas responsable des dégradations qui se produisent dans le tain, à moins qu'il ne soit prouvé qu'elles sont de son fait.

La cassure des glaces incorporées à l'appartement est une réparation locative à moins qu'il ne soit justifié qu'elle provient soit du gonflement des plâtres, soit de l'effort des parquets qui les soutiennent, soit de toute autre cause exclusive de la faute du locataire.

Le locataire doit le nettoyage parfait des glaces, cadres et couronnement; s'il y fait des rayures avec un diamant ou tout autre dégât

sur la face transparente, le bailleur est en droit d'exiger le rempla
ment de la glace, à défaut d'indemnité suffisante en argent.

Lorsque le tain est par trop dégradé, c'est-à-dire que la glace
rend plus les services que l'on doit en attendre, le propriétaire
tenu de la faire rétablir conformément aux articles 1719, 1720
1755 du C. c.

Lorsque, à défaut d'état de lieux et de renseignements, il y
incertitude sur la propriété de la glace, il faut, aux termes des ar
cles 524 et 525 du C. c., chapitre *De la distinction des biens*, examin
si elle est mobile et détachée de la propriété, ou si, au contraire, e
fait corps avec la boiserie, c'est-à-dire avec l'immeuble; dans
dernier cas elle est, dit la loi, présumée avoir été attachée au fond
perpétuelle demeure, par le propriétaire, et lui appartenir; da
l'autre cas elle est meuble et présumée appartenir au locataire.

Gond. — Les gonds à scellement ne sont pas susceptibles d'un entr
tien journalier. L'article 1754 en désignant les gonds a voulu cor
prendre ceux qui dépendent d'objets légers et mobiles, tels que t
blettes d'étalage et autres objets qu'on gonde et dégonde chaq
jour.

Gouttière. — Lorsqu'il y a fléchissement sous le poids de l'eau, s'il
a débordement, le bailleur est tenu de remettre les choses en éta
Si la maison est louée en totalité, c'est au preneur ou principal loc
taire d'avoir soin des gouttières, il doit faire le dégorgement d
tuyaux et maintenir la propreté dans la gouttière s'il y accède fac
lement.

Grillage. — Le locataire doit aux grillages la réparation des dégâ
qu'il y commet et aussi les dégradations partielles et peu important
qui se produisent, lors même qu'elles ne sont pas de son fait. S'i
périssent de vétusté, c'est le propriétaire qui les renouvelle. A moi
de location principale, le bailleur doit faire toute espèce de répar
tions aux châssis placés en dehors de la location et qui recouvre
les cours vitrées; le locataire n'est tenu que de les souffrir.

Grille dormante. — Le locataire ne doit faire aux grilles dormant
que la réparation des dégâts dont il est l'auteur. Il n'est pas respo
sable des peintures défraîchies par le temps, mais il doit les entret
nir en bon état de propreté. En quittant les lieux, si elles sont ma
propres, il doit les lessiver et faire des raccords là où la peinture e
détériorée.

Grille ouvrante. — Le locataire doit le menu entretien aux ferm
tures, serrures, espagnolettes, verrous, etc., etc.

Les grilles ouvrantes placées extérieurement sont souvent sujett
à des réparations résultant du tassement de leurs fondations; c

sortes de dégradations rentrent dans l'entretien que doit le bailleur, à moins qu'il ne s'agisse que de jeux sans importance.

Haies. — Le locataire est tenu de tailler les haies et de remplacer les touffes qui périssent; il doit en outre se conformer à l'usage des lieux, s'il n'y a clause contraire.

Horloge. — Le locataire doit la maintenir en bon état de fonctionnement et la rendre dans l'état où il l'a reçue.

Humidité. — Il peut intervenir entre le propriétaire et le locataire certaines difficultés pour l'humidité. Il faut en rechercher la cause et la réparation incombe à celui d'où provient la faute.

L'humidité peut provenir :

Des réservoirs et conduites d'eau;

De terre-pleins;

De cours d'eau au pied des murs;

Humidité dans les soubassements;

Humidité dans les façades.

Incendie. — Selon les articles 1733 et 1734 du C. c., le locataire répond de l'incendie. Un simple feu de cheminée peut occasionner l'incendie d'une maison entière, et le locataire, chez qui le feu de cheminée a pris, en est responsable.

Règle générale, un locataire prudent doit faire assurer contre l'incendie ses risques locatifs, et reporter ainsi sur une compagnie d'assurances les charges qui de ce chef pèsent sur lui.

Le propriétaire peut se faire indemniser par le locataire qui a mis le feu de la perte des loyers qu'il subit pendant la durée des réparations, et cela à titre de préjudice causé.

Inscription. — Voyez *Enseigne*.

Jalousie. — Le locataire doit notamment le renouvellement des rubans et cordages, sans examiner s'il y a usure ou vétusté; il doit les rendre telles qu'il les a reçues, il n'est pas tenu de les faire peindre, mais il est tenu de les tenir et de les rendre propres.

Jardin. — Un état de lieux détaillé est indispensable pour tout jardin d'agrément donné en location; un plan est souvent nécessaire, on y indique les arbres principaux. Le jardin est censé avoir été livré en bon état, s'il n'y a preuve contraire, et doit être rendu de même.

Le bon état d'un jardin d'agrément comporte, les allées sablées, les gazons en bon état, les plates-bandes labourées, dressées et garnies de bordures, par application des articles 1754, 1731, 1732 et autres du C. c.

Les arbres et arbustes qui meurent pendant la durée de l'occupation sont remplacés par le locataire, en même nombre et en même qualité. Il n'en serait pas de même s'ils étaient détruits par la foudre ou emportés par un violent orage, sans qu'il y ait mauvaises précautions de la part du locataire. La taille des arbres, l'échenillage et l'élagage sont à la charge du preneur, qui doit aussi arracher les ronces et les orties avec graine.

Un jardin maraîcher doit être maintenu en bon état de culture et rendu fraîchement labouré et dressé, gravois, ordures, pierres, enlevés ou enterrés profondément.

Jet d'eau. — Voyez *Bassin.*

Jeu. — Lorsque par suite de légers tassements, des jeux sans importance sont à donner aux gâches en fer ou aux menuiseries, c'est au locataire qu'il appartient de le faire. Si une dépose est nécessaire, si le concours simultané du menuisier et du serrurier devient indispensable, c'est alors au propriétaire qu'il appartient de mettre les ouvriers à l'œuvre.

En quittant les lieux, lorsque les tapis sont enlevés, si le jour existant sous les portes est trop important, le locataire doit rapporter des fourrures solides et raccorder les peintures.

Jour. — Le locataire doit remettre les murs et cloisons en même état, au point de vue des ouvertures faites ou bouchées, qu'au moment de l'entrée en jouissance, si mieux n'aime le propriétaire profiter des modifications faites.

Lambris. — Le locataire doit aux lambris la réparation des dégâts qu'il y commet.

Loqueteau. — Le menu entretien des loqueteaux est essentiellement locatif, le tirage, son anneau, les vis qui le fixent en place, le graissage, sont à la charge du preneur.

Machine. — Le bailleur n'a à intervenir que lorsqu'il s'agit d'une pièce très importante, d'une pièce de longue durée en grosse matière, dont le renouvellement fait époque, et qui pèse comme une charge extraordinaire; ainsi, par exemple, pour les machines à vapeur, lorsque la chaudière, après avoir fait tout le service que l'on devait en attendre, est à changer, sans qu'il y ait eu abus de la chose, il est admis par les hommes les plus compétents que la réparation incombe au propriétaire, s'il n'y a convention contraire. Il en est de même pour les meules de moulins.

Mangeoire. — Le preneur est responsable des dégâts commis aux mangeoires, notamment lorsqu'elles sont rongées par les animaux; il doit également l'entretien des rouleaux, des anneaux, etc., etc.

Marche. — Voyez *Escalier.*

Matériel. — Pour le matériel d'un établissement industriel attaché à l'exploitation de ce fonds, le preneur ne peut souffrir ni profiter des fluctuations de valeur que le matériel a subies pendant le cours du bail, lorsqu'elles sont indépendantes de son fait et de sa volonté.

Meubles. — Quiconque prend un objet quelconque en location est tenu d'en avoir soin et d'y faire l'entretien nécessaire à sa conservation.

Moulin. — Pour déterminer les réparations qui doivent être considérées comme locatives, on doit s'en rapporter aux usages de chaque localité.

Les moulins à vent ou à eau se composent : 1º de la construction ; 2º du matériel.

En général les réparations locatives de la construction sont à la charge du locataire, dans les conditions indiquées dans le cours de cet ouvrage.

Tout ce qui est matériel et mobilier doit être rendu dans l'état où il a été reçu, ce matériel comprend les tournants, les travaillants, les volants, les palis, les vannes, les ustensiles, le mobilier, etc., etc. Si le moulin vient à périr faute, par le locataire, de l'avoir tourné au vent ou faute d'avoir prévu un débordement possible, ce dernier est responsable de l'accident.

Moulures. — Les moulures, plinthes, baguettes, etc., le menu entretien ne comprend guère que quelques clous, çà et là, pour les maintenir en place. Le preneur est également responsable des écornures causées par le heurt ou un choc quelconque.

Mur. — Le preneur ne doit aux murs que la réparation des dégâts qu'il y commet. (Voyez *Enduit sur mur.*)

Objets mobiliers : Accessoires, bancs, caisses à fleurs, chevilles de portemanteaux, cordes à puits, habitation louée avec ses meubles, jalousies, objets de luxe. — L'article 1754 du Code ne signale comme susceptibles de réparations locatives que des objets dépendant de la construction, néanmoins il est de principe que quiconque prend un objet quelconque en location est tenu d'en avoir soin et d'y faire l'entretien nécessaire à sa conservation. Si donc il dégrade l'objet ou s'il refuse les réparations d'entretien dont il a besoin, il cesse de jouir en bon père de famille et est atteint par la loi.

Objet scellé. — A défaut d'état de lieux ou de preuves contraires, les objets scellés en plâtre ou à chaux et ciment sont censés avoir été attachés au fond, à perpétuelle demeure, par le propriétaire, et sont qualifiés immeubles par destination ; ils appartiennent au bailleur, conformément aux articles 524 et 525 du C. c.

Mais toutes les fois qu'il est reconnu que l'objet scellé appartient au locataire, celui-ci a le droit de le reprendre, et à cet effet il en opère le descellement, puis fait faire au mur toute reprise nécessaire pour lui rendre la solidité qu'il avait auparavant ; si, pour un motif quelconque, cette reprise du mur ne peut être faite, le descellement doit alors être évité par le coupement de l'objet scellé, et il est alloué une indemnité au propriétaire, s'il en éprouve un préjudice.

Aucun article de la loi ne concède ces objets au propriétaire; le principe dominant est que le locataire doit rendre la chose telle qu'il l'a reçue.

Les articles précités du Code stipulent que les tableaux, les statues et autres ornements sont censés appartenir à la propriété lorsqu'il n'y a pas d'état de lieux et que le locataire ne peut prouver qu'ils lui appartiennent. Le même principe s'applique lorsqu'il s'agit d'un locataire qui s'est engagé à laisser les constructions qu'il pourrait ériger sur un terrain loué; il n'en peut retirer que les objets qualifiés meubles et qui n'ont pas été attachés au fond à perpétuelle demeure (Art. 524 et 525 du C. c.)

Ordures. — Voyez *Propreté*.

Ornement. — Les dégradations aux ornements de sculpture ne peuvent se traduire pratiquement que par une indemnité en argent. Le locataire ne doit qu'un époussetage, mais il est responsable des écornures, taches ou autres.

Papier de tenture. — Bien que l'article 1754 du C. c. soit muet au sujet des papiers de tenture, il est évident que le locataire doit une indemnité pour les dégâts dont il est l'auteur.

La plus grande moyenne qu'un bon papier de tenture puisse faire a été admise par les gens les plus compétents à neuf années.

Cette question est très délicate : si d'un côté le bailleur ne peut faire remplacer le papier de tenture à chaque sortie de locataires, le locataire n'est pas tenu non plus de faire remplacer un papier qui était déjà usagé lors de son entrée en jouissance. D'autre part, le locataire qui viendra louer n'acceptera pas un papier de tenture abîmé voire même défraîchi.

En principe on doit tenir compte de la durée; par exemple un locataire qui aurait habité pendant trois années un local; il est évident que le papier sera défraîchi, la place où sont adossés les meubles, les tableaux, le mouvement des chaises et des matelas, feront tache avec l'ensemble, il peut y avoir des écorchures et des taches. Dans ce cas le bailleur peut justifier par ses mémoires ou factures que le papier ayant été posé pour l'entrée en jouissance de ce locataire, ce dernier aurait à payer une indemnité, sur les six années seulement restant à courir pour atteindre les neuf années admises.

Deux cas sont à distinguer : les dégradations qui nécessitent absolument le renouvellement du papier, et celles qui ne l'exigent pas absolument; par exemple de légères taches et écorchures dans une pièce secondaire.

Nous ne parlons pas du locataire peu scrupuleux qui fait de graves dégradations soit par maladresse, soit intentionnellement, celui-là doit la réfection entière.

Il y a lieu de remarquer que de son côté le bailleur ne doit pas chercher à tirer un bénéfice avec l'indemnité des réparations locatives; en conséquence un papier pouvant se raccorder convenablement ne doit pas être changé.

Malgré tout, il faut être très prudent sur cette question des papiers, et il est sage, lors de l'entrée en jouissance, de faire constater par écrit dans quel état le papier de tenture se trouve.

Si dans le cours de la location, le locataire fait poser un papier de tenture à ses frais et à son goût, il devrait faire part de son choix au bailleur de façon à éviter des contestations en quittant les lieux.

Le papier cuir, étant généralement fabriqué d'une manière solide et recouvert d'un vernis qui le protège, doit faire plus de neuf années. Le locataire doit le rendre en bon état.

Paratonnerre. — Le locataire ne doit aux paratonnerres qu'un entretien de propreté dans les endroits où il accède facilement.

Parquet. — Règle générale, on ne doit accepter les parquets qu'en bon état d'encaustiquage et de frottage, le locataire doit les entretenir et les rendre en ce même bon état.

Un parquet pourri ou usé est à la charge du bailleur, qui peut être tenu de le remplacer pendant la durée du bail, si le locataire n'a fait autre chose que de s'en servir suivant la destination des lieux.

Lorsque le bois se retire sous l'influence de l'air, il se fait des joints visibles que le locataire doit accepter, toutefois si lesdits joints s'élargissent trop, c'est-à-dire si la languette est en partie découverte, le preneur, selon l'importance et la destination des lieux loués, peut en exiger la réfection.

Lorsque quelques lames seulement ont été brisées ou enfoncées, le locataire doit les faire remplacer. S'il s'agissait d'une grande partie, le locataire n'est pas présumé l'auteur de la dégradation, à moins que le bailleur ne prouve qu'elle doit lui être imputée.

Si les parquets sont tachés de graisse, d'encre ou de tout autre produit, et qu'on ne puisse les nettoyer, il est dû le rabotage, l'encaustiquage, le frottage, et en outre une indemnité de dépréciation pour le tort que le rabotage fait subir au parquet.

La frise d'encadrement du foyer, si elle est par trop brûlée, doit être changée aux frais du locataire.

Lorsque le locataire a fait clouer un tapis sur le parquet quand il le retire il doit au bailleur une indemnité pour les trous de clous.

Pavage. — Le locataire n'est pas responsable des pavés dégradés des grandes cours, remises, bûchers, halliers, etc., etc.

Dans les petites cours où il n'entre pas de voitures, les pavés cassés sont à la charge du locataire ; s'ils sont seulement ébranlés, réfection incombe au bailleur.

D'autre part, l'article 1754 du C. c. dit que les réparations loc tives sont dues aux pavés et carreaux des chambres lorsqu'il n'y en seulement que quelques-uns de cassés.

Le locataire est également responsable des dégâts qu'il commet a sol de la voie publique : trottoir, pavage, etc., etc.

Peinture. — Le preneur n'est pas responsable des peintures défra chies par le temps, mais il doit les entretenir en bon état de pr preté. En quittant les lieux, si elles sont malpropres, il doit les le siver et faire des raccords.

Les peintures extérieures détruites par le temps, le soleil ou pluie, ne sont pas à la charge du locataire, ce dernier peut en exiger réfection selon les articles 1719, 1720 et 1755 du C. c.

Le preneur, même avec un long bail, ne peut exiger du baille que la peinture soit refaite, à moins que la détérioration ne provienn de grosses réparations ou de causes accidentelles.

Perron. — Le locataire n'est tenu de la réparation que des dégâts qu y commet. Si un seul locataire a la jouissance du perron, il est ten de faire les réparations minimes et partielles, dont la non-exécutic serait une cause de détérioration pour l'ensemble du perron.

Lorsque le perron est mal fondé et se sépare de la constructio c'est au bailleur qu'il appartient de rétablir les choses en bon éta

Persienne. — Le locataire n'est responsable que des dégâts qu'il commet, il doit en outre le menu entretien de toutes les ferrur qui composent la fermeture, loqueteau, poignée, fléau, tirage, et

Pierre d'évier. — Voyez *Évier*.

Plafond. — Le preneur n'est responsable que des dégâts qu'il y con met ; les trous de clous ou de pitons qui sont de son fait doivent êt rebouchés, et il est dû une indemnité pour les taches que ce bouch ment laisse dans la peinture unie ; le bailleur peut exiger la réfectic complète de la peinture, si ces taches en sont les seules causes. L raccords sont plus faciles dans les plafonds décorés.

Le preneur est également responsable du noircissement des pl fonds par son manque de soins.

Planche de cloison. — Voyez *Cloison*.

Plaque de propreté. — Lorsque le locataire enlève les plaques propreté qu'il a fait poser, il doit reboucher les trous des clous faire les raccords de peinture.

Poêle. — Le locataire est soumis aux mêmes règles que pour les chem nées. (Voyez ce mot.) S'il fait un plus grand feu que le poêle ne comporte, et que par suite le corps du poêle ou sa colonne se trouv dégradé, il en est responsable. La porte du poêle, le chauffe-assiettes et sa porte, les bouches de chaleur, etc., doivent être entretenus par le locataire, les cendriers et chevrettes sont des objets mobiliers qui doivent être rendus dans l'état où ils ont été livrés. Le preneur doit se conformer à l'usage pour lequel le poêle a été construit.

L'entretien des tuyaux de poêle, en tôle ou autrement, destinés à aller rejoindre le coffre de la cheminée, est à la charge du propriétaire toutes les fois que le poêle est de construction.

Un poêle mobile rentre dans la catégorie des objets mobiliers.

Pompe. — Lorsque la maison est louée à un seul locataire, il doit l'entretien et la réparation du piston, du balancier, de la tringle et de la goupille; il doit en outre graisser et amorcer la pompe lorsque c'est utile.

Si la maison est louée à plusieurs locataires, c'est au bailleur qu'incombe l'entretien et toutes les réparations, mais s'il s'agit d'un dégât; il est en droit de le faire supporter par celui qui l'a commis.

Pont. — Le locataire est tenu du menu entretien de tout ce qui compose le pont et des dégâts qu'il y commet. Le propriétaire doit le gros entretien et les grosses réparations.

Tout abus de jouissance d'un pont est à la charge du locataire.

Porte. — Conformément à l'article 1754, les portes sont susceptibles de réparations locatives.

La réparation principale consiste au changement de la serrure et à la pose de verrous de sûreté. Anciennement, que les serrures étaient de fortes dimensions, le locataire était tenu du changement de la planche de rive et des ouvrages de raccordement qui en étaient la conséquence; mais maintenant que les serrures et les verrous de sûreté sont de petite dimension, leur entaille n'occasionne généralement plus la rupture du battant, et il ne doit qu'une pièce en menuiserie proprement rapportée, un raccord de peinture et une indemnité de dépréciation. (Voyez *Jeu.*)

Lorsque le bois se retire à tel point que la porte ne recouvre plus la feuillure et que le pêne n'entre pas suffisamment dans la gâche, c'est au bailleur qu'incombe de rétablir les choses en état.

Porte battante. — La porte battante couverte en étoffe étant considérée comme un objet mobilier, son entretien incombe au locataire; il doit la rendre sans taches ni déchirures.

Porte cochère. — Le principal locataire doit le menu entretien à toutes les fermetures; il maintient en outre en bon état le cordon et la sonnette d'annonce.

Porte sous tenture. — Les portes sous tenture pour armoire ou non sont assujetties aux mêmes conditions que les autres portes, et le papier qui les recouvre rentre dans les conditions du papier de tenture ; le locataire doit en outre conserver et entretenir les bandes en zinc qui masquent les joints.

Portemanteau. — Les portemanteaux doivent être rendus dans l'état où ils ont été reçus.

Pressoir à vin et à cidre. — Le pressoir est un ustensile soumis aux règles du matériel et du mobilier industriels ; le locataire doit l'entretenir et le rendre dans l'état où il l'a reçu ; il remplace au besoin les couperets, sébiles, etc., etc.

Principale location. — Pour une maison louée en totalité, le locataire est responsable de toutes les réparations locatives, y compris toutes les parties communes de la maison : escaliers, couloirs, porte cochère, etc., etc.

Le balayage de la rue est également à sa charge.

Si le principal locataire a des sous-locataires, ces derniers sont responsables envers lui des réparations locatives.

Propreté. — Par application de l'article 1720, le bailleur devant délivrer les lieux loués en bon état de propreté, de même le locataire est tenu de les rendre dans ce même bon état, c'est-à-dire époussetés, balayés, ordures et cendres enlevées.

Les parquets doivent être rendus encaustiqués et frottés.

Les vitres des fenêtres et les glaces nettoyées.

Le carrelage de la cuisine doit être lavé.

Le fourneau de la cuisine, les cheminées, l'évier, cuvettes d'eau, garde-robes, robinets, etc., etc., doivent être remis en parfait état de propreté.

Il en est de même pour les dépendances.

Puisard. — Par interprétation de l'article 1756 du C. c., le curage des puisards est à la charge du propriétaire ; mais le locataire principal est tenu d'un certain menu entretien au pourtour de la grille par laquelle se précipitent les eaux. (Voyez *Fosse d'aisance*.)

Puits. — Selon l'article 1756 du C. c., le curement des puits est à la charge du bailleur, à moins qu'il n'y ait une clause contraire.

Le locataire principal fait la réparation journalière et partielle de l'emplacement où s'opère l'arrivage du seau.

A Paris, les ordonnances de police sur les incendies exigent que les puits existants soient constamment garnis de cordes et de seaux.

Ramonage. — Le ramonage des cheminées est à la charge du preneur, parce que lui seul connaît l'usage qu'il fait de ses cheminées, et lui seul peut apprécier l'utilité de ramonages plus ou moins fréquents.

Il ne suffit pas de faire ramoner à de certaines époques de l'année, il faut que cela soit fait autant de fois que le veut la prudence.

Il y a négligence coupable, lorsqu'il est trouvé une trop grande quantité de suie dans la cheminée, alors même qu'il n'en résulte aucun dommage.

Au contraire, on peut n'être pas atteint, s'il est reconnu que, bien qu'il y ait eu le feu, le ramonage avait été fait autant que la prudence le commandait.

Le ramonage est de rigueur, même dans les communes où aucun règlement municipal ne le prescrit; les articles 458 et 471 du Code pénal ne font pas d'exception.

Lorsqu'un seul tuyau de fumée, dit unitaire, reçoit la fumée de toutes les cheminées placées les unes au-dessus des autres, ledit tuyau, d'un usage commun, est ramoné sur l'ordre du propriétaire et aux frais des locataires. C'est au locataire à faire nettoyer les branchements allant rejoindre le tuyau unitaire. (Voyez *Feu de cheminée*.)

Râtelier. — Le preneur y doit la réparation des dégâts qui y sont commis.

Réchaud. — Voyez *Fourneau*.

Récrépiment. — Le récrépiment du bas des murailles des appartements et autres lieux d'habitation, se doit dans la hauteur d'un mètre selon l'article 1754 du C. c. Il faut y comprendre les dégradations de toute nature, même de celles qui sont du fait de l'humidité et de la vétusté pour ce qui concerne la propriété rurale. Un fermier, en quittant les lieux, fait toujours récrépir le bas des murailles, dans la hauteur d'un mètre, sans rechercher quelle peut être la cause de la dégradation.

Réservoir. — Le locataire n'est tenu que du menu entretien et de certaines réparations partielles ou provisoires; lorsqu'il laisse geler l'eau que contient le réservoir, il est responsable des dégâts qui en résultent.

Rideau de cheminée. — Le preneur est tenu de les rendre en bon état de fonctionnement, y compris chaînes, contre-poids, etc.

Rivière. — Le preneur doit la curer, maintenir la berge et le tout en bon état. Il ne peut rien faire de contraire à la conservation de l'empoissonnement.

Robinet. — Le preneur doit les graisser et les entretenir tant qu'ils sont susceptibles d'être réparés; il est tenu de les préserver de la gelée.

Salle de spectacle. — Le preneur ne peut être contraint de remettre à neuf ce qui, malgré l'entretien convenable, a été détérioré par l'usage ou la vétusté, et, notamment, de refaire entièrement les peintures, tentures et tapisseries, dont la détérioration n'est le résultat ni d'un défaut d'entretien, ni d'un abus de jouissance.

Il ne pourrait y être contraint qu'autant que la détérioration résulterait de sa faute.

Scellement. — Voyez *Objet scellé.*

Sculpture. — Voyez *Ornement.*

Serre. — Le preneur doit le menu entretien de toutes les fermetures. Les carreaux de vitres cassés ou fêlés, quelle qu'en soit la cause, sont à la charge du locataire, sauf ceux qui sont brisés par la gelé et qui doivent être remplacés par le propriétaire.

Les conduites pour eau chaude sont entretenues par le locataire; l'appareil de chauffage rentre dans la catégorie des âtres, poêles, fourneaux et calorifères.

Serrure. — Les serrures citées à l'article 1754 sont d'un entretien essentiellement locatif; le preneur doit les démonter au besoin et les faire fonctionner, tant qu'elles sont réparables; lorsque les pièces principales sont usées, le bailleur est tenu de les remplacer.

Une serrure de sûreté comporte deux clefs.

Sonnette. — S'il n'a pas été fait d'état de lieux et à moins de preuves contraires, la sonnette d'annonce est présumée appartenir au propriétaire et les autres au locataire. Il est évident que le locataire qui fait poser des sonnettes pour son usage personnel, s'il les enlève, doit réparer tous les dégâts occasionnés par leur enlèvement.

Soubassement. — Le locataire doit dans la hauteur de un mètre du sol, selon l'article 1754 du C. c., les dégradations faites aux enduits, jointoiements ou rocaillages des soubassements de murs intérieurs ou extérieurs.

Sous-location. — Voyez *Principale location.*

Stalle d'écurie. — Le preneur maintient en bon état les diverses ferrures qui y sont fixées, et remplace les cordes et les chaînes qui se dégradent. Il doit la réparation des dégâts provenant de son fait.

Statue. — Le preneur doit veiller à la conservation des statues, sculptures et autres objets d'art qui lui ont été confiés.

Store. — Les stores de boutiques et de fenêtres, à défaut d'état de lieux, et sauf preuve contraire, sont censés appartenir au preneur. Lorsqu'il les enlève, il doit réparer tous les dégâts qui sont la conséquence de la pose et de l'enlèvement.

Quand les stores appartiennent au propriétaire, ils sont livrés comme objets mobiliers et doivent être rendus en très bon état de service.

Siphon. — Voyez *Évier.*

Tableau. — Soumis aux mêmes règles que les statues. (Voyez ci-dessus.

Tablette. — Le locataire qui place des tablettes sur tasseaux et potences, s'il les reprend en quittant les lieux, doit réparer les dégâts occasionnés par cet enlèvement.

Taillis. — Voyez *Bois, haies.*

Tenture. — Voyez *Papier de tenture.* Les tentures en étoffe, tapisserie, cuir repoussé, etc., rentrent dans la catégorie des objets mobiliers. Plus les objets sont fragiles, plus ils ont de valeur et plus le preneur doit y prendre soin.

Le locataire n'est pas responsable des changements de tons dans les couleurs, qui résultent du contact de l'air.

Tapis. — Les tapis placés dans les escaliers et autres lieux sont meubles. S'il y a principale location, ils doivent être entretenus et rendus en bon état d'entretien et de conservation; lorsqu'il y a plusieurs locataires, cet entretien incombe au propriétaire.

Le locataire est responsable des taches, brûlures ou autres détériorations qu'il peut faire aux tapis.

Targette. — Le locataire doit l'entretien des targettes.

Terrasse. — Le preneur n'est responsable que des dégâts qu'il y commet.

Terre labourable. — Le fermier doit rendre les terres en bon état, s'il n'y a au bail de clause contraire, et laisser les pailles et fumiers.

Théâtre. — Voyez *Salle de spectacle.*

Toit. — Voyez *Gouttière, chêneau, châssis.*

Trappe. — Les trappes sont assimilées aux portes; un moraillon fait supposer un cadenas.

Treillage. — A défaut d'état de lieux et de preuves contraires, les treillages rentrent dans la catégorie des objets indiqués aux articles 524 et 525 du C. c., et sont présumés appartenir au propriétaire. Le locataire y doit le menu entretien et les réparations partielles, c'est-à-dire qu'il est tenu de réparer les liens en fil de fer qui se dégradent, et de remplacer, çà et là, les bois qui se cassent; mais lorsque le treillage périt de vétusté, le propriétaire doit le renouveler.

Tringle. — Le preneur doit réparer les tringles de fer des croisées, les poulies, les balcons et grilles auxquels il manque quelque enroulement aux barreaux, les treillis en fil de fer ou en laiton.

Trottoir. — Le locataire est responsable des dégradations qu'il commet au trottoir existant dans la partie louée, notamment en y fendant du bois.

Trou. — Les trous faits par le locataire pour fixer des rideaux aux fenêtres, des tableaux aux murs ou pour tout autre cas, sont des dégradations qui restent à sa charge, et qui se convertissent généralement en une indemnité dont l'importance varie suivant la gravité des dégâts et la durée de l'occupation.

Trou à fumier. — Le locataire doit entretenir et graisser souvent les ferrures et fermetures d'un trou à fumier; lorsqu'elles cèdent à la vétusté, sans qu'il y ait eu manque de soins, c'est au propriétaire à les remplacer.

Tuyau de descente. — Le preneur n'est responsable que des dégâts qu'il y commet; il ne doit pas y jeter d'eau pendant la saison des gelées, sinon le dommage tombe à sa charge.

Tuyau d'eau. — L'entretien des tuyaux conduisant les eaux est à la charge du bailleur.

Tuyau de fumée. — Les tuyaux en tôle qui surmontent extérieurement les tuyaux de fumée sont à la charge du bailleur.

Usage. — Au sujet de l'usage des locaux, l'article 1754 du C. c. stipule que les réparations locatives sont celles désignées comme telles par l'usage des lieux. La même recommandation de se conformer aux usages locaux se retrouve aux articles 645, 663, 671, 674, 1159, 1736, 1757, 1758, 1759, 1777 du C. c.

Usure. — L'usure, c'est la perte de la chose causée par un long usage, tombant de vétusté, ou se déformant tellement que l'usage en devient impossible. Ce dépérissement se produit après un temps plus ou moins long, selon la qualité de la chose ou l'usage auquel cette chose est destinée.

Le preneur ne répond pas de l'usure arrivée à la suite d'un usage paisible de la chose louée.

Verrou. — Le menu entretien est à la charge du locataire; s'il succombe de vétusté, c'est au propriétaire à le faire remplacer.

Vétusté. — Se dit des choses que le laps de temps a fait dépérir. Voyez ci-dessus *Usure*.

Vidange. — Voyez *Fosse d'aisance*.

Vigne. — Les échalas et charmiers doivent rester en même état, à la fin du bail, que quand le fermier a pris les vignes; il doit laisser les fossés selon la règle du pays, et les haies en bon état, sans être détériorées, suivant l'état qui en doit être fait au commencement du bail.

Le fermier est tenu d'entretenir les échalas pendant toute la durée de son bail, et d'en représenter autant qu'il en a reçu, sans pouvoir invoquer la vétusté; il doit aussi tailler la vigne, la maintenir en bon état et rendre autant de pieds qui lui en a été livré. A défaut d'état de lieux et de preuve contraire, il est censé avoir reçu les choses dans un état convenable.

Le fermier d'une vigne doit la façonner, la fumer, l'entretenir d'échalas, la provigner.

Vitre. — Les vitres des portes et fenêtres et châssis sont à la charge du locataire.

Il doit remplacer celles brisées par la grêle, s'il y avait des contre-vents qu'il eût négligé de fermer au moment de l'orage.

Le lavage des vitres est à la charge du locataire.

En cas d'explosion violente, elles incombent au bailleur.

Lorsque des vitres sont fêlées aux angles et que cela provient par le fait des pointes qui les serrent en feuillure, le locataire n'en est pas responsable.

Le rétablissement des mastics dégradés est à la charge du bailleur, à moins que ce ne soit du fait du locataire et que le démastiquage ne soit le résultat d'un choc, des battants de croisées à la suite d'un violent coup de vent ou courant d'air.

Si le locataire a fait dépolir les vitres, il doit les rendre dans l'état où elles ont été livrées.

Le propriétaire doit livrer les carreaux de vitres en bon état de propreté et le locataire est tenu de les rendre de même.

Volet. — Le volet est un objet mobile qui se conserve plus ou moins, suivant le soin que l'on en prend, donc il appartient essentiellement à l'entretien locatif.

On désigne aussi volets, les fermetures fixées en place, ou pliantes.

Le preneur doit rendre en fin de bail, les barres de fermeture, poignées, boulons, clavettes, etc., etc.

ÉTAT DES LIEUX

D'UN LOCAL

Faisant partie d'une propriété, sise:

A Paris, rue Monsieur-le-Prince, 28.

M................................, propriétaire.

M................................, locataire.

DESCRIPTION SOMMAIRE

Un appartement au quatrième étage, porte en face du palier d'arrivée, composé de :

Une salle à manger avec alcôve ;

Une chambre à coucher ;

Une cuisine ;

Un water-closet ;

Un cabinet de débarras ;

Deux couloirs de dégagement.

Comme dépendances :

Un réduit, formant cabanon sous comble, au cinquième étage et une cave en sous-sol.

DESCRIPTION SUCCINCTEMENT DÉTAILLÉE

On accède audit local par une baie, fermée par une porte à un vantail, à lambris d'assemblage, à grand cadre, aux deux parements, embrevé, sans plates-bandes ; trois panneaux dans la hauteur, bâti chêne trente-quatre millimètres, panneaux sapin dix-huit millimètres.

De nombreuses pièces ont été rapportées. A l'huisserie, du côté intérieur, traces de gâches d'anciens verrous supprimés.

Ferrage :

Trois charnières de quatre-vingt-quinze millimètres de hauteur.

Une serrure de sûreté à gorges, à bouton coudé avec entrée et gâche, de quatorze centimètres de longueur, clef bénarde. Estampille effacée.

Un bouton de tirage, cuivre creux de quarante-cinq millimètres de diamètre.

Il a été remis deux clefs, lors de la prise de possession des lieux.

SALLE A MANGER

Au pourtour de la porte d'entrée, pour former encadrement, chambranle en sapin de vingt-cinq millimètres d'épaisseur sur quatre-vingt-quinze millimètres de largeur avec socles en sapin par le bas.

Ladite salle à manger éclairée par une baie fermée par une croisée à deux vantaux, en chêne, dormant cinquante-quatre millimètres, châssis trente-quatre millimètres à moulures. Chaque vantail deux petits bois dans la hauteur. Vitré de six vitres de cinquante-quatre centimètres de hauteur sur quarante-quatre centimètres de largeur. Le mastic de ces vitres est enlevé en partie.

Ferrage :

Ladite fenêtre ferrée de six fiches, chanteau de douze centimètres de hauteur.

Une espagnolette à poignée verticale de un mètre quatre-vingt-cinq centimètres de longueur, garniture en fonte unie, tringle ronde de seize millimètres de diamètre avec deux embases et crochets de rappel.

Défendu extérieurement par un balcon, en fonte du commerce, avec barre d'appui profil olive, en chêne, de cinquante-deux millimètres sur trente millimètres.

Une paire de persiennes sans dormant, ferrées de six paumelles à gond de neuf centimètres de hauteur.

Une crémone idem celle de la croisée.

Deux goujons pour les embases à crochets.

Deux arrêts à scellement avec clavettes et chaînettes.

Au pourtour de la fenêtre et pour former encadrement, chambranle mouluré en sapin de onze millimètres d'épaisseur et quarante-un millimètres de largeur.

Ladite pièce parquetée à point de hongrie, lames en chêne de quatre-vingt-quinze millimètres de largeur et soixante centimètres de longueur. Frises d'encadrement du foyer de la cheminée brûlée. Ledit parquet est très usagé, les lames sont disjointes et éclatées, de nombreuses taches restent apparentes. Au pourtour des murs, pour former soubassement, sur une hauteur de soixante-dix centimètres, moulure de treize millimètres d'épaisseur sur cinquante-cinq millimètres de largeur.

Plinthe en sapin au pourtour de la pièce de onze

millimètres d'épaisseur sur quatre-vingt-quinze milli-mètres de hauteur.

Au-dessus de la moulure formant soubassement et jusque sous la corniche du plafond, les murs sont recou-verts d'un papier de tenture très usagé avec bor-dure haute et basse analogue. Il existe de nombreuses traces de clous.

A droite de la porte d'entrée, une alcôve de deux mètres treize centimètres sur un mètre trente et un centimètres de profondeur.

La feuillure et les traces d'anciennes ferrures, in-diquent qu'il existait des portes qui ont été suppri-mées. Dans le parquet, au milieu de l'alcôve, une gâ-che en fer, de six centimètres sur quatre centimè-tres, y est entaillée et fixée par quatre vis.

Dans l'alcôve, côté du dégagement, une porte pleine à laquelle il manque le bouton de ferme-ture de la serrure.

Au pourtour de cette alcôve et pour former enca-drement, chambranle mouluré en sapin, deux montants de quarante-un millimètres de largeur avec socles par le bas, traverse haute, cinquante-neuf millimè-tres de largeur, dix-huit millimètres d'épaisseur.

Plafond peint à la colle, au pourtour une corniche traînée en plâtre. Soubassement, boiseries, corniche et alcôve peints à l'huile ton uni en blanc. Au milieu un petit tirefond. ~~Soubassement,~~ ~~boiseries,~~ ~~alcôve et corniche peints à l'huile ton uni en blanc.~~

Une cheminée, marbre rouge, deuxième choix (griotte inférieure, Saint-Rémy rosé,) modillon ordinaire cannelé, avec foyer et revêtements montés. Tablette, un mètre dix centimètres de longueur sur trente-cinq centimètres de largeur, jambages de cent quinze millimètres de largeur. Linteau, cent quinze millimètres de largeur. Cadre, deux montants de cinq centimètres de large, une traverse de sept centimètres de large. Foyer marbre idem, un mètre cinq centimètres de longueur, trente-cinq centimètres de largeur.

Ces marbres sont usagés, dépolis en certains endroits, tachés et épaufrés. Le marbre du foyer, idem précédents.

Rétrécie en faïence trois plaques unies, lesdites craquelées.

Contre-cœurs et fond en briques.

Atre en tôle avec prise d'air au-dessous.

Châssis à rideau en tôle à contrepoids, une coquille en cuivre fondu. Encadrement mouluré, en cuivre de quarante-cinq millimètres de largeur.

Au-dessus de la cheminée, une glace étamée

de quatre-vingt-douze centimètres de hauteur sur quatre-vingt-huit centimètres de largeur, enfermée dans un cadre mouluré doré de dix centimètres de largeur. L'étamage de la glace est piqué et il manque des ornements au cadre, la dorure est abîmée.

A droite de la cheminée un placard, fermé par une porte à deux vantaux, chaque vantail arasé d'un parement à petit cadre de l'autre, bâtis et panneaux sapin, deux panneaux dans la hauteur.

Ladite porte ferrée :

Six charnières de sept centimètres de hauteur.

Une serrure d'armoire de sept centimètres de longueur.

Un piton et un crochet.

A l'intérieur, un seul rayon en sapin de vingt-sept millimètres d'épaisseur.

Ledit placard peint intérieurement à l'huile.

A gauche de la cheminée, un second placard semblable au précédent. Deux planches à l'intérieur de vingt-sept millimètres d'épaisseur.

Il existe quatre tasseaux indiquant l'emplacement de planches enlevées par le locataire précédent.

CHAMBRE

On accède à cette pièce par une baie fermée par une porte. à un vantail, en tout semblable comme description à celle indiquée précédemment, bâti sapin au lieu de chêne.

Comme ferrure, trois charnières de neuf centimètres de hauteur.

Une serrure deux pênes de quatorze centimètres.

Un bouton double cuivre creux numéro quatre forme olive.

Au pourtour de la baie, chambranle idem.

Ladite chambre éclairée par une baie, fermée par une croisée à deux vantaux, en tout semblable à la précédente.

Une vitre est cassée dans un coin. Cette cassure provient de ce que la vitre a été pointée trop près de la feuillure.

Ferrage idem.

Défense extérieure idem.

Une paire de persiennes idem.

Chambranle idem.

Parquetée à point de hongrie, lames en chêne de quatre-vingt-quinze millimètres de largeur et six cent quatre-vingt-cinq millimètres de longueur. Deux frises d'encadrement au pourtour du foyer, lesdites brûlées. A l'ébrasement de la porte, deux frises posées à l'anglaise. Ledit parquet très usagé, les lames sont disjointes et éclatées, de nombreuses taches restent apparentes.

Au pourtour des murs, pour former soubassement, idem pièce précédemment décrite.

Plinthe idem.

Au-dessus de la moulure formant soubassement, papier de tenture idem. Papier très usagé et nombreuses traces de clous.

En face la porte d'entrée, une alcôve de deux mètres huit centimètres sur un mètre quinze centimètres; une porte pleine de vingt-un millimètres d'épaisseur.

Ladite porte ferrée de trois charnières de sept centimètres de hauteur, du côté du dégagement un bec de cane, pour armoire, pêne à demi-tour, taillé en chanfrein à une seule boucle en cuivre, à charnière, anneau de quarante-cinq millimètres (s'ouvrant par le dégagement seulement).

Au pourtour de cette alcôve, pour former encadrement, deux baguettes sapin de six millimètres d'épaisseur sur dix-huit millimètres de largeur, imitation de socles par le bas, avec des baguettes.

Plafond peint à la colle, au pourtour une corniche traînée en plâtre.

Soubassement, boiseries, alcôve et corniche peints à l'huile ton uni blanc.

Une cheminée capucine simple avec foyer, sans revêtement, marbre noir belge ordinaire. Jambage de onze centimètres de largeur. Tablette de un mètre cinq centimètres de longueur et trente centimètres de largeur. Foyer de un mètre de longueur sur trente centimètres de largeur.

Ces marbres sont usagés, dépolis en certains endroits, tachés et épaufrés.

Rétrécie en faïence, trois plaques unies, lesdites craquelées.

Contre-cœurs et fond en briques.

Atre en carreaux rouges de seize centimètres de côté.

Châssis à rideau en tôle, à contrepoids, une coquille en cuivre fondu. Encadrement en cuivre, moulure de quarante-cinq millimètres de largeur.

Au-dessus de la cheminée, une glace étamée de quatre-vingt-dix-huit centimètres de hauteur sur quatre-vingt-deux centimètres de largeur, enfermée dans un *cadre mouluré doré de cent cinq millimètres de largeur. L'étamage de la glace est piqué, il manque des ornements au cadre, la dorure est abîmée.*

A gauche de la cheminée un placard, fermé par une porte à deux vantaux, chaque vantail arasé d'un parement à glace de l'autre ; deux panneaux dans la hauteur, bâti sapin vingt-un millimètres, panneaux sapin dix millimètres.

Ladite porte ferrée idem ceux de la première pièce déjà détaillée.

A l'intérieur quatre rayons de vingt-un millimètres d'épaisseur, quatre-vingt-dix-sept centimètres de longueur et trente-un centimètres de largeur.

Ledit placard peint intérieurement à l'huile, ton uni en gris.

CABINET DE DÉBARRAS

Dans la chambre, à gauche, un cabinet de débarras, dont on a accès par une baie, fermée par une porte à un vantail à lambris d'assemblage, à petit cadre à un parement, ni arasé ni à glace de l'autre, trois panneaux dans la hauteur, bâti sapin vingt-un millimètres, panneaux sapin de dix millimètres d'épaisseur.

Ferrage :

Trois charnières de neuf centimètres de hauteur.

Une serrure bec de cane, pour armoire, pêne à demi-tour, taillée en chanfrein, de huit centimètres de longueur, boucles en cuivre à charnière, anneaux de quarants-cinq millimètres.

Au pourtour de la porte, pour former encadrement, baguette en sapin de six millimètres sur dix-huit millimètres.

Ledit cabinet de débarras, parqueté à l'anglaise, lames en chêne de dix centimètres de largeur. Ce parquet est usagé.

Plinthe en sapin au pourtour de ce débarras, de onze millimètres d'épaisseur sur quatre-vingt-quinze millimètres de hauteur, côté de la chambre seulement.

L'intérieur dudit cabinet de débarras peint à l'huile ton uni gris.

De nombreuses traces de clous restent apparentes.

DÉGAGEMENT

On accède à ce dégagement, à droite de l'alcôve de la chambre à coucher par une baie, fermée par une porte à lambris d'assemblage, à petit cadre d'un parement et à glace de l'autre, trois panneaux dans la hauteur, bâti sapin vingt-un millimètres, panneaux sapin de dix millimètres d'épaisseur.

Ferrage idem porte du cabinet de débarras.

Parquet, plinthe, peinture idem cabinet de débarras.

Nombreuses traces de clous, marque d'anciens tasseaux.

WATER-CLOSET

On accède au water-closet par le dégagement de la chambre à coucher, par une baie, fermée par une porte pleine, arasée aux deux parements de vingt-un millimètres d'épaisseur.

Ferrage.

Trois charnières de quatre-vingt-quinze millimètres de hauteur.

Une serrure bec de cane de cent trente-cinq millimètres de largeur, pêne à demi-tour, boucles en cuivre, anneaux de quarante-cinq millimètres.

Une gâche en fer coudé.

Un verrou plat de soixante-cinq millimètres de hauteur.

Ledit water-closet éclairé par une petite baie, fermée par un châssis à un vantail, dormant en chêne, un petit bois dans la hauteur. Vitré de deux verres de trente-cinq centimètres sur trois-cent-quinze millimètres. La vitre du bas est dépolie et cassée dans un angle.

Ledit châssis ferré de deux charnières de huit centimètres de hauteur, un verrou plat et sa gâche, de soixante-cinq millimètres de hauteur.

Un siège avec cuvette à effet d'eau.

Le dessus de siège en chêne de trente-quatre millimètres d'épaisseur, quarante-six centimètres de longueur, sur sept cent vingt-cinq millimètres de largeur, produisant un mètre cent quatre-vingt-cinq millimètres à l'équerre, corroyé à un parement, rainé et collé. Sur la rive du devant rainure d'embrèvement pour recevoir le soubassement.

Trou pour le passage de la tige de l'appareil à bascule.

Trou de la cuvette, en sifflet et arrondi sur le parement apparent, vingt centimètres de grand diamètre et deux cent trente-cinq millimètres au plus petit diamètre. Champ de huit centimètres par devant et cent trente-cinq centimètres par derrière.

A battant en chêne de dix-huit millimètres d'épaisseur arasé, assemblé à travers champs et collé, de trente-six centimètres de longueur sur trois cent vingt-cinq *millimètres de largeur. Pente abattue sur la vive derrière pour le développement renversé.*

Ledit abattant ferré de deux pivots de siège, en cuivre, entaillés et fixés avec vis, à tourillon, avec crapaudine à pattes de cinquante-cinq millimètres de branche.

Un bouton rond en cuivre plein, tourné, à vis, de vingt-six millimètres de diamètre.

Soubassement chêne vingt-cinq millimètres d'épaisseur, corroyé sur un parement, rainé et collé avec languette bâtarde s'embrevant avec le dessus, de quarante-cinq centimètres de hauteur.

Par le bas, plinthe en chêne de onze millimètres d'épaisseur sur dix centimètres de largeur.

Sur le dessus de siège, en trois sens champ de calfeutrement en chêne de treize millimètres d'épaisseur sur cinq centimètres de largeur, avec arête arrondie.

Un appareil, garde-robe, à l'anglaise, à effet d'eau, système de Havard, moyen modèle, cuvette en faïence, valve de fermeture en cuivre. Ledit appareil se branchant sur la colonne montante par un raccord, muni d'un robinet en cuivre. Ce robinet ne fonctionne pas.

L'appareil est usagé.

Le sol de ce water-closet, carrelé en carreaux hexagonaux rouges de seize centimètres, ledit en très mauvais état.

Au pourtour des murs, plinthes par le bas, en sapin, de onze millimètres d'épaisseur sur quatre-vingt-quinze millimètres de hauteur.

Le plafond, les murs et les boiseries peints à l'huile ton uni en blanc. A hauteur du siège et au pourtour des murs frise de soubassement ton uni entre le jaune rotin et le jaune pierre.

DÉGAGEMENT DONNANT ACCÈS A LA CUISINE

On accède à ce dégagement, de la salle à manger, par une baie, fermée par une porte à un vantail, à lambris d'assemblage à grand cadre d'un parement arasé de l'autre, trois panneaux dans la hauteur, bâtis sapin vingt-sept millimètres, panneaux sapin vingt-sept millimètres.

Ferrage :

Trois charnières de soixante-quinze millimètres de hauteur.

Une serrure à pêne dormant à tour et demi de quatorze centimètres de longueur.

A ladite serrure manque la clef.

Un bouton double, en cuivre creux numéro quatre forme olive.

Au pourtour de cette baie, côté de la salle à manger, chambranle idem à la porte d'entrée; du côté du dégagement, chambranle en sapin de onze millimètres d'épaisseur et trente-cinq millimètres de largeur, socles par le bas.

Parqueté à l'anglaise, lames en chêne de dix centimètres de largeur.

Ledit parquet, très usagé, les lames sont disjointes et éclatées, de nombreuses taches restent apparentes.

A droite, une armoire en sapin de un mètre vingt-trois centimètres de hauteur, sur un mètre six centimètres de longueur et trente-cinq centimètres de largeur.

Ladite composée :

Un fond sapin de vingt-quatre millimètres d'épaisseur, un mètre six centimètres de longueur et trente-un centimètres de largeur, avec feuillure sur une rive pour recevoir les portes. Ledit fond repose sur les plinthes et est à quatre-vingt-quatre millimètres du sol.

Deux montants en sapin de vingt-quatre millimètres d'épaisseur sur un mètre vingt centimètres de hauteur et trente-un centimètres de largeur.

Un dessus en sapin de vingt-un millimètres d'épaisseur, un mètre six centimètres de longueur et trente-cinq centimètres de largeur, avec une moulure poussée sur la rive de face.

Pour former feuillure, au-dessous, une barre en sapin, clouée, de dix-huit millimètres de largeur sur quinze millimètres de hauteur.

Ladite armoire fermée par une porte à deux vantaux, à petit cadre d'un parement, arasé de l'autre, bâtis sapin, vingt-quatre millimètres d'épaisseur, panneau sapin neuf millimètres d'épaisseur; un seul panneau dans la hauteur.

A l'intérieur, deux rayons en sapin de vingt-sept millimètres d'épaisseur sur quatre-vingt-dix-neuf centimètres de longueur et vingt-huit centimètres de largeur.

Ladite porte ferrée :

Quatre charnières de cinq centimètres de hauteur.

Une targette en fer, platine à chapeau, noire, picolet carré, bouton tourné.

Au-dessous du premier rayon, un ressort en acier pour fermeture de vantail d'armoire.

Sur le bâti de droite, du vantail gauche, un mentonnet à vis.

Au-dessus de cette armoire, une planche en sa-

pin, *vingt-quatre millimètres d'épaisseur, posée à un mètre quatre-vingts centimètres du sol, supportée par deux tasseaux en sapin de quatorze millimètres sur vingt-quatre millimètres.*

Plinthe en sapin au pourtour de ce dégagement de onze millimètres d'épaisseur sur quatre-vingt-quatre millimètres de hauteur.

Tout le dégagement, y compris le plafond, peints à l'huile deux tons unis. L'armoire ton uni, bois, la frise sur une hauteur de soixante-huit centimètres, ton bois uni.

CUISINE

On accède à la cuisine, du dégagement, par une baie non fermée. Les feuillures à l'huisserie et le chambranle au pourtour, indiquent que cette porte a été supprimée; traces des vis des trois charnières.

La cuisine est en contrebas du niveau du reste de l'appartement, de seize centimètres.

Eclairée par une baie fermée par une croisée à deux vantaux, en chêne, dormant cinquante-quatre millimètres, chassis trente-quatre millimètres à moulures. Chaque vantail deux petits bois dans la hauteur. Vitré de six vitres de quarante-six centimètres de hau-

teur sur trente-deux centimètres de largeur. Le mastic de ces vitres est enlevé en partie.

Ladite fenêtre est ferrée de trois paumelles doubles laminées à nœuds bouchés, entaillées, posées en feuillure, fixées avec vis.

Une crémone ordinaire de Paris, tringle noire en fer demi-rond et garniture toute en fonte de dix-huit millimètres de diamètre.

Défendue extérieurement par une barre d'appui, recouverte de bois en chêne profil olive, de cinquante-quatre millimètres sur trente-quatre millimètres.

Le sol de la cuisine est carrelé en carreaux hexagonaux rouges de seize à dix-sept centimètres. Ce carrelage sans être en mauvais état est cependant usagé.

Le fourneau est en fonte et tôle, il a quatre-vingts centimètres de longueur sur cinquante-trois centimètres de largeur et quatre-vingts centimètres de hauteur.

Le dessus du fourneau est recouvert d'une seule plaque en fonte, à boudin sur la rive du devant, avec plaque de raccord en feuillure et deux jeux de rondelles également en fonte, le foyer en fonte avec grille et cendrier. (La plaque de raccord est fendue).

Coquemar avec panache et couvercle en cuivre, robinet et raccords.

Deux réchauds à charbon de bois, munis de leur couvercle et d'une porte formant cendrier.

Le devant en fonte, les garnitures en tôle.

Un four à rôtir, monté sur la devanture en fonte, la porte dudit, montée à bascule sur consoles et encadrée d'un fer plat poli à la lime, avec loquet et mentonnet à crans. A l'intérieur manque une plaque en tôte, côté du foyer.

Une boîte à charbon montée sur galets, encadrée d'un fer plat poli à la lime.

Le cendrier du foyer ainsi que celui des réchauds encadrés d'un fer plat poli à la lime.

Une rampe en cuivre avec supports, sur toute la longueur du fourneau.

Pour le service du fourneau un tisonnier.

Ce fourneau a été fourni par la maison Pouyet.

En face le fourneau une pierre d'évier en fonte émaillée, avec bonde syphoïde, rectangulaire de soixante centimètres sur quarante-six centimètres.

L'émail de cette pièce est en partie enlevé.

Au-dessus de la pierre d'évier, un robinet en cuivre à vis de dix-huit millimètres de diamètre ex-

térieur.

Sur le mur, au-dessus du fourneau en deux sens, quatre rangs de carreaux de faïence à dessins.

Sur le mur, au-dessus de la pierre d'évier, trois rangs de carreaux de faïence, semblables à ceux posés sur le mur au-dessus du fourneau.

Une armoire sous la pierre d'évier et une seconde à la suite à droite de celle de la pierre d'évier.

Pour les deux armoires, traverse du bâtis en sapin de trente-quatre millimètres d'épaisseur sur quatre-vingt-quinze millimètres de largeur, avec feuillure pour recevoir les deux portes, sur une rive.

Chaque porte d'armoire à glace aux deux parements, bâtis sapin vingt-un millimètres, panneaux sapin onze millimètres d'épaisseur.

Traverse basse, onze centimètres de largeur, laissant un vide de sept centimètres pour rejoindre le carrelage.

Le montant de gauche en sapin, arrondi extérieurement, trente-quatre millimètres d'épaisseur sur huit centimètres de largeur.

Le montant du bâti séparant les deux armoires, en sapin, trente-quatre millimètres d'épaisseur sur huit centimètres de largeur, avec feuillures pour rece-

voir les portes.

Par le bas, une plinthe en sapin de onze milli-
mètres d'épaisseur sur cent vingt-cinq millimètres de hau-
teur.

Pour l'armoire de droite, un dessus en sapin de tren-
te-deux millimètres d'épaisseur.

Les deux montants, celui de gauche de la pierre d'évier,
et celui séparatif, en sapin de vingt-sept milli-
mètres d'épaisseur.

Les deux portes d'armoire sont ferrées chacune :

Deux charnières de quatre-vingt-douze millimètres de
hauteur.

Une targette en cuivre, pêne rond avec plati-
ne et bouton, pêne en fer avec crampon à pattes,
ordinaire de quarante millimètres de largeur
de platine.

Sur la cloison de gauche (sur cage d'escalier), deux plan-
ches en sapin de vingt-un millimètres d'épaisseur et
trente centimètres de largeur, la première à un
mètre cinquante-cinq centimètres du sol d'une lon-
gueur de un mètre cinquante centimètres, avec a-
laise rapportée en bout, clouée sur la rive en bout,
de deux centimètres.

La seconde à un mètre quatre-vingt-dix-sept centi-
mètres du sol, d'une longueur de un mètre dix-sept cen-

timètres.

Lesdites planches supportées par des tasseaux en sapin, cloués aux murs.

A la cloison face à la fenêtre (séparative de l'alcôve, de la salle à manger et de la cuisine), une barre à casseroles, en sapin de vingt-un millimètres d'épaisseur sur onze centimètres de largeur, clouée à plat contre la cloison, corroyée et chanfreinée sur une rive et en bouts.

Au-dessous de la barre à casseroles et après un champ de dix centimètres, un adossoir en sapin de onze millimètres d'épaisseur sur vingt-deux centimètres de largeur, cloué à plat contre la cloison, corroyé et chanfreiné sur les deux rives et en bouts.

Au pourtour des murs, par le bas, plinthes en sapin de onze millimètres d'épaisseur sur onze centimètres de hauteur.

Le plafond, les murs et les boiseries peints à l'huile ton uni pierre, frise de soubassement à hauteur de quatre-vingts centimètres ton uni bois. Les deux armoires peintes intérieurement ton bois en uni.

Il existe des traces de clous un peu partout. Contre la fenêtre, il a été cloué des tasseaux à hauteur de la frise de soubassement, mais il n'existe pas de planche.

DÉPENDANCES

Un réduit à l'étage des combles sous la toiture en tuiles, non enduit.

Une cave en sous-sol.

Lesdites dépendances ont fait usage locatif, le locataire n'en demande ni la réfection, ni le nettoyage, mais en quittant les lieux, il ne lui sera rien réclamé par le propriétaire ou son représentant.

Nota. — *A l'entrée du locataire, les réparations suivantes ont été décidées :*

1º A la cuisine : peintures lessivées et une couche; tôle d'isolement contre le fourneau de cuisine à resceller;

2º Dans le surplus de l'appartement : peintures lessivées et raccordées;

3º Nettoyage des parquets.

Ces travaux seront exécutés après le quinze octobre mil-neuf-cent-onze.

Observation générale. — *En général, tous les parquets sont en mauvais état; les lames sont de différentes dimensions, disjointes, tâchées et brûlées. Les encu-*

drements des foyers sont brûlés. Il existe également
ment sur l'ensemble du parquet des traces de clous.
Au pourtour de tous les murs, de nombreux trous de clous existent.

Le papier de tenture est épaufré à certains endroits et est usagé.

Le présent état des lieux dressé succintement et de
bonne foi par l'architecte soussigné et accepté
par les parties qui ont également signé.

	Le propriétaire,	**Le locataire,**
	Lu et approuvé	*Lu et approuvé*
L'architecte,	*l'écriture ci-dessus,*	*l'écriture ci-dessus,*
Camille SICRE.	X...	Z...

Treize mots rayés comme nuls.

Camille SICRE.

Pour dresser cet état des lieux, les honoraires de l'architecte seraient les suivants :

Pour la rédaction : 13 rôles à 3 francs	39	»	
Pour l'ampliation : 13 rôles à 0,50	6,50		45,50
Pour notes prises sur place et relevé du plan 4 vacations à 8	32	»	
Travail en cabinet, mise à l'échelle du plan 2 vacations à 8....................................	16	»	56 »
Pour la correspondance 1 vacation à 8 francs ...	8	»	
Frais de port de lettres.			0,50
Ensemble			102 »

La grandeur du local ne fait rien, tout dépend de la description. Les anciennes constructions sont plus pénibles à décrire par un architecte soucieux d'éviter les frais à son client.

L'état des lieux qui fait suite à ces explications, quoique le local soit beaucoup plus grand que celui décrit ci-dessus, les émoluments de l'architecte sont bien moins élevés, ce, parce qu'il n'a pas rencontré certains détails qu'il était utile de décrire et qu'en outre le propriétaire et le locataire se contentent d'un état très sommairement détaillé.

Rôles compris rédaction et un d'expédition à 3,50..........	18 »
Pour notes prises sur place, relevé des mesures pour l'établissement et la mise à l'échelle en cabinet du plan et correspondance 3 vacations ½	28 »
Ensemble	46 »

Il est donc bien démontré que le prix d'un état des lieux varie selon les difficultés de la description et aussi selon l'exigence des parties.

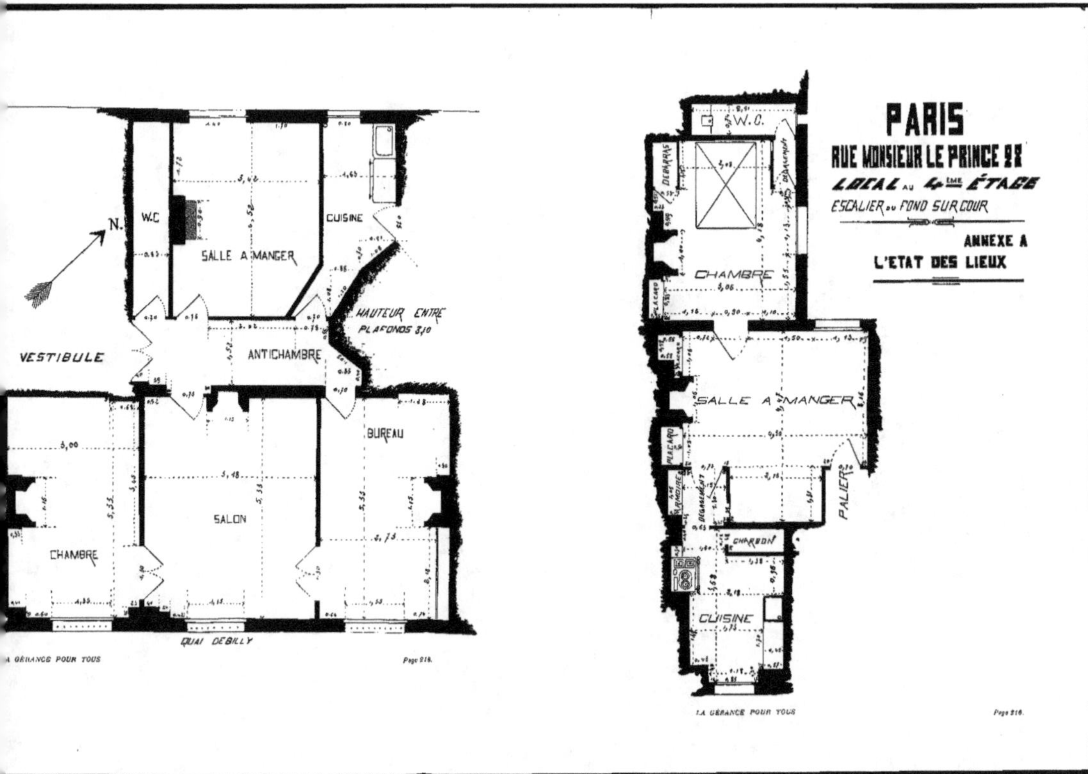
N.
W.C
SALLE A MANGER
CUISINE
VESTIBULE
ANTICHAMBRE
HAUTEUR ENTRE
PLAFONDS 3,10
BUREAU
SALON
CHAMBRE
QUAI DE BILLY
LA GÉRANCE POUR TOUS
Page 216.
W.C.
CHAMBRE
SALLE A MANGER
CHARBON
CUISINE
PALIER
PARIS
RUE MONSIEUR LE PRINCE 22
LOCAL AU 4ème ÉTAGE
ESCALIER AU FOND SUR COUR
ANNEXE A
L'ÉTAT DES LIEUX
LA GÉRANCE POUR TOUS
Page 216.

ÉTAT DES LIEUX

D'UN APPARTEMENT

Faisant partie d'une propriété, sise :

A Paris, quai Debilly, 46.

M. Emile Célerier, propriétaire.

M. Camille Sicre, locataire.

DESCRIPTION SOMMAIRE

Un appartement à rez-de-chaussée, à droite, composé de :

Une antichambre ;

Deux chambres sur le devant ;

Un salon ;

Une salle à manger ;

Une cuisine ;

Un water-closet ;

Comme dépendances :

Une chambre de bonne au cinquième étage et une cave en sous-sol.

DESCRIPTION SUCCINCTEMENT DÉTAILLÉE

On accède audit local :

1º Par une baie fermée par une porte à deux vantaux, sur le vestibule donnant accès à l'antichambre.

2º Par une baie fermée par une porte à un vantail sur le couloir de l'escalier de service donnant accès à la cuisine.

ANTICHAMBRE

On y accède par une baie fermée par une porte à deux vantaux à lambris d'assemblage. Au montant au-dessus de la serrure, la moulure est abîmée, il existe un trou indiquant l'enlèvement d'un fort verrou de sûreté.

Ladite antichambre éclairée par des impostes et par trois portes vitrées.

Ladite antichambre parquetée à l'anglaise, lames en chêne en mauvais état.

Au pourtour des murs, plinthes par le bas. Le surplus papier de tenture.

Plafond peint à la colle, boiseries peintes à l'huile.

WATER-CLOSET

On y accède par une baie fermée par une porte à un vantail à lambris d'assemblage.

Eclairé par une petite baie fermée par un châssis.

Un siège avec cuvette pour système du tout-à-l'égout.

Parqueté, une partie à l'anglaise lames chêne, et une partie en carreaux hexagonaux rouges, mauvais état.

Au pourtour des murs, plinthes par le bas.

Le plafond peint à la colle, les murs et les boiseries peints à l'huile.

SALLE A MANGER

On y accède par une baie fermée par une porte à un vantail à lambris d'assemblage.

Eclairée par une baie fermée par une croisée à deux vantaux. Chaque vantail, un petit bois dans la hauteur, *vitré de deux verres.*

Parquetée à l'anglaise, lames en chêne; encadrement et frises contre le poêle brûlés.

Au pourtour des murs pour former lambris, sur une hauteur de un mètre vingt-trois centimètres, moulures : composé d'une cymaise. Au-dessous, moulures formant cadres. Plinthes par le bas.

Le surplus, papier de tenture hors service par l'usage.

Plafond peint à la colle, faux lambris, ébrasements et boiseries peints à l'huile, façon décors noyer.

Un poêle en faïence, ledit en mauvais état, foyer intérieur brûlé et cassé. Contre-porte du foyer cassée. Les portes du chauffe-assiettes abîmées, crémone usée. A l'intérieur, les tablettes sont déposées et rouillées.

CUISINE

On accède à la cuisine par une baie fermée par une porte à un vantail à lambris d'assemblage.

Eclairée par une petite baie fermée par une croisée à deux vantaux.

Chaque vantail, un petit bois dans la hauteur, vitré de

deux verres.

Le sol de la cuisine carrelé en carreaux rouges à pans, ledit carrelage en mauvais état.

Le fourneau à simple service étant hors d'usage sera remplacé par une cuisinière du même modèle que celle qui existe actuellement. Largeur, soixante centimètres, longueur quatre-vingt douze centimètres, hauteur quarante-cinq centimètres.

Un bain-marie, une grillade et un four de trente-deux centimètres. Une barre en cuivre.

A gauche du fourneau, deux réchauds en mauvais état.

A gauche des réchauds, une pierre d'évier usée; plaque en cuivre descellée.

Au-dessus de la pierre à évier un robinet en cuivre.

Au-dessus du fourneau et de la pierre d'évier, carreaux en faïence à dessins, lesdits en mauvais état.

Au pourtour des murs, plinthes par le bas.

Contre la cloison de la salle à manger, deux planches en sapin de deux mètres cinquante-six centimètres de longueur sur trente-deux centimètres de largeur et vingt-un millimètres d'épaisseur.

Les murs et boiseries peints à l'huile ton uni à une couche, nombreuses traces de clous, une partie contre la fenêtre dégradée.

La planche au-dessus de la pierre d'évier a été enlevée.

PIÈCE FACE A LA CUISINE

(CHAMBRE A GAUCHE SUR LE DEVANT.)

On accède à cette pièce par une baie fermée par une porte à un vantail à lambris d'assemblage.

Elle est éclairée par une baie fermée par une croisée à deux vantaux.

Chaque vantail, un petit bois dans la hauteur, vitré de deux verres.

Ladite chambre parquetée à l'anglaise, lames en chêne, mauvais état.

Au pourtour des murs, plinthes par le bas, le surplus papier de tenture uni, dit d'apprêt.

Plafond peint à la colle, les boiseries et ébrasements peints à l'huile ton uni.

Une cheminée, marbre épaufré et taché, foyer cassé, cadre en cuivre, rideau et intérieur en mauvais état.

Au-dessus de la cheminée, une glace étamée de un mètre trente-sept centimètres sur quatre-vingt-six centimètres, cadre doré, étamage piqué, dorure abîmée.

A droite de la cheminée une armoire en sapin.

SALON

On accède à cette pièce :

1° De l'antichambre par une baie fermée par une porte à un vantail à lambris d'assemblage ;

2° Par une deuxième baie dans la cloison séparative de la pièce à gauche fermée par une porte à deux vantaux à lambris d'assemblage.

Ladite éclairée par une baie fermée par une croisée à deux vantaux.

Chaque vantail, un petit bois dans la hauteur, vitré de deux verres. Une grande vitre, à un vantail est cassée par le bas.

Ladite pièce parquetée à l'anglaise lames en chêne mauvais état. Devant la cheminée, il a été posé une plaque en tôle pour recevoir un poêle, laissant des traces de clous.

Au pourtour des murs, pour former lambris, sur une hauteur de soixante-dix-huit centimètres, moulures : composé d'une cymaise, au-dessous, moulures formant cadres, plinthes par le bas.

Au surplus, papier de tenture.

Le plafond peint à la colle, faux lambris, ébrasements et boiseries peints à l'huile ton uni.

Une cheminée, marbre épaufré, brûlé et complètement dépoli. Le foyer à compartiments cassé. Rétrécissement en faïence cassé. Rideau et intérieur en mauvais état.

Au-dessus de la cheminée, une glace étamée de un mètre trente-sept centimètres sur quatre-vingt-six centimètres, cadre doré, étamage piqué, dorure abîmée.

PIÈCE A DROITE

On accède à cette pièce par une baie dans la cloison séparative du salon, fermée par une porte à deux vantaux à lambris d'assemblage.

Elle est éclairée par une baie fermée par une croisée à deux vantaux. Chaque vantail, un petit bois dans la hauteur, vitré de deux verres.

Ladite chambre, parquetée à l'anglaise lames en chêne, mauvais état.

Au pourtour des murs, plinthes par le bas, le surplus, papier de tenture uni, dit d'apprêt.

Plafond peint à la colle, les boiseries et ébrasements peints à l'huile ton uni.

Une cheminée, marbre épaufré et taché, un socle cassé, foyer cassé, rétrécissement en faïence craquelé et disjoint, cadre en cuivre, rideau et intérieur en mauvais état.

Au-dessus de la cheminée, une glace étamée de un mètre trente-sept centimètres sur quatre-vingt-six centimètres, cadre doré, étamage piqué, dorure abîmée.

DÉPENDANCES

CHAMBRE DE BONNE. — *Ladite a fait l'usage locatif, le locataire n'en demande pas la réfection, mais en quittant les lieux, il ne sera rien réclamé par le propriétaire, comme réparations locatives.*

CAVE. — *Idem.*

NOTA. — *A l'entrée du locataire, les réparations suivantes ont été décidées.*

1º *A trois portes. Salon, salle à manger, cuisine, les panneaux en bois du haut seront remplacés par des verres imprimés ;*

2º *Les parquets sont à nettoyer ;*

3º *Le fourneau de la cuisine à changer ;*

4º *La cuisine une couche de peinture ;*

5º *Raccords partiels des parties les plus mauvaises en peinture ;*

6º *Pièce à droite sur devant, papier d'apprêt rosé ;*

7º *Salon papier de tenture ;*

8º *Pièce à gauche, papier d'apprêt ;*

9º *Le lessivage des peintures ;*

10º *Les jeux aux portes et fenêtres et diverses petites réparations.*

En général tous les parquets sont en mauvais état ; les lames sont de différentes dimensions, disjointes, tachées et brûlées.

Les encadrements des foyers sont entièrement brûlés. Il existe également sur l'ensemble du parquet des traces de clous.

Au pourtour de tous les murs, de nombreux trous de clous existent, le pourtour des fenêtres est abîmé par l'enlèvement des doubles rideaux.

A toutes les ouvertures il a été posé des bourrelets et de nombreuses traces de clous existent.

Le grillage défendant les baies sur le devant est complètement rouillé.

Le présent état des lieux dressé succinctement et de

bonne foi par l'architecte soussigné et accepté
par les parties qui ont également signé.

LU ET APPROUVÉ :

Camille SICRE.   E. CÉLÉRIER.
*Architecte
et locataire.*

EMPRUNT HYPOTHÉCAIRE

EMPRUNT HYPOTHÉCAIRE. — Renseignements sur les prêts hypothécaires. — Prêts hypothécaires à long terme avec amortissement. — Prêts hypothécaires à court terme sans amortissement. — Estimation des immeubles. — Examen des titres de propriété. — Annuités d'un capital de 100 francs calculées à l'intérêt de 4,50 % payables par semestre. — Applications des tables d'annuités. — Comment trouver l'annuité à payer pour un prêt amortissable dans un délai de 1 à 75 ans. — Comment connaître le capital restant dû après un nombre d'années ou de semestres écoulés. — Comment trouver la nouvelle annuité à payer après un remboursement partiel anticipé. — Exemples sur un prêt de 20.000 francs. — Modèle d'une demande d'emprunt avec instructions. — Déclaration des revenus et charges. — Sous-comptoir des Entrepreneurs. — Formule de demande.

Renseignements généraux sur les Prêts hypothécaires.

Prêts hypothécaires à long terme avec amortissement.

Le *Crédit foncier* fait, en numéraire, jusqu'à concurrence de la moitié de la valeur des immeubles, des prêts hypothécaires amortissables dans un délai de 10 à 75 ans.

L'intérêt est actuellement de 4,50 % par an.

Pour un prêt de 75 ans, l'annuité, comprenant l'intérêt et l'amortissement est de 4,66 %.

Le prêt est au plus du tiers de la valeur pour les vignes et les bois. Les bâtiments des usines et fabriques ne sont estimés qu'abstraction faite de leur valeur industrielle.

L'emprunteur a toujours le droit de se libérer par anticipation, en profitant de l'amortissement déjà opéré. Il peut faire des remboursements anticipés partiels. Le prêt n'a, en réalité, que la durée qu'il convient à l'emprunteur de lui donner.

Les annuités des prêts hypothécaires sont payables par semestre, au siège de la Société. Les emprunteurs ont toutefois la faculté de payer leurs semestres dans les départements aux caisses des Receveurs des finances, en effectuant le versement vingt jours avant l'échéance.

Tout emprunteur peut demander l'ouverture d'un compte courant pour faire prélever ses semestres d'annuités sur les fonds disponibles à compte et recevoir les quittances franco à domicile.

Prêts hypothécaires à court terme, sans amortissement.

Le *Crédit foncier* consent des prêts hypothécaires à court terme, sans amortissement, pour une durée de 1 à 9 ans.

L'intérêt de ces prêts est actuellement de 4,50 % par an.

L'emprunteur ne peut pas se libérer par anticipation.

Estimation des immeubles. — Examen des titres de propriété.

Dès qu'une demande d'emprunt parvient à l'Administration Centrale, il est procédé à l'estimation des immeubles offerts en garantie.

Il est perçu sur chaque demande d'emprunt un droit d'estimation des immeubles. Ce droit est de :

20 francs pour les demandes ne dépassant pas 10.000 francs.
30 francs pour les demandes de 10 001 à 30 000 francs.

Pour les demandes supérieures à 30 000 francs, deux droits sont perçus :

1º Un droit d'expertise de 1 franc pour 1 000 francs demandés ;

2º Un droit d'examen de titres de 1 franc par 1 000 francs accordés.

Le droit d'expertise est payé au moment du dépôt de la demande. Il n'est admis d'exception que si le notaire se déclare par écrit responsable du payement ultérieur.

La perception reste acquise dans tous les cas au Crédit Foncier, alors même que l'estimation aurait été faite sur pièces.

Le droit d'examen des titres de propriété est perçu au moment de la réalisation du prêt. Toutefois, lorsqu'un emprunteur, après avoir accepté la somme votée par le Conseil d'administration, retire ensuite sa demande, le droit reste dû, il est perçu avant toute restitution de pièces.

Toute demande de dégrèvement, division d'hypothèque, distraction de gage, modification au contrat originaire, ou toute visite du gage reconnue nécessaire pour une cause quelconque, notamment pour vérifier l'avancement des travaux dans les maisons en cours de construction ou pour les règlements d'indemnité en cas d'incendie, donne lieu à la perception, à titre de frais d'examen, d'une somme proportionnée à l'importance de l'opération et qui est de 20 francs au minimum.

Avec la table qui suit on peut :

1º Connaître l'annuité à payer pour un prêt amortissable de 1 à 75 ans.

2º Connaître le capital restant dû après un nombre d'années ou de semestres écoulés.

3º Connaître la nouvelle annuité à payer après un remboursement partiel anticipé.

ANNUITÉS D'UN CAPITAL DE 100 FRANCS

Calculées à l'intérêt de 4,50 % payables par semestre.

DURÉE	ANNUITÉS	DURÉE	ANNUITÉS
5 ans.....	22,557 537	45 ans.....	5,202 252
10 —	12,528 414	50 —	5,045 187
15 —	9,239 868	55 —	4,926 129
20 —	7,635 476	60 —	4,834 796
25 —	6,703 672	65 —	4,764 088
30 —	6,107 065	70 —	4,708 959
35 —	5,700 915	75 —	4,665 738
40 —	5,412 752		

EXEMPLES POUR UN PRÊT DE 20 000 FRANCS REMBOURSABLE EN 75 ANS

1º On obtiendra l'ANNUITÉ A PAYER en multipliant le montant du prêt par l'annuité de 100 francs pour la durée adoptée et en divisant le produit par 100.

L'annuité de 100 francs, pour 75 ans, étant de 4,665 738.

L'annuité de 20 000 francs sera de :

$$\frac{20\ 000 \times 4,665\ 738}{100} \quad \text{soit : 933 fr. 14.}$$

2º Pour savoir quel sera, après 10 années écoulées, le CAPITAL RESTANT DÛ sur ce même prêt, il faut multiplier l'annuité du prêt par 100, et diviser le produit par l'annuité de 100 francs pour le temps restant à courir.

L'annuité du prêt étant de 933 fr. 14;

Le temps restant à courir étant de 65 ans;
L'annuité de 100 fr. pour une durée de 65 ans étant de 4,764 088;
Le capital restant dû sera de :

$$\frac{933,14 \times 100}{4,764\,088} \quad \text{soit : 19 586 fr. 96 c.}$$

3º Pour connaître LA NOUVELLE ANNUITÉ à payer à la suite d'un versement de 5 000 francs, effectué à la fin de la dixième année et applicable au principal, il faut déduire du capital restant dû la somme de 5 000 francs à rembourser, multiplier le reste par l'annuité de 100 francs, correspondant au temps restant à courir, et diviser le produit par cent.

Le capital restant dû étant de......................   19 586,96
Et le remboursement étant de......................   5 000   »
                                                      ─────────
Il restera. 14 586,96

à rembourser par 65 annuités, dont chacune sera de :

$$\frac{14\,586,96 \times 4,764\,088}{100} \quad \text{soit : 694 fr. 94 c.}$$

En d'autres termes, l'annuité primitive qui était de......   933,14
se trouve diminuée de :

$$\frac{5\,000 \times 4,764\,088}{100} \quad \text{soit de.. .... }238,20$$

Il reste comme ci-dessus une annuité pour 65 ans de...   694,94

CRÉDIT FONCIER DE FRANCE

PRÊTS HYPOTHÉCAIRES A LONG TERME

DEMANDE

Le soussigné..

demeurant à...

demande au **CRÉDIT FONCIER DE FRANCE** *un prêt de*...

.... *réalisable* **en numéraire**, *et remboursable en* [1] ....

années, par un nombre égal d'annuités payables par moitiés les ⎱ 31 *janvier et* 31 *juillet* [2]
⎰ *ou* 30 *avril et* 31 *octobre.*

ÉTAT CIVIL [3] *(souligner le prénom usuel)*

Le soussigné déclare ....

....

1º ....

....

....

....

Nota. — Indiquer expressément les hypothèques qui peuvent déjà grever ces biens du chef du Crédit Foncier.

....

....

VALEUR VÉNALE ET REVENU

Les immeubles ci-dessus désignés sont d'une valeur de...

et d'un revenu brut de ....

---

(1) Indiquer la durée du prêt.

(2) Biffer les dates non choisies; à défaut d'indication, le Crédit Foncier fixera le point de départ des annuités à la date la plus rapprochée de l'envoi du projet de contrat conditionnel au notaire de l'emprunteur.

(3) Déclarer si l'emprunteur est ou a été tuteur ou comptable des deniers publics; s'il est ou a été marié; sous quel régime; à l'appui de cette déclaration, produire son contrat de mariage, et, s'il est marié sans contrat, postérieurement au 1ᵉʳ janvier 1851, produire l'acte de célébration de mariage.

(4) Désigner les biens, indiquer leur situation et leur contenance et indiquer l'itinéraire de Paris au lieu de la situation des biens et les moyens de transport.

SERVITUDES ET AUTRES CHARGES QUI PEUVENT GREVER LES BIENS

Les immeubles ci-dessus désignés sont grevés de ....

1º *Inscriptions hypothécaires :* ....

2º *Rentes viagères :* ....

3º *Servitudes :* ....

PIÈCES PRODUITES (1)

....

....

....

....

....

....

....

....

Signature de l'emprunteur ou de son mandataire,

M ...., Notaire de l'emprunteur, à ...., département .... ;

M ...., Directeur à ....

---

(1) Tout propriétaire qui demande un prêt doit produire :

1º Les contrats d'acquisition en sa personne et l'établissement de propriété, sur papier libre, en sa personne et en celle de ses auteurs, des biens offerts en garantie ;

Cet établissement de propriété doit être rédigé par le notaire de l'emprunteur ou le Directeur de la succursale du département.

N. B. — On doit y joindre, autant que possible, les contrats d'acquisition, les quittances des prix de vente, les pièces constatant l'accomplissement des formalités de transcription et de purge des hypothèques légales, et, si la propriété a été transmise par succession, les pièces établissant les qualités d'héritiers, les actes de partage, les déclarations de succession.

2º La copie certifiée de la matrice cadastrale, délivrée par le Directeur des Contributions Directes ;

3º Les baux ou l'état des locations, s'il en existe, avec indication des fermages et loyers payés d'avance ;

N. B. — Il peut être utile de produire les anciens baux, indépendamment des baux courants.

4º La déclaration des revenus et des charges, conforme aux modèles fournis par l'Administration, selon qu'il s'agit d'une propriété urbaine ou d'une propriété rurale ;

5º La cote des contributions de l'année courante, ou, à son défaut, celle de la dernière année ;

6º La police d'assurance contre l'incendie.

Lorsque le gage comprend une propriété bâtie, il y aura lieu de produire, en outre, un plan par terre, coté, mais simplement linéaire et non teinté, indiquant la configuration du sol occupé par les bâtiments, cours et jardins.

TAUX DE L'INTÉRÊT ACTUEL : 4,50 %

Tableau indiquant le montant des annuités calculées d'après la durée du prêt et le taux de l'intérêt.

DURÉE	ANNUITÉS	DURÉE	ANNUITÉS
10 ans	12,528 %	40 ans	5,413 %
15 ans	9,240 %	45 ans	5,202 %
20 ans	7,635 %	50 ans	5,045 %
25 ans	6,704 %	55 ans	4,926 %
30 ans	6,107 %	60 ans	4,835 %
35 ans	5,701 %	75 ans	4,666 %

INSTRUCTION DES DEMANDES. — RÉALISATION DES PRÊTS

Il est perçu sur chaque demande d'emprunt un droit applicable à l'estimation des immeubles, et un droit applicable à l'examen des titres de propriété.

Le droit d'estimation est de : 20 francs pour les demandes inférieures à 10.000 francs; 30 francs pour les demandes de 10.001 francs à 30.000 francs; 1 franc pour 1.000 francs pour les demandes supérieures à ...

... prêt à faire, et, après examen des titres de propriété, il est procédé à la signature du contrat conditionnel.

Après la signature du contrat conditionnel, il est pris inscription au profit du Crédit Foncier, au Bureau du Conservateur des hypothèques, de la situation des biens.

Après la levée de l'état contenant l'inscription prise au profit du Crédit Foncier, si la purge des hypothèques légales n'a pas été nécessaire, ou après les délais de cette purge, si elle a été jugée indispensable, il est procédé à l'acte définitif.

C'est le notaire de l'emprunteur qui reçoit seul les actes d'emprunt et qui en conserve les minutes.

Les prêts sont réalisés en numéraire.

Si un ou plusieurs créanciers inscrits ne sont pas en mesure de recevoir leur remboursement, l'Administration conserve une somme suffisante pour désintéresser en principal, intérêts et frais, les créanciers, lors de l'exigibilité des créances (article 52 des statuts, §§ 2 et 3). La somme ainsi retenue produit, au profit de l'emprunteur, des intérêts à un taux qui sera fixé par l'Administration.

Le droit d'examen de titres de propriété et de rédaction d'actes est de 1 franc par 1.000 fr. accordés pour les demandes supérieures à 30.000 francs seulement. Il sera perçu au moment de la réalisation du prêt.

Lorsque l'emprunteur retire sa demande après avoir accepté la somme votée par le Conseil, le droit d'examen des titres n'en est pas moins dû; il est perçu avant toute restitution de pièces.

L'emprunteur ne pourra dans aucun cas réclamer la remise ou la communication du procès-verbal d'expertise.

TITRE IV DES STATUTS

Conditions des prêts.

ART. 15. — Conformément à l'article 1er des présents Statuts, la Société fait des prêts hypotécaires de deux sortes :

Les uns sont remboursables à long terme, par annuités calculées de manière à amortir la dette dans un délai de dix ans au moins, de soixante-quinze ans au plus, en France et en Algérie.

Les autres sont remboursables à court terme, avec ou sans amortissement.

Ces prêts peuvent être faits, soit en numéraire, soit en obligations foncières ou lettres de gage.

ART. 52. — La Société ne prête aux propriétaires d'immeubles que sur première hypothèque, excepté dans les cas prévus par les Statuts, les lois et décrets existants (1).

Sont considérés comme faits sur première hypothèque les prêts au moyen desquels doivent être remboursées les créances déjà inscrites, lorsque, par l'effet de ce remboursement ou de la subrogation opérée au profit de la Société, son hypothèque vient en première ligne et sans concurtations.

Les bâtiments des usines et fabriques ne sont estimés qu'en raison de leur valeur indépendante de leur affectation industrielle.

ART. 57. — Dans aucun cas, l'annuité au service de laquelle l'emprunteur s'engage ne peut être supérieure au revenu total de la propriété.

ART. 58. — Le taux de l'intérêt des sommes prêtées est fixé par le Conseil d'administration; il ne pourra dépasser plus de 60 centimes % le taux de revient des obligations en émission, au moment de la fixation du taux d'intérêt des prêts.

ART. 59. — L'annuité est payable en espèces.

Elle comprend :

1° L'intérêt;

2° L'amortissement déterminé par le taux de l'intérêt et la durée du prêt.

ART. 60. — Les annuités sont payables par semestres, aux époques déterminées par le Conseil d'administration (1).

Au moment du prêt, la Société retient, sur le capital, l'intérêt et l'allocation applicable au temps à courir jusqu'à la première échéance semestrielle.

ART. 61. — Conformément à l'article 28 du décret du 28 février 1852, tout semestre non payé à l'échéance porte intérêt de plein droit et sans mise en demeure, au profit de la Société, sur le pied de 5 % par an.

Dans ce cas, la Société conserve entre ses mains valeur suffisante pour opérer ce remboursement.

ART. 53. — Lorsque la Société juge qu'il y a lieu d'accomplir les formalités de la purge, il y est procédé conformément à l'article 1er de la loi du 10 juin 1853.

ART. 54. — Ne sont point admis au bénéfice des prêts faits par la Société :

1° Les théâtres;

2° Les mines et carrières;

3° Les immeubles indivis, si l'hypothèque n'est établie sur la totalité de ces immeubles du consentement de tous les copropriétaires;

4° Ceux dont l'usufruit et la nue propriété ne sont pas réunis, à moins du consentement de tous les ayants droit à l'établissement de l'hypothèque.

ART. 55. — La Société n'accepte pour gage que les propriétés d'un revenu durable et certain.

ses créances, et ce, à partir du jour où ils ont été avancés.

ART. 62. — En outre, le défaut de payement d'un semestre rend exigible la totalité de la dette un mois après la mise en demeure.

ART. 63. — Les débiteurs ont le droit de se libérer par anticipation, en tout ou en partie.

Les remboursements anticipés sont effectués, au choix des débiteurs, soit en numéraire, soit en obligations foncières ou lettres de gage appartenant à l'émission indiquée par le contrat de prêt.

Ces obligations ou lettres de gage sont reçues au pair, quel que soit leur cours.

Les remboursements anticipés donnent lieu, au profit de la Société, à une indemnité qui ne peut dépasser 3 % du capital remboursé par anticipation (2).

Les fonds provenant des remboursements anticipés, effectués en numéraire, seront employés soit à amortir ou à racheter des obligations foncières ou lettres de gage, soit à effectuer de nouveaux prêts.

ART. 64. — L'emprunteur est tenu de dénoncer à la Société, dans le délai d'un mois, les aliénations totales ou partielles qu'il peut avoir faites.

A défaut de dénonciation de ces faits dans ce délai, la Société peut exiger de lui son remboursement intégral. Elle a droit, en outre, à l'indemnité déterminée par l'avant-dernier alinéa de l'article 63.

ART. 65. — L'emprunteur doit également, à charge

(1) L'époque du payement des annuités est fixée au 31 janvier et au 31 juillet ou 30 avril et 31 octobre de chaque année.

(2) Cette indemnité est maintenant fixée à 1/2 0/0 du capital remboursé. (Délibération du Conseil d'administration du 13 juillet 1859. — Art. 9 de la loi du 6 juillet 1860.)

de supporter la même indemnité en cas d'exigibilité, dénoncer dans le délai susindiqué les détériorations que l'immeuble hypothéqué peut avoir subies et tous les faits de nature soit à en diminuer la valeur, soit à troubler sa possession, soit à porter atteinte à son droit de propriété.

A défaut de dénonciation, ou, dans tous les cas, si les faits ci-dessus compromettent les intérêts de la Société, elle peut, conformément à l'article 32 du décret du 28 février 1852, exiger son remboursement.

ART. 66. — La dette devient également exigible, et l'indemnité déterminée par l'avant-dernier alinéa de l'article 63 est acquise à la Société, en cas de dissimulation par l'emprunteur des causes d'hypothèque légale, de résolution ou de rescision, qui peuvent grever de son chef les biens hypothéqués à la Société.

ART. 67. — Les propriétés susceptibles de périr par le feu doivent être assurées contre l'incendie, aux frais de l'emprunteur, à moins que la Société n'ait pour gage de sa créance, en même temps que des objets susceptibles de périr par le feu, d'autres propriétés d'une valeur double de la somme prêtée et qui ne seraient pas susceptibles de périr par le feu.

L'acte de prêt contient le transport de l'indemnité en cas de sinistre.

L'assurance doit être maintenue pendant toute la durée du prêt.

La Société peut demander que l'assurance soit faite en son nom, et le montant des charges annuelles acquitté par ses mains.

la signature du contrat conditionnel.

ART. 72. — Après la délivrance de l'état supplémentaire d'inscription, comprenant celle de la Société, s'il n'y a pas lieu à purge légale, ou après l'accomplissement des formalités de purge un acte constate l'annulation du contrat cond tionnel ou sa réalisation définitive, suivant qu'il s'est ou non révélé une inscription ou un droit réel grevant l'immeuble hypothéqué.

Dans le premier cas, cet acte peut être signé par le

ART. 68. — En cas de sinistre, l'indemnité est touchée directement par la Société.

Dans le délai d'un an, à partir du règlement du sinistre, le débiteur a la faculté de rétablir l'immeuble dans son état primitif.

Pendant ce temps, la Société conserve l'indemnité, à titre de garantie, jusqu'à concurrence de ses droits, calculés à l'expiration de l'année.

Après la reconstrution de l'immeuble, elle remet l'indemnité au débiteur, déduction faite de ce qui est exigible.

Si, à l'expiration de l'année, le débiteur n'a pas usé du droit de rétablir l'immeuble incendié, et si, avant cette époque, il a notifié son intention de ne pas en user, l'indemnité est définitive acquise à la Société et imputée sur sa créance, comme paiement fait par anticipation.

ART. 69. — Les remboursements anticipés qui proviennent de sinistres ne donnent pas lieu à l'indemnité autorisée par l'avant-dernier alinéa de l'article 63.

La Société, si elle juge que, par l'effet du sinistre, ses sûretés sont compromises, peut exiger le paiement de ce qui lui reste dû.

ART. 70. — L'estimation des biens offerts en garantie a lieu d'après les titres, baux et autres renseignements fournis par le propriétaire qui demande à contracter l'emprunt.

La Société a le droit, en outre, de faire procéder à une estimation par experts.

Dans tous les cas, l'estimation est faite sur la double base du revenu net et du prix vénal.

Dans le second cas, l'acte est signé par le Gouverneur et par l'emprunteur; il énonce l'accomplissement des formalités, la remise des valeurs formant le montant du prêt et le point de départ des intérêts.

ART. 73. — Tous les frais et déboursés nécessités par la demande d'emprunt sont à la charge du propriétaire qui a formé cette demande, même dans le cas où le prêt n'a pas eu lieu (1).

(1) Voir les tarifs d'autre part.

Les statuts complets sont envoyés à toute personne qui en fait la demande.

DÉCLARATION DES REVENUS ET CHARGES

M ....

d' .... sise à ....

rue ....

REVENUS

NOTA. — Indiquer pour chaque location :

1° La partie louée ;

2° Le nom et la profession du locataire ;

3° Le prix du loyer ;

4° Les loyers payés d'avance ;

5° L'évaluation du prix de location des lieux habités par le propriétaire ;

6° L'évaluation du prix de location des lieux qui ne seraient point loués.

INDICATION des LIEUX LOUÉS	LOCATAIRES		LOYERS	
	NOMS	PROFESSIONS	PAR ANNÉE	PAYÉS D'AVANCE

CHARGES

1º *Impôt foncier.* . . . .

2º *Idem des portes et fenêtres.* . . . .

3º *Primes d'assurances contre l'incendie* . . . .

4º *Frais d'éclairage.* . . . .

5º *Vidange des fosses.* . . . .

6º *Redevance pour les eaux.* . . . .

7º *Gages du concierge.* . . . .

8º *Frais de gestion.* . . . .

9º *Idem d'entretien et de réparations.* . . . .

10º *Contribution aux dépenses communes à la propriété et aux propriétés voisines.* . . . .

11º *Non-valeurs et pertes en moyenne sur les loyers.* . . . . .

TOTAL DU REVENU BRUT. .

TOTAL DES CHARGES A DÉDUIRE. .

RESTE EN REVENU NET. .

M . . . . *porteur du présent, est autorisé à visiter ma propriété et à demander les renseignements qui lui sont nécessaires.*

Paris, le *19*

DÉCLARATION DES REVENUS ET CHARGES

Propriété rurale — M. ________________________________, *propriétaire.*

§ 1er. — Baux à prix d'argent ou évaluation des fermages.

NATURE des IMMEUBLES	CONTENANCE	DATES des BAUX	DURÉE	PRIX	ANCIENS BAUX			OBSERVATIONS
					Durée	Prix	Dates de l'expir.	
1o								
2o								
3o								

§ 2e. — Exploitation du Propriétaire ou à partage de fruits.

Évaluer les récoltes en moyenne, et par nature de produits, savoir :

1o BLÉ   HECTOLITRES A

2o

3o

4o

5o

6o

7o

8o

9o

10o

(1) Indiquer : 1° le mode d'exploitation; 2° la contenance et l'âge actuel de chaque coupe; 3° l'époque périodique des exploitations; 4° le prix de vente des coupes, et, si le propriétaire exploite lui-même, le rendement en nature et son produit.

NOTA. — Dans les indications ci-dessus, distinguer ce qui s'applique aux taillis de ce qui est applicable aux futaies et arbres de réserve.

§ 3e. — Bois. (1)

(2) Indiquer : 1° sa nature, sa consistance et sa valeur, et dans quelle proportion il appartient au propriétaire et au fermier ou métayer;

2° Son produit en moyenne et la part du propriétaire dans ce produit.

§ 4e. — Cheptel. (2)

... cette exploitation pour les terres, prés, vignes, bois, etc., par nature de dépense.

1° *Impôt foncier* ....

2° — *des portes et fenêtres* ....

3° *Prestations* ....

4° *Assurances contre* { 1° *l'incendie* .... }
{ 2° *la grêle* .... }
{ 3° *la mortalité des bestiaux.* }

5° *Entretien et réparations des bâtiments* ......

6° *Salaire du Régisseur* ....

7° *Frais de Garde* ....

8° *Journées d'ouvriers* ....

9°

10°

M..,

porteur du présent, est autorisé à visiter ma propriété et à demander les renseignements qui lui sont nécessaires.

......................................, *le* *19*

— PARIS 1902 —

SOUS-COMPTOIR DES ENTREPRENEURS

Institué par les lois des 24 Mars et 4 Juillet 1848

S'APPLIQUANT

A L'INDUSTRIE DU BATIMENT

Sous le contrôle et avec le concours du CRÉDIT FONCIER DE FRANCE

RUE DES CAPUCINES, 21, A PARIS

OUVERTURES DE CRÉDIT POUR CONSTRUIRE

Le Sous-Comptoir fonctionne depuis 1848, conformément aux lois des 24 mars, 4 juillet et 23 août 1848.

Il a été rattaché au Crédit Foncier de France par une loi du 26 mai 1860.

Les opérations du Sous-Comptoir ont pour but de faciliter en France les constructions et toutes les entreprises relatives au commerce et à l'industrie du bâtiment, à toute personne se rattachant à cette industrie par la nature de ses opérations ou des valeurs et objets donnés en garantie.

Tout propriétaire qui veut construire, soit sur un terrain nu, soit sur l'emplacement de vieilles constructions à démolir, ou qui veut entreprendre des travaux d'amélioration, de consolidation ou de surélévation de bâtiments lui appartenant, peut s'adresser au Sous-Comptoir.

Tout entrepreneur de constructions particulières peut obtenir un crédit pour les besoins de ses entreprises, en donnant en garantie ses propriétés bâties ou non.

Si l'immeuble est achevé ou la construction très avancée, les fonds peuvent être remis immédiatement.

Si, au contraire, le crédit est destiné à la construction, les fonds sont versés au fur et à mesure de l'avancement des travaux, suivant les usages du bâtiment.

Le concours du Sous-Comptoir a lieu au moyen d'ouvertures de crédits en comptes courants qui peuvent être consentis, bien que le terrain n'appartienne pas au constructeur, sous la seule condition de l'intervention du propriétaire auquel l'opération est également avantageuse, puisqu'elle lui permet de mettre en valeur un terrain jusqu'alors improductif.

Ces crédits sont proportionnels à la valeur des gages offerts en garantie, et peuvent s'élever jusqu'à 65 % de cette valeur.

Lorsqu'ils ont pour objet des constructions à élever, l'estimation comprend la valeur des terrains et les constructions à édifier.

DURÉE DES CRÉDITS

La durée des crédits est laissée à l'appréciation du demandeur, sans pouvoir dépasser trois années.

Les crédits peuvent être renouvelés.

FRAIS DES ACTES DE CRÉDIT

L'attention des intéressés est attirée spécialement sur ce point :

Les frais d'un prêt hypothécaire consenti par un particulier, **un** notaire, une Cie d'assurances ou un établissement de crédit quelconque, **s'élèvent en moyenne à** 3 %, tandis que les frais des ouvertures du crédit du Sous-Comptoir **peuvent s'abaisser**, pour une somme importante, **jusqu'à** 0.30 %, attendu que les actes d'ouvertures de crédit de cet établissement *sont exonérés du droit d'enregistrement de 1 fr. 25 %* et ne donnent lieu qu'à la perception *unique de 3 fr. 75 net*, quelle que soit la somme empruntée. — En s'adressant au Sous-Comptoir, les accrédités réalisent donc une grosse économie sur les frais (Voir le tableau comparatif ci-après).

Aucune demande anticipée n'est faite pour les frais d'actes qui sont prélevés sur le crédit.

Le notaire du crédité est admis, sans accroissement de frais, à concourir aux actes de crédit avec le notaire du Sous-Comptoir.

TAUX D'INTÉRÊT

Le taux des avances que le Sous-Comptoir des Entrepreneurs est appelé à faire conformément aux lois de son institution et avec le concours du Crédit Foncier de France, — **soit aux entrepreneurs de constructions**, pour les besoins de leurs entreprises, **soit aux propriétaires qui veulent construire, surélever ou améliorer leurs propriétés**, — est réduit actuellement, à Paris, et dans la banlieue, à **4,30 % par an, sans commission d'aucune sorte.**

Ce taux est donc peu élevé si on le met en parallèle avec celui d'opérations faites en dehors du Sous-Comptoir qui ont à supporter, en outre de l'intérêt stipulé presque toujours supérieur à 4 %, des frais d'actes **dépassant souvent** 3 % et des droits de commissions.

L'intérêt des crédits consentis par le Sous-Comptoir court seulement du jour où les versements sont faits et porte uniquement sur les sommes versées, en sorte que l'on peut dire que ce n'est que lorsque la construction est terminée que l'intérêt est dû et perçu sur le plein du crédit (Voir le tableau ci-après).

A toute époque du fonctionnement du crédit, l'accrédité a toujours le droit de faire des versements même partiels au crédit de son compte; il peut également reprendre ces mêmes fonds et opérer ainsi pendant toute la durée du crédit, de sorte que l'ouverture du crédit est un véritable compte courant qui a pour garantie l'immeuble dont l'accrédité est propriétaire.

Les demandes, avec pièces à l'appui, doivent être adressées à la Direction du Sous-Comptoir. Il sera versé un droit de un franc par mille pour les frais d'expertise et d'instruction (Minimum 30 francs).

Comparaison entre le coût d'un crédit ouvert par le Sous-Comptoir
et le coût de ce même crédit ouvert par un tiers.

CRÉDIT DE 300.000 fr.
Fonctionnant pendant 18 mois (1).

Crédit ouvert par le Sous-Comptoir à 4 0/0.	Crédit ouvert par un tiers à 4 0/0 (3).
1o Frais d'acte, environ. 1.550	1o Frais d'acte, environ. . 9.000
2o Intérêts, environ . . 9.000 (2)	2o Intérêts (18 mois) . . . 18.000
Total. . . . 10.550	Total. 27.000

Différence en faveur du client du Sous-Comptoir : 16.450 francs.

---

(1) Vu la rapidité actuelle des constructions, une maison se trouve en général en état de parachèvement complet et de location au bout de 18 mois.

(2) Le propriétaire ou l'entrepreneur qui s'adresse à cet établissement ne paie pas les intérêts stipulés sur le plein du crédit, ainsi que cela se pratique dans les autres établissements à partir du jour de la signature de l'acte, mais seulement sur le montant de ses prélèvements, au fur et à mesure qu'ils s'effectuent.

(3) Nous indiquons ce taux de 4 % par analogie, quoiqu'il soit rarement appliqué par

Il résulte du tableau qui précède, que les intéressés ont un avantage notable à s'adresser au Sous-Comptoir des Entrepreneurs, puisque outre le taux d'intérêt qui est au moins égal et presque toujours inférieur à celui qu'ils pourraient obtenir de tout autre, ils profitent intégralement et exclusivement des immunités d'enregistrement qui ont été concédées au Sous-Comptoir.

INSTRUCTION SOMMAIRE
POUR LA DEMANDE ET LA RÉALISATION DES CRÉDITS

Les demandes de crédit peuvent être faites par simple lettre adressée au Directeur du Sous-Comptoir et signée par le demandeur ou par son mandataire.

Elles doivent contenir :

1º La désignation sommaire des biens offerts en garantie, leur situation, leur contenance, l'indication des servitudes et autres charges qui peuvent les grever;

2º La déclaration de l'état-civil de l'emprunteur;

3º Le chiffre de crédit qu'il désire obtenir.

On doit joindre à la demande :

1º Les plans, coupes et élévations, ainsi que les devis descriptifs et estimatifs des constructions projetées;

2º Une appréciation du revenu probable de ces constructions;

3º Les titres de propriété.

---

les tiers et seulement pour les très grosses affaires, ce qui ne profite par conséquent qu'aux clients privilégiés, les petits emprunteurs payant ordinairement 5 ou 6 % et souvent une commission en plus.

SOUS-COMPTOIR DES ENTREPRENEURS

SOCIÉTÉ ANONYME DE GARANTIE

PRÈS LE CRÉDIT FONCIER DE FRANCE

21, rue des Capucines, à Paris

DEMANDE DE CRÉDIT

Le soussigné..

demeurant à..

demande au **Sous-Comptoir des Entrepreneurs** *un crédit de*......................................

aux conditions ordinaires de cet établissement...

....

....

ÉTAT CIVIL (1)

....

....

....

....

BIENS OFFERTS EN GARANTIE

....

....

....

....

....

(1) Déclarer si l'emprunteur est ou a été tuteur ou comptable des deniers publics, s'il est ou a été marié, sous quel régime.

Produire le contrat de mariage ou, s'il n'a pas été fait de contrat, l'acte de célébration de mariage.

Nota. — Les demandes faites par des personnes mariées sous le régime dotal, ou grevées d'hypothèques légales, soit comme tuteur ou comptable de deniers publics, ne peuvent être admises, à moins de justifier d'une limitation d'hypothèque légale.

SERVITUDES ET AUTRES CHARGES QUI PEUVENT GREVER LES BIENS

Le soussigné déclare que les immeubles ci-dessous désignés sont grevés de :

1° (A)

Inscriptions hypothécaires : ....

....

....

....

2° (B)

Servitudes : ....

....

....

....

....

....

....

....

....

....

Fait à ...., *le* 19

A. B. — L'emprunteur doit déclarer si l'immeuble est grevé ou non d'inscriptions hypothécaires ou de servitudes, s'il y a des inscriptions, il sera mis en réserve sur le crédit la somme nécessaire jusqu'à la justification du paiement.

C. — L'emprunteur doit joindre à sa demande les devis et plans des constructions avec évaluation du prix de revient et du revenu et les titres de propriété de l'immeuble.

DU CONCIERGE

Le concierge est considéré comme un serviteur à gages, préposé par le propriétaire pour la garde, la surveillance, la propreté de la maison ainsi que pour être utile aux locataires.

Il y en a de bons et de mauvais, comme les locataires, et pour éviter des discussions, toujours désagréables, nous allons dire en quelques mots ses attributions vis-à-vis du locataire et du propriétaire.

Le concierge, portier ou autre, est engagé par le propriétaire qui lui fournit gratuitement la loge et le rétribue selon l'importance de ses fonctions. Il ne peut être congédié que par le propriétaire et de la même façon que les domestiques, c'est-à-dire au moyen d'un avertissement préalable donné au moins huit jours à l'avance. Le concierge qui a reçu ordre de partir, doit non seulement quitter la loge, mais définitivement la maison, fût-il même locataire en vertu d'une sous-location ou d'un engagement comme domestique d'un des locataires. La jurisprudence est formelle à ce sujet, et faute par lui de se conformer à cette rigueur, le propriétaire peut le faire expulser par le commissaire de police sans délai et sans aucune forme de procès.

Un propriétaire soucieux de ses intérêts ne doit pas laisser traiter les locations par son concierge; pour ceux qui le font, nous ne pouvons que conseiller les locataires de faire ratifier par le propriétaire les locations à eux consenties par le concierge, ce afin d'éviter toute surprise et toute contestation par la suite. Quand il s'agit de baux écrits dont la durée est déterminée, le concierge ne peut les traiter, à moins d'avoir un mandat spécial. Son devoir consiste à recevoir les visiteurs qui se présentent pour louer et lorsque des pourparlers ont été échangés, il doit aussitôt en référer au propriétaire.

Le propriétaire qui voit fréquemment se renouveler les locataires, doit faire surveiller son concierge, cela provient d'une spéculation peu scrupuleuse qui consiste à recevoir le plus possible de deniers à Dieu. Dans ce cas le concierge augmente ses salaires au détriment des revenus du propriétaire, car cela dénote que la maison est mal tenue et les vacances ne tardent pas à devenir fréquentes.

Le concierge est chargé du gaz et de l'eau, il est tenu d'apporter des soins, à prévenir les fuites ou autres accidents et ne laisser manquer les locataires ni de lumière ni d'eau.

L'usage est d'allumer le gaz aussitôt que cela devient nécessaire à la libre circulation, il ne doit pas attendre que l'escalier soit plongé dans une trop profonde obscurité. L'heure de l'extinction du gaz n'a jusqu'à ce jour pu être fixée définitivement, d'après les divers jugements, on peut considérer comme limites extrêmes dix heures et minuit.

Avant de fermer le compteur, le concierge doit d'abord fermer tous les becs particuliers. Si pendant la fermeture, un locataire se trouve dans l'escalier, la bienséance veut que le concierge attende que ce locataire soit rentré chez lui.

Quand le concierge s'aperçoit qu'un locataire gaspille de l'eau, il ne doit pas en faire l'observation au locataire, mais simplement en avertir le propriétaire, qui avisera à ce sujet. Pendant les gelées, il doit prendre toutes les précautions utiles pour éviter la congélation de l'eau dans les tuyaux. Lorsque par les trop grands froids, il est obligé de fermer les robinets des conduites, il doit au préalable en aviser tous les locataires, et une fois les robinets des colonnes de distribution fermés, il doit les vider à l'aide du robinet purgeur, placé au bas de chaque colonne.

En cas de déménagement furtif de la part d'un locataire, le concierge doit en aviser immédiatement le propriétaire, afin que ce dernier soit à même de remplir, en temps utile, les formalités nécessaires pour conserver son privilège sur les meubles qui garnissent les lieux loués, et qu'il puisse, en outre, faire constater, dans les délais prescrits, ce déménagement furtif, pour ne pas demeurer garant des contributions dont le locataire pourrait être redevable. Pour ce seul cas, il doit s'opposer à la sortie de tout objet mobilier; mais encore faut-il qu'il soit certain que ce soit une véritable alerte. Un locataire a toujours le droit d'entrer et de sortir les objets qui lui appartiennent, dès lors que ces manœuvres ne prennent pas le caractère d'un véritable déménagement partiel.

Le denier à Dieu ne constitue jamais un contrat verbal entre le locataire et le propriétaire. Le locataire peut retirer le denier à Dieu vingt-quatre heures après sa remise, mais passé les vingt-quatre heures cela n'implique pas entre les parties un engagement. Tant qu'une convention formelle n'est pas intervenue, chacune des parties a la faculté de se désister. Si le désistement vient du propriétaire, le denier à Dieu doit être restitué; dans le cas contraire, il reste acquis au concierge.

Le concierge doit tenir l'immeuble dans le plus grand état de propreté : les escaliers, paliers et couloirs doivent être cirés ou lavés, les rampes, les murs et les plafonds doivent être essuyés, les cabinets d'aisance communs nettoyés et désinfectés, les cours communes lavées à grande eau, les tapis secoués ou balayés, les boutons de portes ou de sonnettes astiqués, ainsi qu'une foule d'autres détails. Le trottoir devant la maison doit être balayé et lavé tous les jours et même plusieurs fois si cela est nécessaire. L'hiver, les neiges doivent être repoussées au ruisseau, la glace cassée et des cendres ou du mâchefer répandu sur le verglas.

Le concierge doit exercer, sur la maison et sur tous ses aîtres, une surveillance active et de tous instants.

Vis-à-vis des locataires, il est tenu à la plus grande politesse, ainsi qu'avec toutes les personnes qui ont affaire dans la maison. Il doit fournir tous les renseignements concernant le lieu exact, l'étage et la porte de l'appartement d'un locataire, la présence ou l'absence de ce dernier, son nouveau domicile, s'il est déménagé.

Pour tous autres renseignements, il doit les fournir avec politesse, mais avec la plus grande attention, et pour ceux touchant la moralité, l'honorabilité, la solvabilité, une abstention de leur part est préférable, il est préférable d'adresser les questionneurs trop avisés au propriétaire. Un jugement rendu en 1895 par la sixième Chambre du Tribunal civil a limité strictement l'étendue des renseignements qui peuvent être donnés par le concierge.

Est passible de dommages et intérêts le concierge qui impute à un locataire de la maison dont la garde lui est confiée, des faits de nature à porter atteinte à l'honneur et à la considération.

Si le concierge peut renseigner les tiers qui le questionnent sur les locataires de son immeuble, il doit se borner aux informations se rapportant au contrat de louage, et il excède son droit quand il se permet sur leur compte des divulgations concernant la vie privée, les intérêts et surtout la moralité.

Le concierge qui empêche de monter chez le locataire les personnes qui y viennent, sous prétexte que ces personnes salissent les escaliers, peut être poursuivi et condamné pour ce fait à des dommages et intérêts envers le locataire.

Quand un concierge est impoli et qu'il ne remplit pas exactement ses devoirs envers le locataire, ce dernier a le droit de demander au propriétaire son renvoi de la maison, et, en cas de refus, les tribunaux peuvent condamner le propriétaire à renvoyer le concierge, sinon à payer au locataire, à titre de dommages et intérêts, une somme déterminée, par exemple, 5 francs pour chaque jour de retard.

Le locataire peut encore demander le renvoi du concierge, et obtenir des dommages et intérêts, pour irrévérence, pour des paroles grossièrement injurieuses, ou pour des actes de brutalité.

L'irrévérence du concierge peut être une cause de résiliation du bail, lorsque le propriétaire a eu connaissance des faits et qu'il a maintenu le concierge dans son emploi, malgré la demande de son renvoi de la maison.

En général, les propriétaires ou principaux locataires ne veillent pas assez aux égards que les concierges doivent aux locataires. Il ne faut pas oublier que si le propriétaire a besoin de son concierge pour veiller au bon ordre et à l'entretien de son immeuble, il a encore plus besoin de locataires, car un immeuble avec de nombreuses vacances ne rapporte guère au propriétaire. Les concierges sont faciles à trouver, il est donc inadmissible qu'un propriétaire n'exige pas la plus grande politesse de son préposé envers ses locataires.

Un locataire a le droit de déposer son flambeau dans la loge du concierge, ce fait a été jugé par le Tribunal de paix du onzième arrondissement et inséré dans la *Gazette des Tribunaux* du 9 décembre 1827.

Le concierge qui n'indique pas, s'il la connaît, et lorsqu'elle lui est demandée, la nouvelle adresse du locataire déménagé, est passible de dommages et intérêts, et dans ce cas le propriétaire devient civilement responsable des faits de son préposé.

Un des principaux buts de l'institution du concierge est qu'il est tenu d'ouvrir la porte aux locataires à toute heure de jour et de nuit, ainsi qu'aux personnes qui viennent visiter les locataires.

La *Gazette des Tribunaux* des 14 et 21 avril 1861 donne un jugement du 19 avril de la troisième Chambre de la Cour de Paris, dans lequel il ressort que, lorsque le concierge persiste à refuser au locataire d'ouvrir la porte la nuit et ne lui remet pas exactement les lettres, paquets et papiers venant à son adresse, le président du Tribunal peut autoriser, par une ordonnance de référé, le locataire à mettre dans la maison et dans la loge du concierge, un planton militaire invalide, à l'effet d'ouvrir au locataire la porte de la maison, à quelque heure que ce soit du jour et de la nuit, et de recevoir les lettres, paquets et papiers à son adresse.

Le refus du concierge d'ouvrir la porte sous prétexte qu'il est trop tard, peut donner lieu à une action en dommages et intérêts, tant contre le concierge que contre le propriétaire, comme civilement responsable du fait de son concierge.

Le locataire a le droit d'entrer, à toute heure de jour et de nuit, avec voiture de louage ou autre dans la maison qu'il habite.

A moins d'interdiction dans le bail, le locataire peut également faire entrer de jour et de nuit, dans la maison, sa voiture ou les voitures des personnes qui viennent le visiter.

Un bon concierge doit employer la plus grande diligence à remettre les envois à leur destinataire.

La jurisprudence est un peu confuse pour savoir combien de fois par jour les lettres venues par la poste doivent être montées chez les locataires. Les uns disent à chaque distribution, d'autres deux fois par jour, matin et soir et enfin les derniers une seule fois par jour.

On ne peut donc exiger d'un mauvais concierge qu'il ne monte plus d'une fois par jour. En tout cas, il est tenu de recevoir les lettres adressées aux locataires; son refus le rend passible de dommages et intérêts, et le propriétaire peut, dans ce cas, être condamné comme civilement responsable. Il doit également recevoir et remettre exactement les papiers et objets qui sont adressés aux locataires; il doit indiquer les noms des personnes qui viennent les demander.

Il doit faire la remise immédiate des actes signifiés aux locataires. Il serait cependant préférable que les papiers de procédure fussent montés aux destinataires par le porteur.

Les prospectus, journaux et autres papiers doivent être remis aussi exactement que les lettres venues par la poste.

Lorsqu'un locataire est absent et qu'il parvient un télégramme à son adresse, ce dernier est laissé en dépôt chez le concierge. Dès son arrivée, le concierge doit le remettre sans retard.

Sous aucun prétexte, le concierge ne doit confier à d'autres le soin de remettre les lettres, paquets ou autres.

L'inexécution des obligations énoncées ci-dessus peuvent donner lieu à des dommages et intérêts contre le concierge, et, par suite, contre le propriétaire, comme civilement responsable.

Qu'il s'agisse de lettres cachetées, de télégrammes ouverts ou fermés, de cartes, de journaux, de papiers de procédure ou autres, le concierge ne doit, sous aucun prétexte, pénétrer dans le secret de la correspondance des locataires. La preuve établie que le concierge aurait tenté de scruter le contenu d'une enveloppe fermée, le rend justiciable des tribunaux correctionnels.

Le concierge n'est tenu vis-à-vis des locataires que de remplir strictement les devoirs et obligations de sa charge. Pour les autres bons offices qu'il rend aux locataires, ces derniers doivent le rétribuer. Il est évident que les gratifications, denier à Dieu, étrennes, ne sont pas obligatoires, mais néanmoins on peut comprendre le peu d'empressement qu'un concierge montre aux locataires peu généreux et pour lesquels une rétribution quelconque est lettre morte.

On rétribue un commissionnaire qui monte une valise, pourquoi ne pas rétribuer le concierge qui vous rend service? On donne un pourboire aux personnes qui livrent. Pourquoi ne pas en donner au concierge qui a la même peine, et ce, en dehors de son service? Avant tout, il faut être juste, et toute peine méritant salaire, on doit rétribuer le concierge des services qu'il peut rendre en dehors de son service et sans le négliger.

Une personne qui désire louer doit s'informer des habitudes de la maison et ainsi elle n'aura pas de désillusion.

Le propriétaire peut être condamné comme civilement responsable du vol commis par son concierge.

Le principal locataire d'une maison est responsable, envers son sous-locataire, des faits du concierge, lors même que ce dernier a été placé dans la maison par le propriétaire.

Avant de clore ce chapitre, examinons succinctement la responsabilité civile du propriétaire.

Il est responsable des fautes que commet son concierge en tant que domestique ou mandataire, mais dès que le concierge agit pour son compte personnel, c'est-à-dire en qualité d'homme libre et en dehors de l'exercice de ses fonctions, cette responsabilité cesse.

En principe cette responsabilité ne s'applique que lorsque le concierge agit dans l'exercice de ses fonctions, lorsqu'il accomplit les obligations qui lui sont imposées par la loi ou qu'il exécute les ordres du propriétaire. Les actes d'initiative personnelle, les missions qu'il accepte pour le compte des locataires, nous ajouterons même les discussions, voire les voies de fait à la suite d'un conflit survenu par la faute d'un locataire, ne saurait engager la responsabilité du propriétaire.

C'est ainsi qu'il a été jugé qu'un locataire qui confie la clef de son appartement à un concierge et qui le rétribue pour les soins qu'il donne au local, ne peut rendre le propriétaire responsable du vol que le concierge peut commettre.

Il est certain que le propriétaire ne peut encourir la responsabilité de la confiance accordée par un locataire à son concierge et à son insu.

TARIF DES HONORAIRES
DES ARCHITECTES, EXPERTS, VÉRIFICATEURS ET MÉTREURS

HONORAIRES. — Comment sont régis les honoraires des architectes. — Interprétation par la jurisprudence. — Initiative de la Chambre syndicale des architectes français. — Tarif du 12 pluviôse an VIII. — Vacation et frais de voyage. — États des lieux. — Honoraires des métreurs. — Métrés de bâtiment de rapport. — Métrés de travaux de tâche. — Attachements. — Vacations des métreurs. — Devis. — Projet d'un nouveau tarif d'honoraires d'après la chambre syndicale des architectes français. — Derniers jugements sur les vérifications d'architecte et honoraires d'experts.

Aucune loi ne régit les honoraires des architectes. On s'est reporté jusqu'à ce jour à l'avis du Conseil des Bâtiments civils du 12 pluviôse an VIII (1er février 1800), et à un décret du 16 février 1807.

Cette tarification, appelée à tomber en désuétude, est interprétée de différentes façon par la jurisprudence; des litiges soumis à ce sujet donnent lieu à des jugements contradictoires.

La Chambre syndicale des architectes français vient de prendre l'initiative de faire accepter un nouveau projet de tarification des honoraires par les personnalités du monde juridique.

Quoique ce ne soit pas chose facile de faire adopter aux propriétaires et aux Tribunaux une modification aux usages consacrés, il faut convenir que l'augmentation du prix de la vie correspond dans toutes les professions à une augmentation des honoraires, des traitements ou des salaires. Seuls les architectes, rémunérés du 5 % de la coutume, voient leur situation stationnaire.

L'architecte n'a pas toujours de grands immeubles à construire; le plus souvent il s'accommode de petites constructions, villas, hôtels, qui nécessitent autant d'études que les vastes immeubles, et au taux de 5 %, le travail n'est réellement pas rémunérateur.

Nous donnons ci-après : le tarif des honoraires d'après l'avis du conseil des bâtiments civils du 12 pluviôse an VIII; les honoraires des métreurs et le tarif des honoraires de la Chambre syndicale des architectes français. Ce dernier, considéré comme le plus équitable, est appelé à être adopté en cas de désaccord entre architectes et propriétaires.

TARIF DU 12 PLUVIOSE AN VIII

A Paris, pour travaux ordinaires, il est dû aux architectes
pour la confection des plans et des projets.................... 1,50 %
  Pour la conduite des ouvrages .... 1,50 %
  Pour la vérification et règlement des mémoires .... 2,00 %

    Ensemble .... 5, %

Sur le montant en règlement (avant déduction des rabais consentis) (1).

  Pour la rédaction des ouvrages non exécutés............. 1, %

Les émoluments ci-dessus sont compris pour tout ce qui est fait dans un rayon de 5 kilomètres des lieux de la résidence. Au delà de 5 kilomètres, il est dû le double, mais les frais de voyage sont à la charge de l'architecte.

Pour des travaux qui exigent des dessins et des modèles spéciaux occasionnant des dérangements extraordinaires, ces dessins et modèles sont estimés et payés à part.

Pour travaux au-dessous de 5.000 francs il est alloué sur l'ensemble 7 % au lieu de 5.

Pour vérification et règlement de mémoires seuls, et dont le montant ne dépasse pas 5.000 francs, il est dû 2,50 %.

---

(1) La jurisprudence est en désaccord pour savoir si le règlement de l'architecte doit être fait avant ou après déduction du rabais consenti par l'entrepreneur.

Équitablement, le règlement devrait se faire avant la réduction du rabais, c'est-à-dire d'après le chiffre de règlement de l'architecte.

Pour les travaux au-dessous de 400, il est dû une ou deux vacations selon le cas.

Les honoraires sont payés à l'architecte sur le montant de son règlement et non après l'application d'un rabais.

Vacation et frais de voyage.

Pour chaque vacation de trois heures dans le lieu de leur domicile ou dans une distance de deux myriamètres il est dû :

Dans le département de la Seine . . . .   8 fr.»

Dans les autres départements   6   »

Au delà de 2 myriamètres, il est alloué pour chaque myriamètre à titre de frais de voyage et de nourriture, soit pour aller, soit pour venir : aux architectes et artistes de Paris   6   »

A ceux des départements. 4 50

Pour 4 vacations par jour sans déplacement : aux architectes et artistes de Paris...   32   »

A ceux des départements.   24   »

S'il y a moins de 4 vacations, la réduction est proportionnelle .

État des lieux.

Pour état de lieux régulièrement établi fait en circonstances ordinaires et sans déplacement, il est dû, pour chaque rôle de 25 lignes à la page et compris la première expédition :

En cas de rédaction par un seul architecte, le rôle. . . . .   3 fr.»

En cas de rédaction contradictoire et simultanée par 2 architectes.   4   »

Pour chaque expédition en plus par rôle.. . . . .   0 50

Pour tous états de lieux et estimations de matériel d'établissements agricoles ou industriels, des théâtres, des usines, etc. et pour plans ou dessins y annexés, contre-vérification, revision ou modification d'anciens états de lieux, par vacation, après estimation   8   »

Les déplacements pour états de lieux (rédaction et vérification) donnent droit, en sus du prix du rôle ci-dessus mentionné, à toute demande d'honoraires et de frais, conformément au tarif des experts près les Tribunaux, ci-dessus reporté.

Le prix d'un état de lieux régulièrement établi dans les circonstances ordinaires sans déplacement doit être payé pour chaque rôle, y compris les 2 expéditions. 3 50

Chaque expédition en sus. 0 50

(Décision de la Société centrale des architectes, du 21 juillet 1835).

HONORAIRES DES MÉTREURS

POUR MÉTRÉ ET EXPÉDITION DE TRAVAUX EXÉCUTÉS DANS PARIS, POUR LE COMPTE DES PARTICULIERS, ÉTABLIS EN DEMANDE, SUIVANT L'USAGE, C'EST-A-DIRE MAJORÉ DE 1/4 SUR LES PRIX DE SÉRIE.

Métrés de bâtiment de rapport (construction neuve).

Terrasse, maçonnerie, carrelage, canalisation et charpente...	Le mille.	12 fr.»
Couverture, plomberie, peinture, vitrerie, tenture menuiserie, parquets, gros fers et fonte, fumisterie, chaudronnerie et marbrerie..............	—	15 »
Plomberie seule d'eau et de gaz, serrurerie et quincaillerie, dorure seule, électricité..............	—	20 »
Métré de travaux neufs d'autre nature que bâtiments de rapport (maçonnerie)................	—	15 »
Métré de travaux neufs avec attachements figurés et écrits de maçonnerie y compris les travaux dits métrés sur place.........................	—	20 »
Métré de travaux d'entretien, transformation, réparation, adjonction, surélévation, installation, ceux dits de corvées, travaux vieux ou neufs, en plus des prix ci-dessus	—	5 »
Les mémoires dits d'administration, État, Batiments civils, Ville de Paris, Assistance publique, etc., et ceux analogues, en raison de leur façon spéciale dite en timbre (compris le tableau de classement) supporteront sur le montant majoré de la demande d'usage, une augmentation (sur les chapitres précédents), etc.	—	5 »
Métré de travaux en matériaux non fournis (maçonnerie), calculé aux prix de série, en demande idem et pour leur espèce, au double des prix précédents	—	
Métré de travaux supplémentaires, même prix que les genres de travaux correspondants, mais augmentés de.......................................	—	5 »
Ceux pour les travaux en déduction prendront le		

prix des devis : Affaires traitées (se reporter plus loin à devis aux notes A. B. C.).

Métrés de travaux de tâche.

Avec fournitures sur le montant des mémoires établis à prix justes............................	Le mille.	20 fr.»
Idem, mais sans fourniture........................	—	30 »
Métré pour travaux de façon à l'atelier sur montant à prix de série, menuiserie et travaux de façon, peinture............................	—	25 »
Métré de pose sur place, serrurerie...............	—	20 »
Métré de pose sur place, menuiserie..............	—	30 »
Notes. — Les métrés de travaux qui ne produiront pas dans leur ensemble une somme de 100 francs par rôle seront payés...........................	Le rôle..	1,50

Les prix d'établissement de mémoires ci-dessus comprennent une copie ou expédition, sauf pour les travaux de plomberie, couverture, serrurerie, fumisterie, chaudronnerie et marbrerie.

Les copies en plus, libres ou timbrées, les carnets, de comptes, etc., seront rémunérés suivant la valeur.

Dans le cas d'un même chantier comportant travaux neufs et travaux de transformations, etc., les honoraires seront calculés suivant le prix de chaque catégorie.

Attachements.

Attachements figurés et écrits de maçonnerie, canalisation ou autres. Cas ou le métré ne serait pas exécuté..................................	Le mille.	12 fr.»
Attachements, en plus du prix du métré, y compris deux expéditions...........................	—	6 »
Chaque rôle d'expédition d'attachement, en plus ..	Le rôle..	0,50
Les attachements isolés par rôle de minutes, sans exception ou en vacations pour travaux minimes.	—	1 »
Attachements pour les autres corps d'état que la maçonnerie :		
Comprenant déplacements, et pour moins de six rôles seront fixés en vacations au delà de six rôles, première copie............................	—	1 »
Les doubles copies.................................	—	0,50

Vacations.

La présence à la vérification, les démarches de représentation, de réclamation et métrés de petite importance seront payés en vacations fixées pour tous les travaux.................................... La vacat.   6 fr. »

La journée entière est fixée à quatre vacations.

Devis.

Les devis de travaux neufs pour bâtiments de rapport, établis sur plans à des prix de série sans expédition pour affaires non traitées :

Jusqu'à 50.000 francs pour maçonnerie, charpente, menuiserie et parquets........................ Le mille.   4 fr. «

Pour gros fers et fontes, fumisterie, jusqu'à 30.000 francs................................ —   5 »

Au-dessus de 50.000 francs, l'excédent, pour maçonnerie, charpente, menuiserie et parquets .... —   2,50

Au-dessus de 30.000 francs, l'excédent pour gros fers et fontes, fumisterie...................... —   3 »

Pour serrurerie, plomberie, peinture, vitrerie, tenture, électricité, etc. jusqu'à 20.000 francs...... —   7 »

L'excédent au-dessus de 20.000 francs............ —   3,50

A) Ces prix seront doublés lorsque l'entrepreneur aura l'affaire pour tous autres devis que ceux de bâtiments de rapports ou avant métrés.

B) Au-dessus de 10.000 francs pour tous les corps d'état .... —   10 »

C) Au-dessous de 10.000 francs, même prix que les métrés correspondant au genre de travail....

Travaux hors Paris.

Les honoraires seront calculés comme ci-dessus, augmentés de tous frais de voyage (en deuxième classe aller et retour) et des déplacements, débours pour voitures, frais d'hôtels, etc., ainsi que le temps de voyage qui sera payé en vacations.

CHAMBRE SYNDICALE DES ARCHITECTES FRANÇAIS

28, rue Serpente. — PARIS

TARIF DES HONORAIRES

OPÉRATIONS D'ENSEMBLE

§ I.

Bases d'évaluation.

Les honoraires ci-après fixés seront basés sur le montant des mémoires à prix de série lorsqu'il s'agira de travaux au métré et sur les prix nets lorsqu'il s'agira de travaux à forfait.

Ils seront calculés également sur la valeur des travaux faits par le propriétaire et, dans le cas où des matériaux vieux auraient été employés, en ajoutant la différence entre la valeur des vieux matériaux et celle des matériaux neufs de même nature.

§ II.

Taux des honoraires.

Tous les travaux ordinaires seront tarifés au taux de **cinq pour cent (5 %)**, lorsqu'ils atteindront mille francs, mais pour **ceux inférieurs à vingt et un mille francs (21 000 francs)**, il sera ajouté au montant des travaux un **dixième de la différence entre ce montant et la somme de 21 000 francs.**

Ceux au-dessous de mille francs seront comptés à raison de **quinze pour cent, avec minimum de 10 francs.**

§ III.

Exemples d'application du taux.

1° Travaux au-dessous de 1 000 francs :

Montant des Travaux		Taux	Honoraires	
60	francs......................	15 %	10	francs. (minim.)
100	—	15 %	15	—
1 000	—	15 %	150	—

2° Entre 1 000 et 21 000 francs :

Montant réel Travaux	Base d'évaluation	Taux	Honoraires
1 000	Ajouter pour avoir la base d'évaluation 1/10° de la différence entre 1.000 et 21.000 soit : $\frac{20.000}{10} = 2.000.$		

1 000 + 2 000 = 3 000 francs....   5 %   150 francs. (1)

Autre exemple pour 15 000 francs :

15 000 + 600 = 15 600 francs....   5 %   780   —

3° Au-dessus de 21 000 francs :

21 000 francs....................   5 %   1 050 francs.

REMARQUE. — On pourrait, au besoin, pour éviter les calculs qui ne sont d'ailleurs pas compliqués, établir un barème formé de deux échelles graduées, disposées de chaque côté d'une ligne droite, sur l'une le montant des travaux, de l'autre côté le chiffre correspondant d'honoraires.

§ IV.

Travaux spéciaux.

Les travaux de décoration intérieure ou extérieure, les travaux dangereux ou exclusivement décoratifs, ceux comportant des études spéciales feront l'objet d'une évaluation basée sur le temps passé.
Taux minimum... 10 %

---

(1) Les chiffres maximum et minimum qui sont indiqués ne sont pas fixés arbitrairement. On voit que pour des travaux s'élevant à 1.000 fr. (limite de catégorie), on obtient le même résultat par l'application de l'un ou l'autre procédé. Pour des sommes approchant de 21.000 fr. la même solution rationnelle est obtenue.

OPÉRATIONS FRACTIONNÉES

§ V.

Le taux des honoraires pour projets non suivis d'exécution sera calculé sur les bases et selon les dispositions prévues aux § I et II, conformément à la répartition ci-dessous pour chacune des opérations.

	Fraction du taux à appliquer —
1. Avant-projet ne comportant que des esquisses, 1/10e du taux, calculé sur l'évaluation faite approximativement sans devis..............................	10/100e
2. Projet définitif (Plan, coupes et élévations)...........	30/100e
3. Devis descriptif et cahier des charges...............	15/100e
4. Devis estimatif.....................................	20/100e
5. Détails d'exécution.................................	25/100e

§ VI

Vérification de Mémoires. Comptes de Mitoyenneté.

	Fraction du taux à appliquer —
Vérification et règlement d'honoraires applicables aux travaux de la catégorie dont il s'agit, selon les dispositions du § 2...................................	50/100e
Compte de mitoyenneté établi par un seul architecte, 50 % du taux (§ 2)................................	50/100e
Compte de mitoyenneté établi et vérifié par deux architectes, 75 % du taux...........................	75/100e
Les figures de mitoyenneté seront payées en plus en vacations, suivant temps passé et déboursés.............	obs.

§ VII

Conduite des Travaux.

	Fraction du taux à appliquer —
La conduite des travaux entraîne l'attribution de la totalité des honoraires, même lorsqu'il n'y aurait pas eu établissement de plans ni devis....................	100/100e

§ VIII

États de lieux.

États de lieux rédigés par un seul architecte, le rôle (1re expédition) .... 5 fr. »
> (*Le rôle est de 25 lignes à la page et 15 syllabes à la
> ligne.*)

Rédaction par deux architectes, le rôle.................... 6 »
Dans l'un et l'autre cas, chaque expédition supplémentaire,
le rôle.. 0,75

§ IX

Estimations de propriétés.

Estimation sommaire ne comportant ni relevé, ni rapport de
plans :
Honoraires minimum...................................... 50 fr. »

Estimation comportant des relevés de plans, recherches, calculs :
Honoraires calculés d'après la progression décroissante suivante,
eu égard au chiffre de l'estimation.

S'il y a achat par le client de la propriété estimée.

Pour les premiers 100 000 francs, 5 francs pour 1 000 francs.
Pour les deuxièmes 100 000 francs, 4 francs pour 1 000 francs.
Pour les troisièmes 100 000 francs, 3 francs pour 1 000 francs.
Pour les quatrièmes 100 000 francs, 2 francs pour 1 000 francs.
Pour les cinquièmes et au delà, 1 franc pour 1 000 francs.

S'il n'y a pas achat de la propriété estimée.

2 francs par 1 000 francs jusqu'à 200 000 francs, et 1 franc pour
1 000 francs au-dessus de 200 000 francs.

§ X

Vacations.

Tous autres travaux non énoncés ci-dessus seront évalués suivant
temps passé en vacations.

Le minimum d'honoraires : 1 vacation.
La vacation : 10 francs.

OBSERVATION. — *Le vacation est au maximum de 3 heures et ne se fractionne pas.*

§ XI

Frais de déplacement, de voyage, de séjour.

Pour travaux en dehors de la ville où se trouve le bureau de l'architecte, il lui sera alloué, quand il n'y a pas d'honoraires à compter sur travaux :

Pour une demi-journée : 50 francs.
Pour une journée : 100 francs.

Lorsque l'objet du déplacement donne lieu à perception d'honoraires sur travaux :

La demi-journée sera de : 25 francs.
La journée sera de : 50 francs, et les déboursés seront compris.
Pour les employés et aides, réduction de moitié.
Les voyages en chemin de fer et bateaux seront comptés en première classe selon le tarif des compagnies de transport.
Les voyages en voiture seront comptés selon les déboursés qu'ils auront occasionnés.

Paris, le 18 février 1913.

CHRONIQUE DES TRIBUNAUX

NOVEMBRE 1910

Les vérifications d'architecte.

Ce procès civil, sur lequel les juges de la cinquième Chambre du tribunal ont eu hier à se prononcer, ne saurait passer inaperçu, surtout dans le monde du bâtiment.

Il offre cette particularité vraiment originale qu'il est intenté par un propriétaire contre son architecte à raison du préjudice que celui-ci lui aurait causé dans la vérification des travaux à lui confiés et le règlement des mémoires : ce qui lui aurait occasionné des frais de contre-vérification et d'instances à soutenir contre divers entrepreneurs.

M. Alfred Dinin, industriel à Puteaux, réclamait à son ingénieur-architecte, M. Calmettes, 30.000 francs de dommages-intérêts.

« Les mémoires de mes entrepreneurs, disait-il, ont été réglés par mon architecte dans des conditions qui m'auraient été extrêmement préjudiciables, car, si je m'en étais rapporté à son règlement, j'aurais payé des sommes très importantes que je ne devais pas !

Pour appuyer le bien fondé de sa demande, M. Dinin invoquait l'expertise confiée par le tribunal des référés à l'architecte Lalanne, qui, procédant à une revision des travaux et à une contre-vérification des mémoires, avait été notamment amené à réduire à 76.201 francs le mémoire de l'entrepreneur de maçonnerie réglé par M. Calmettes à 91.473 francs, et le mémoire de l'entrepreneur de serrurerie dans les mêmes proportions.

« Le procès qui m'est intenté, répondait de l'autre côté de la barre l'ingénieur-architecte, M. Calmettes, apparaît de la façon la plus évidente comme étant sans fondement, car M. Dinin n'apporte aucune preuve de dol ou de faute. Il suffit d'ailleurs de rappeler qu'un architecte chargé par un propriétaire de régler des mémoires est un mandataire qui ne répond que de son dol ou de sa faute. Or, M. Dinin n'articule contre ses règlements aucun grief particulier et n'établit point qu'il y ait de fausse application de tarif, d'erreurs matérielles grossières, de négligence ou de complaisance coupable.

« Quant à l'expertise officielle de M. Lalanne, elle ne saurait m'être opposable, puisqu'elle n'a pas été contradictoire. D'ailleurs la différence des chiffres s'explique par des divergences d'appréciation, toutes personnelles et qui ne sont soumises à aucune règle fixe.

Mais tous ces arguments en réponse n'ont pas prévalu auprès du tribunal qui, sous la présidence de M. Pacton, a refusé de prendre en considération les explications de l'ingénieur-architecte :

« Attendu que les différences entre les règlements de Calmettes et ceux de l'expert ne peuvent s'expliquer uniquement par des divergences d'appréciation toutes personnelles, mais résultent bien, au contraire, à raison surtout des prix de séries, de la négligence de celui qui était chargé de vérifier les travaux et les mémoires;

« Attendu que Calmettes a ainsi causé un préjudice au sieur Dinin, à raison des constatations litigieuses de vérification et d'expertise auxquelles il a été exposé pour la sauvegarde de ses intérêts...

Et appréciant le dommage, le jugement estime qu'il y a lieu de le fixer à la somme de cinq mille francs.

20 NOVEMBRE 1910

Honoraires d'experts.

La huitième Chambre de la Cour d'appel, présidée par M. Courot, vient de rendre un arrêt qui fera quelque bruit dans le monde des experts. Voici quels sont les faits qui ont motivé cette intéressante décision :

Lorsque M. Sommier, le richissime raffineur, conçut le projet de restituer au château de Vaux-le-Vicomte la splendeur qui effaroucha jadis Louis XIV et provoqua la chute de Fouquet, il s'adressa à un entrepreneur qui fut chargé de reconstituer, dans le parc, les admirables eaux jaillissantes dont le célèbre surintendant se montrait si fier.

Lorsque les mémoires de l'entrepreneur eurent été réglés, M. Sommier s'aperçut qu'ils avaient été scandaleusement majorés.

À ce moment, l'entrepreneur était mort insolvable, et le propriétaire de Vaux n'eut d'autre ressource que d'actionner en responsabilité son architecte, auquel il reprochait d'avoir insuffisamment surveillé et contrôlé l'entrepreneur.

L'architecte fut condamné, par jugement du tribunal de Melun, à restituer plusieurs centaines de mille francs.

Lorsque cette condamnation fut devenue définitive, l'architecte introduisit, à son tour, une instance contre celui de ses confrères auquel il avait confié la besogne spéciale de la vérification des mémoires de l'entrepreneur.

« Je suis responsable, disait l'architecte au vérificateur, mais vous devez partager, dans une certaine mesure, ma responsabilité, puisque, pour procéder à votre travail de vérification, je vous abandonnais une partie de mes honoraires.

Pour établir le départ des responsabilités entre l'architecte et le vérificateur, le tribunal de Melun avait nommé trois experts.

Ceux-ci, en déposant leur rapport, produisirent un bordereau d'honoraires de 13.000 francs.

L'architecte et son vérificateur trouvèrent excessive la prétention de leurs trois confrères et demandèrent la taxe.

Le bordereau fut taxé à 10 000 francs.

Cette somme parut encore exagérée aux plaideurs qui firent opposition à cette taxe.

L'affaire vint devant le tribunal de Melun, alors présidé par M. de Gauran, aujourd'hui juge à la Seine.

Le tribunal examina le bordereau des experts. Il l'examina même de très près et s'aperçut que ces experts avaient prélevé pour honoraires trois pour mille de tous les mémoires qu'ils avaient eu à examiner.

« C'est irrégulier, dit le tribunal de Melun; les experts judiciaires ne peuvent et ne doivent être rémunérés que par des vacations ! »

Et le tribunal de réduire à 6.000 francs le bordereau qui s'élevait à 13.000 et qui avait été taxé à 10.000.

Les experts ont interjeté appel. Ils ont produit devant la Cour une consultation de la Société de défense des architectes.

Me Paul Faure, leur avocat, a demandé l'infirmation d'un jugement dont le monde des architectes-experts avait été vivement ému.

Me Louis Signorino, au nom des héritiers de l'architecte de M. Sommier et de son vérificateur, tous deux décédés, a demandé la confirmation du jugement.

Il semble qu'il en ait victorieusement établi le bien-fondé puisque la Cour en a confirmé toutes les dispositions dans un arrêt très fortement motivé.

Messieurs les experts sauront désormais que, quelle que soit l'importance du travail qui leur sera confié par les tribunaux, ils ne pourront se faire rémunérer que sous forme de vacations.

B

C

D

E

F

G

H

M

N

O

P

Q

R

Menu entretien mis à la charge du locataire. — Abus de l'une des parties. — Utilité d'un état des lieux. — A qui incombent les frais d'un état des lieux. — Ce que coûte un état des lieux. — Modéles d'état des lieux. — Articles 1159, 1382, 3138, 1386, 1723, 1724, 1729, 1730, 1731, 1732, 1735, 1754, 1755, 1756 du C. civ.

ENUMÉRATION DES RÉPARATIONS LOCATIVES · *Accessoires.* —

S

T

U

V

CHARTRES. — IMPRIMERIE ED. GARNIER. 290.12.13.